# バーク読本

〈保守主義の父〉再考のために

中澤信彦
Nobuhiko Nakazawa
桑島秀樹 編
Hideki Kuwajima

昭和堂

Edmund Burke

バーク読本――〈保守主義の父〉再考のために――　目次

## 第Ⅰ部　バーク研究の基本問題

第Ⅱ部

# 初期バークの基本問題

## 第Ⅲ部　バーク経済思想の基本問題

# 凡例

バークの著作からの引用については、原則として、以下のように略記する。邦訳があるものについては、そのページ数をできるだけ記すようにしたが、引用者の判断で訳文に変更をほどこした場合もあり、必ずしも既存の邦訳どおりではない。

*WS*……*The Writing and Speeches of Edmund Burke*, ed. Paul Langford et al.（Oxford: Clarendon Press, 1981-2015）.

*Corr*……*The Correspondence of Edmund Burke*, ed. Thomas W. Copeland et al. 10 vols.（Cambridge: Cambridge University Press; Chicago: The University of Chicago Press, 1958-78）.

*NB*……*The Notebook of Edmund Burke*, ed. H. V. F. Somerset（Cambridge: Cambridge University Press）.

*AR*……*The Annual Register*.

*LC*……*The Early Life, Correspondence and Writings of the Rt. Hon. Edmund Burke*, ed. Arthur P. I. Samuels（Cambridge: Cambridge University Press, 1923）.

*Account*……Edmund Burke and William Burke, *An Account of the European Settlements in America*, 2 vols.（London: J. Dodsley, 1757）.

『論集』……中野好之編訳『バーク政治経済論集』法政大学出版局、二〇〇〇年。

『省察』……半澤孝麿訳『フランス革命の省察』みすず書房、一九七八年。

＊なお『省察』には中野好之訳『フランス革命についての省察（上・下）』（岩波文庫）もある。前記*WS*は『省察』の原著八版を採用しており、この中野訳も八版の翻訳である。それに対し半澤訳は原著七版を底本としており、微妙な違いがあるため、いずれを採用するか検討したが、初学者の便宜などの観点から半澤訳で統一することとした。

序章

# 〈保守主義の父〉再考のために——まえがきに代えて

中澤信彦

## 第1節　本書の主題・方法・特徴

本書『バーク読本』は、一八世紀イギリスを代表する政治家であり文人でもあったエドマンド・バーク（Edmund Burke, 1729/30-97）の思想世界についての本邦初のガイドブックである。政治思想やイギリス史の学習を通じてバークに興味を抱いた勉強熱心な学部学生諸君。保守主義やフランス革命史やアメリカ独立史などへの関心からバーク研究に乗り出そうとしている大学院生諸君。保守主義や改革思想に興味を持ち今からバークの書を手に取ろうとしている社会人諸氏。こうした方々すべてを、本書は読者として想定している。したがって「バークについて語るのであればこれくらいは最低限おさえておきたい」と思われる基本情報を、大きく一一のテーマに分けて配列し、広大深遠なバークの思想世界を可能なかぎり多面的・包括的に紹介することに注力した。加えて本書は、すでに他分野で相当な研究歴を有しながら新たな研究の方向性をバーク思想に求めている方々にも有益な情報を見出していただけるよう、平板な二番煎じの解説書にならないための工夫を随所に凝らしている。基本文献をおさえつつも、専門性をできるだけ犠牲にしないように努め、最新の研究動向をふまえた等身大のバーク像を提示することに力点を置いている。海外の最新の研究において捨て去られつつある古いバーク像がわが国で通説的理解として執拗に残存しているような場合には、その古いバーク像を躊躇なく叩き壊す大胆さを本書は持ち合わせている。その意味で本書は断じて概説書ではない。「問題群としてのエドマンド・バーク」への招待状なのである。

本書の主人公であるバークその人は決して無名な人物ではない。その名前は、政党の古典的定義を行った人物として、わが国の高等学校の「政治・経済」の教科書においてすでに登場している。さらに、大学の政治学史・政治思想史の標準的な教科書において、フランス革命の勃発を知るや否やいち早くそれを痛烈に批判して以後の混乱と惨状を予言したバークの名前は〈保守主義の父〉として、その反革命の書『フランス革命の省察』(*Reflections on the Revolution in France*, 1790、以下『省察』)は〈保守主義の聖典〉として、かなり高い頻度で言及されている。専門的研究者でない一般読者が最初に目にするバークは、ほぼ間違いなくこのどちらかのバークであろう。しかしながら、政治家・政治思想家としてのバークは、アイルランド、アメリカ、インドなどにおけるブリテン本国政府の植民地政策を厳しく批判して帝国統治のあり方に警鐘を鳴らし続けた自由主義者・体制内改革者――それは〈保守主義の父〉に比肩するほど強烈なイメージを二一世紀初頭に生きるわれわれに伝えていないように思われるけれども――としても、歴史上その名を記憶されている。また、政界進出以前の若き文人バークは、美学論文『崇高と美のわれわれの観念の起原をめぐる哲学的探究』(*A Philosophical Enquiry into the Origins of our Ideas of the Sublime and Beautiful*, 1757、以下『崇高と美の探究』)の著者として、哲学・芸術思想の歴史においても決して低くない地位を与えられている。こうした多方面にわたるバークの知的活動の各々に対しては、長年にわたって相当な量の個別研究が国内外で積み重ねられてきたし、また、そうした多方面にわたる活動の総体をできるだけ幅広く視野に収めようと意図する克明な伝記的研究も比較的コンスタントに産み出されてきた(1)。少なくとも歴史・思想史研究者にとってバークがマイナーな研究対象であるとは言いがたい。しかし、それにもかかわらず、彼と実際に交流のあった同時代の偉大な知識人デイヴィッド・ヒュームやアダム・スミスと比べると、バークの思想世界の全体像はいまだに判然としないのが実状である。それはなぜだろうか。

その理由としておそらく真っ先に想起されるのは、バークがヒュームやスミスと違って職業政治家であったという単純明白な事実であろう。[2] なるほど、バークが文人として出発しながらも途中から政界へと身を転じ、後半生を「行動の場における哲学者とも言うべき政治家」（WS. II. 317=『論集』八一）として生き抜いたことは確かである。そのため、政界登場（一七六五）以後のバークの著作の大半は目まぐるしく変転する多様な問題状況（時事問題）への応答として準備された時論的な議会演説原稿や公開書簡であり、ヒューム『人間本性論』やスミス『国富論』のような哲学的・体系的著作という形で残されることはなかった。こんにち彼の主著と広く目される『省察』もフランス人青年デュポンに宛てた書簡（返信）の形式で書かれている。この著作の形式という点に関しては、今から五〇年以上も前に半澤孝麿がいちはやく注意を促していた。すなわち、バークの政界登場以後の諸作品は「ほとんど例外なしに、きわめて閉鎖的な当時の政界における、具体的な政治のイシューとの関連で発言されたものであり、したがってまた、当然に、争点を熟知した特定の相手の判断に対する、具体的な説得力を期待したうえでの発言」であり、「このような状況のもとでの、特に議会演説の中から、レトリックや風刺と、sober argument とを識別することには、はなはだしい困難を伴っている」（半澤［一九六五］二〇七）と。[3] 半澤の注意喚起から三五年後、二〇世紀最後の年に、政界進出以後のバークの政治思想の発展を丹念に考察した岸本［二〇〇〇］が公刊されたが、この本文だけで八〇〇ページ近い大著が時系列に沿って章を分け、著作（大半が議会演説や書簡）ごとにその発話の史的コンテクスト（どこで、誰に対して）を復元する作業に膨大な紙幅を割いていたのは、岸本が半澤の言う「困難」と真正面から格闘し続けた必然的結果であるように思われる。時代が二一世紀に突入してから早二〇年近い時間が経過しているが、先の半澤の注意喚起は依然として有効であり、今後も、政界進出以後のバークの著作を読み解こうとする者は、それらがはらむ固有の「困難」に自覚的でなければならず、それらが書かれた史的コンテクストを復元する作業の重要性は高まりこそすれ、決して減じることはないであろう。

しかし、ここで本書は読者に問いたい。果たしてバーク思想の全体像把握の立ち遅れの原因を、バークという研究対象固有の性質だけに帰してしまってよいものだろうか。いや、そうではあるまい。二一世紀初頭に生きているわれわれにとって、バーク思想の全体像がいまだに判然としないいっそう本質的な理由は、むしろバーク思想を解釈しようとするわれわれの側に存するのではないか。黄色の色眼鏡をかけるとすべての事物が黄色っぽく見えるが、この場合、黄色は事物の性質でなく眼鏡の（レンズの）色にすぎない。それと同様に、われわれにとってバーク思想の全体像がいまだに判然としないのは、バーク思想の全体像把握を困難にするようなできの悪い色眼鏡をわれわれがかけてしまっているからではなかろうか。色眼鏡のせいでバーク思想（の一部あるいは全体）を曲解したり過大・過小評価したりする危険性について、われわれはもう少し自覚的であるべきではないか。本書はこのような自己懐疑を出発点としている。そして、われわれが〈政党政治の定式者〉や〈保守主義の父〉としてのバークというステレオタイプ——特に後者——に慣れ親しみすぎており、それがもたらす安心感への過度な依存が色眼鏡のごとく作用してバーク思想の全体像把握に対する認識上の障壁・歪み・バイアスを形成してしまっているのではないか、という作業仮説が本書全体を貫くものとして設定されている。

この作業仮説に従えば、われわれは〈保守主義の父〉という言葉が想起させるイメージにぴったり当てはまらないバークの多彩な言論活動を、バーク思想にとって周辺的なもの・非本質的なものとして——意識的であれ無意識的であれ——排除・軽視しがちである、ということになる。[4]そして、実際のところ、そうした認識上の障壁がもたらした負の遺産の典型例として、バークが言論活動を行った諸領域のうちで経済思想および歴史叙述に関する研究が大きく立ち遅れている事実を指摘できるのである。

バーク自身は、死去の前年の一七九六年に公刊した『ある貴族への手紙』（*Letter to a Noble Lord*）において、自らの政治家として生涯を、政治経済学分野での貢献と関連づけながら、次のように誇らしげに記している。

もし私がそれ〔＝政治経済学〕に何の価値も認めていなかったら、……極めて若い年代からから議会生活の最後に近い段階まで一貫して、政治経済学を自己の貧しい研究の対象として選ぶことはなかったであろう。……この種の研究成果の一部分は、私が公刊した最も初期の書物の随所に盛り込まれていると思われる。議会はそれが生み出した効果についての直接の証人であり、二八年以上にわたって何かとそれを活用してきたはずである（*WS*, IX, 159-60＝『論集』八一八〜九）。

ここでバークが述べている「私が公刊した最も初期の書物」とは、おそらく、彼が政界進出後に公刊した最初の本格的著作『「現在の国情」論』（*Observation on a Late State of the Nation*, 1769）を指していると推察される（中澤［二〇〇九］二〇〇）。それにもかかわらず、これまでのバーク研究において『「現在の国情」論』はきわめて軽い扱いしか受けてこなかった。[5]その議論の内容が詳細に考察されたことはなく、ましてやこの著作を経済思想家バークの主著の一つとして重視すべきであるとの見解は内外のバーク研究においていまだ十分に大きな声になっていない。むしろ、伝記作家ロバート・ビセットが『エドマンド・バーク伝』（*The Life of Edmund Burke*, 1800）において伝えている有名な逸話――スミスはバークのことを「面識はなかったのに経済問題について自分とまったく同じように考えていた自分の知る限り唯一の人」（Bisset［1800］ii, 429）と述べたとされる――の執拗な影響力のもと、バークはスミスに近い（あるいはスミス以上に徹底した）[6]経済的自由主義者であり、『穀物不足に関する思索と詳論』（*Thoughts and Details on Scarcity*, 1795、公刊はバーク死後の一八〇〇年、以下『不足論』）――対仏戦争中の深刻な飢饉に直面しても政府は穀物市場・労働市場に一切介入すべきでない、と主張した時論的パンフレット――こそがバークのそのような経済的自由主義の思想を最も完全に表現した作品である、という信憑性の低い俗説がいまだに広く流通しているのが、バーク経済思想研究の偽らざる現状なのである。[7]

バークの歴史的著作に関する研究の立ち遅れも経済的著作の場合と同様に深刻である。政界進出以前の若きバークが著した歴史書『イングランド史略』（*An Essay towards on Abridgement of the English History*, 1757 [-60]、以下『史略』）は、若干の先行研究が存在するものの、その議論の内容や特徴が詳細な検討に付されたとはとても言えない状況にある。その当然の帰結として、彼の偉大な同時代人ヒュームの『イングランド史』との内容上の関係についても、信頼できる先行研究が非常に乏しく、いまだに通説が存在しない。同じく政界進出以前に書かれた『アメリカにおけるヨーロッパ植民地概説』（*An Account of the European Settlements in America*, 1757, 以下『植民地概説』）にいたっては、最近になってようやくバークの作品として認められつつあるような有様である。一八世紀ブリテンにおいては経済論と歴史叙述が明確な境界線を持たずに相互乗り入れしている場合が決して珍しくなく[8]、この意味において、バークの経済的著作に関する研究の立ち遅れは彼の歴史的著作に関する研究の立ち遅れと軌を一にしている（同じコインの表と裏である）、と評することができよう。

研究の立ち遅れが深刻なのは、経済思想と歴史叙述の分野だけにとどまらない。わが国のバーク研究においては、とりわけインド論の著しい立ち遅れを指摘しておかねばならない。第一回の配本（一九八一）から三四年の歳月を要して二〇一五年にようやく完結したオックスフォード版バーク全集（*WS*）全九巻のうちの三分の一（三巻）をインド問題関係の巻が占めており、バーク自身もインド問題について自らが政治家として最大限の努力を注いだ問題であると明言しているにもかかわらず[9]、それを主題とする本格的な研究がわが国で始まったのはごく最近のことにすぎず、いまだ揺籃期を脱していない。バークのインドについての論考は一七八〇年から九四年までの一四年間にわたって発表されており、その期間にフランス革命という世界史的大事件が発生しているだけに、バークのインド論の叙述の変化を追跡することは、「アメリカ植民地の立場を擁護したバークとフランス革命を激烈に批判したバークとの間に思想・行動上の一貫性はあったのか」という一貫性問題を考えるためのヒントを探ることにもつながるわけだが、遺憾なことに、テーマの重要性に比して信頼できる先行研究が質量ともに絶対的に不足しているのがほかならぬインド論なのである。

ここまで書いてきたことを一言でまとめるならば、バーク研究の現状はきわめていびつな状況にある。読まれるべき著作がまっとうに読まれていない。〈保守主義の父〉というステレオタイプなバーク像の執拗な残存がバーク思想の全体像把握を阻害し、そのことがステレオタイプなバーク像を再生産し強化する、という悪循環が発生しているように思われる。この悪循環を何とかして断ち切らねばならない。そのためには、〈保守主義の父〉というステレオタイプをいったん括弧に入れて[10]、従来のバーク研究においていわば積み残しとなっていた重要論点・事項を彼自身の言葉（著作）に即してできるだけ過不足なくバランスよく整理した新しい入門書が専門家によって書かれる必要がある。専門家がしっかりとした入門書を書かないと、古びた説や俗説がいつまでも蔓延《はびこ》ってしまう。しかし、きわめて多方面に及んでいるバークの知的活動の全体を俯瞰するような入門書を単独の研究者の力で書き上げることがきわめて難しい作業であることも確かである。そこで本書では、一〇名のバーク研究者の有機的な協同作業を通じて、個別研究者による単独の努力の限界を乗り越えることを目指した。一〇名はお互いの研究内容を熟知しているものの、知的バックグラウンドやアプローチを異にしており、そのために各章間に若干の筆致の違いが残っているが、基本的な用語については、入門書としての本書の性格を考慮して、編者の責任で可能なかぎり統一するように努めた。

本書の基本的な特徴であり最大のメリットは、すでに示唆したように、『「現在の国情」論』『史略』『植民地概説』などの経済的・歴史的著作やインド問題をめぐる諸論考など本格的な考察が遅れていたバークの主要著作を積極的にとりあげて、単なる内容紹介に終わらない詳細な分析を施すことを通じて、〈保守主義の父〉という通説的なバーク像を可能な限り等身大のバーク像に置き換えようとしている点にある。また、政界登場以後の諸作品に劣らず初期の諸作品をバーク思想の全体像把握にとって不可欠なものとして重視し、後者を正しく読み解くために、それらが書かれた史的コンテクストとしてのアイリッシュ・コネクションを入門書らしからぬほどに深く掘り下げているのも、本書の特徴の一つと言いうるだろう。(11) さらに言うならば、本書はまた、歴史あるいは歴史叙述に対する初期バークの独自の関わり方が後年の彼独自の政治・経済思想や政策（国家運営）観の形成を強力に促してきたことを追跡しようとする、きわめて個性的な入門書という性格をも有するのである。

## 第2節　本書の構成

先に「平板な二番煎じの解説書にならないための工夫を随所に凝らしている」と書いたが、本書の一見ユニークな構成もそうした工夫の一つである。本書はこの序章を除くと全体が四つの部に分けられ、一一の章と補論一つから構成されている。読者の簡便のためにその内容を約説すれば以下のようになる。

第Ⅰ部「バーク研究の基本問題」はバークを論じる際に必ず踏まえておきたい三つの基本問題を厳選して取り上げている。三つの章のいずれにおいても、フランス革命（批判）と分かちがたく結びついている〈保守主義の父〉としてのバーク像を相対化・背景化させるための複眼的な視点の獲得が目指されている。第1章（犬塚元）は、〈保守主義の父〉としてのバーク解釈の歴史的形成過程を丹念に追いかけ、それが二〇世紀初頭にイギリス保守党の理念の再定式化という政治的意図のもとで作り上げられたものにすぎず、それ以前の時代においてバークを保守の側に引き寄せて解釈することが一般的でなかった次第を明らかにしている。第2章（真嶋正己）は、アメリカ独立革命とフランス革命に関するバークの思想と行動を精緻に読み解き、バークのアメリカ擁護論に後のフランス革命批判を先取りする論点が数多く含まれていた事実を指摘し、コンスティチューショナリストとして一貫していたバーク像を力強く描き出すことによって、バーク研究の一大中心テーマであり続けてきた「バークの一貫性問題」に対して一つの説得的な解答を提出している。[12] 第3章（苅谷千尋）は、バークのインド論の概要を議論や強調点の時系列的な変化（帝国の構想に関する分析からヘイスティングスの不正支配の告発へ）を明らかにしながら整理している。われわれにとって馴染みの薄いインド論が第Ⅰ部に含まれていることに違和感を覚える読者もおられるだろうが、そこに本書のユニークさの一端が表れている。違和感の原因である「色眼鏡」をわれわれが外せるようになるためには、バーク自身が政治家として最大限の努力を注いだ問題だと明言しているインド問題に対するわれわれの理解を他のどのテーマにもまして深める必要がある、と本書は考えている。[13]

続く第Ⅱ部「初期バークの基本問題」は、政界進出以前の文人バークに焦点を合わせ、彼の美学、アイリッシュ・コネクション、歴史観・歴史思想の三つを主題として取り上げている。第4章（桑島秀樹）は、近代最初の美的カテゴリーとしての「崇高」を打ち立てた美学論文『崇高と美の探究』を精緻に読み解き、「苦」や「曖昧さ」といったマイナス要素を価値転倒させて「崇高」として積極的に評価するバーク独自の思考法を抽出している。第5章（桑島秀樹）は、長期にわたる現地調査の成果も踏まえつつ書かれた最新の「アイルランド人バーク」論である。前章の議論を受ける形で、痛苦反転の美学としての崇高論の深奥にアイルランド人バークの精神的軋轢を見出そうとする試みを冒頭に据えたこの章では、一八世紀アイルランドに生まれ育ったことがバークの思想形成にいかに本質的な影響を及ぼしたのかをめぐって、幅広い観点から考察がなされている。紙幅の都合などもあり残念ながら本書で独立したトピックとして扱えなかったバークの宗教的信条についても、実証性の高い議論が展開されている。第6章（佐藤空）は、歴史家としてのバークの知的活動を、『植民地概説』『史略』などの初期の歴史書の分析を中心に整理している。初期のバークが自らの歴史観・歴史思想を相当程度に完成させていたこと。歴史における摂理の役割、文明化の原動力としての習俗の変化、（サクソン期以来の国制の完全なる不変性を主張する言説としての）古来の国制主義の批判、歴史叙述の中立性・非党派性の重視などによって特徴づけられるバークの歴史観・歴史思想が、ランバート、ボリングブルック、モンテスキュー、ヒューム、ロバートスン、モリヌーら過去・同時代の偉大な歴史家の議論の積極的かつ批判的な摂取の成果に他ならなかったこと。これらのことを精緻に実証している。

次の第Ⅲ部「バーク経済思想の基本問題」は、経済思想家としてのバークの知的活動に焦点を合わせる。バーク経済思想が全体としてどのような特徴を持つのかについては、いまだに定説と言えるものすらないのが現状である。[14] 第7章（佐藤空）は、これまで検討が手薄だった『「現在の国情」論』などを含む初期から最晩年までのバークの経済的論説を幅広く検討したうえで、バークの経済思想の全体が「制度と秩序の政治経済学」として特徴づけられるとする有力な新説を提出している。生涯を通じて自由貿易と保護貿易の主張を併存させてきたバークの経済思想の核心をこのように剔抉する試みは、初期近代の経済学史・思想史研究を強く規定してきた「重商主義（保護）から古典派経済学（自由）へ」図式に抜本的な見直しを迫る点できわめて挑戦的であると言えよう。第8章（立川潔）は、バークが名誉革命体制の擁護・防衛という政治的課題を「公信用の拡大（貨幣利害の成長）はいかにして土地財産の安定性や豊かな収入と両立しうるか」という経済・財政的課題としても認識しており、このような課題設定がバークの経済思想（市場観・貨幣観・租税観など）の重要な源となった次第を明らかにしている。補論（真嶋正己）で扱われているアイルランド貿易制限緩和問題は、本書ですでに論じられたバークのアイリッシュ・バックグラウンドの重要性や彼の自由貿易思想の非スミス的性格をより深く理解するうえでの、格好の素材たりうるはずである。

すぐれて政治家・政治思想家と目されてきたバークだけに、法思想・政治思想の分野では分厚い研究蓄積を有するテーマが非常に多い。そんな中、最後の第Ⅳ部「バーク法思想・政治思想の基本問題」では、いまだに定説が存在せず現在進行形で研究のフロンティアが開拓されている、論争性の高い三つの基本問題を厳選して取り上げている。第9章（高橋和則）は、バークの社会契約論の論争的性格を先行研究の整理から明らかにしている。名誉革命体制を支持するウィッグらしく、バークは抵抗権を完全に否定しておらず、この点で社会契約を受け入れていたと解釈する立場（契約論肯定説）がひとまず妥当である。しかし、彼の契約論が独自の変容を被っていることも確かであり、その変容を契約論の事実上の放棄と解釈する余地も残されており、その意味で契約論否定説からも学べる点が依然として多く残されている、と結論づける。第10章（土井美徳）は、バークの国家論の特徴をその知的源泉とともに丹念に考察している。バークは国家を政治的装置としてのみならず道徳的・倫理的公共空間たる文明社会としても捉えており、そのような彼独自の国家把握は、古来の国制論という伝統的なコモン・ロー思想の中に、文明化を促進する鍵としての習俗・意見・感情・騎士道などのスコットランド啓蒙の語彙を組み入れることによって達成された、という明快な解釈は、今後このテーマを論じる場合の参照軸になるはずであろう。また、バークが社会契約論の内容を古来の国制論に適合するよう国家の起源でなく継続性に重点を置く形で読み替えていたとの指摘は、前章の議論を補完するものとして重要であろう。なお、本章での古来の国制論が、第4章で批判的に扱われたそれとは異なって、国制の卓越性や合法性を時の効力の中で獲得される自然的秩序に見ていることに、読者の注意を喚起しておきたい。第11章（角田俊男）は、帝国統治の国際関係をめぐるバークの一筋縄ではいかない複雑な構造を丁寧に解きほぐしている。彼のブリテン帝国に対する態度は、単純な擁護でも批判でもなく、帝国支配の現状を批判・規制しながら人道主義（被支配民を文明化するための保護）の観点から帝国支配を正当化しようとする性格を持っていた。ただし、彼は帝国領域内の被支配民（特にインドの人々）の苦しみに対するブリテンの公衆の共感に限界があることを理解しており[15]、そのことが彼の帝国保持論に抑制をもたら

し、公衆から共感を調達するためのレトリックの重要性を彼に認識させたことも、見落とされてはならない。(16)

以上、本書を構成する各章の内容を約説した。本書は、広大深遠なバークの思想世界を可能なかぎり多面的・包括的に紹介しようと努めたが、あくまで一一の基本問題を重点的に取り上げたにすぎず、限られた紙幅の中でやむをえず真正面から扱えず脇に追いやってしまった重要テーマもある。(17) 読者諸氏の寛恕を乞う次第である。

## 第3節 〈保守主義の父〉に代わりうる新しい等身大のバーク像

それでは、きわめて多方面に及んでいるバークの知的活動の全体をこのように俯瞰した後、〈保守主義の父〉に代わりうる新しい等身大のバークはどのような姿でわれわれの眼前に立ち現れてくるのだろうか。「行動の場における哲学者とも言うべき政治家」であったバークが、同時代の他の（政治家でなかった）思想家たちよりも哲学（理論）と行動（実践）との厳しい緊張関係に恒常的に直面せざるをえなかったことは間違いない。そのためにバークの思想は複雑な表現方法をとらざるをえず、非体系的・論理的な様相を帯びざるをえなかった。だからと言って、バークの思考が体系性や論理性に欠けるものであったなどと決して憶断するべきでない。第10章で土井美徳が明確に指摘しているように、「彼の政治言説を、その初期から後期に至るまで通底していたものがあるとすれば、それは文明化という観念であった。人類の文明化を促進してきたものは何か、それがバークの思考を生涯貫く通奏低音にほかならない」（二四八頁）。バークは、「文明化」の推進力である習俗の洗練が古来の国制――その基盤に「財産の原理」あるいは「相続／世襲の原理」がある――の継承によって達成されてきたことを、歴史叙述にもとづきながら哲学的にも明らかにしようとした。時の効力によって形成されてきた習俗や国制などの「制度」の適切な機能を通じて、商業は発展し、人類は利己的情念の抑制を学び他者への共感能力を高め、国家＝文明社会は一定の政治的・経済的不平等を容認しつつ経済的にも道徳的にも繁栄する（それは翻って、被征服者側の「制度」の尊重なしでは望ましい征服が不可能であることを意味する）。これが本書の理解するところのバークにおける文明社会の基本原理である。[18] それが実証的・経験的性格と規範的・批判的側面を併せ持つことができた（前者が現状追認的な態度を帰結しなかった）のは、哲学（理論）と行動（実践）との厳しい緊張関係の産物であったことに加えて、バークのアイリッシュ・バックグラウンドに負うところも大きかったのではないか、と本書は考えている。以上のような考察に基づいて、〈保守主義の父〉に代わりうる新しい等身大のバーク像として、目下、最も適切だと思われるのは、生涯を通して「人類の文明化」を希求しそれを理論的・実践的に問い続けた、〈一八世紀ブリテンが生んだ偉大な啓蒙思想家・社会科学者〉としてのバークである。[19]

このように描き出された新しいバーク像から二一世紀初頭に生きるわれわれはいったい何を学ぶことができるのだろうか。にわかには答え難い問いであるが、ここではさしあたり二つだけ挙げておきたい。一つには、バークにとっての「文明化」が物質的な富裕だけでなく習俗や人間性の洗練を意味していたことに着目したい。われわれの社会が直面している問題である過労自殺、不安定就労、待機児童、高齢者介護、原発事故、セーフティネットの弱体化などから誰が洗練された習俗を想起できようか。同様に、いじめ、移民排斥、社会的弱者の苦しみに対する共感の欠如などから誰が洗練された人間性を想起できようか。例えば、核廃棄物の貯蔵など世代間の利害対立を引き起こす問題において、われわれが（現世代の利益を未来世代のそれに対して圧倒的に優先させる）現世代中心主義の利己性を乗り越えて世代間の正義を模索しようとするとき、われわれはバークの道徳的な「文明」社会＝国家観――「現に生存している者の間の協働（partnership）たるに止まらず、現存する者、既に逝った者、はたまた将来生を享くる者の間の協働」（WS, VIII, 147＝『省察』一二三）としての国家（二六一頁）――へ意識せずとも歩み寄っていることになりやしないか。また、同じくバークの「文明」社会＝国家観に示されている、異なる原理を持つ多様な部分が有機的に協働する〈多様性の中の統一性〉という観念（二五二頁）は、移民・難民・外国人労働者の受入問題が議論される一方でマイノリティへのヘイトスピーチが社会問題化しているわが国において、日本型の多文化共生社会の構想という喫緊の課題を原理的に考察するための格好の材料を提供しているのではないか。このように考えると、「文明化」はわれわれにとって決して解決済みの課題でなく、依然として現在進行形の課題であることが理解されるはずだ[20]。

もう一つは、バークの経済論の現代的含意についてである。バークは必ずしも自由市場を擁護しておらず、国・地域に様々な形で存在している「制度」に着目し、優れた「制度」が商業の発展を支えるという見解を示していた。そんなバークがもし二一世紀初頭に生きていたなら、一九九〇年代以降の日本で加速している新自由主義的改革が有用な「制度」まで（あたかもフランス革命のように）破壊してしまわなかったのかどうかについてしっかりと検証する必要がある、と主張したはずである。経済思想家としてのバークを学ぶことは、このように新自由主義的改革の来し方と行く末を根底から問うことにつながりうる、と言えるのではないか。

注

（1） O'Brien［1992］; Lock［1998］［2006］; Bromwich［2014］; Bourke［2015］など。
（2） Oxford Dictionary of National Biography によれば、ヒュームが「哲学者・歴史家（philosopher and historian）」、スミスが「道徳哲学者・政治経済学者（moral philosopher and political economist）」と記されているのに対して、バークは「政治家・著述家（politician and author）」と記されている。
（3） その「困難」の自覚ゆえに、半澤は「政界における発言と比較して、相対的に不特定の読者を対象として」おり「一定の原理的な方法的態度の表現」（半澤［一九六五］二〇八）と見なしうる政界進出以前の諸作品を重視すべきであるとした。半澤によって礎石を据えられたと言ってよいわが国の初期バーク研究は、岸本広司の詳細な研究（岸本［一九八九］）によってさらに深められた。本書は半澤・岸本両氏の研究に倣ってバークの思想世界の全体像把握にとって初期著作の重要性の高さを認める立場をとるが、政治学プロパーである両氏の研究で考察の視野の外に置かれてしまった初期著作に胚胎する豊かな経済論をとりわけ重視する点において一線を画す。

（4）認識上の歪みの程度や方向は論者によって異なる。例えば、フランク・オゴーマンの場合であれば、バークの政党論、国制論、アメリカ論、アイルランド論、インド論、フランス革命論を彼の政治哲学として包括的に把握しようと努めるあまり、政界進出以前の初期の著作の検討を視野の外に置くにいたった。「バークは一七六五年に不退転の決意で政治の世界に身を投じたが、それ以前の約一〇年間は作家であった。彼の初期の作品の中に、後年現われてくるものの種子を探し求めるのは興味をそそるが、そうしたものを探し求めても無駄である。実際、初期の作品の中に一貫した政治的意見は見当たらないし、それらの大半はまったく政治的作品でない。……一七六五年以前のバークは、政治や政治哲学に関していまだ何の言明も行っていなかった」（O'Gorman［1973］18）。

（5）数少ない例外として、有名な経済学者ケインズが学生時代に書いた論文「エドマンド・バークの政治学説」（"The Political Doctrines of Edmund Burke," 1904）がある。この論文でケインズは、経済思想家としてのバークの主著を『不足論』だけに求める通説——今日でも多くの研究者たち（Macpherson［1980］; Barry［1997］など）によって支持されている通説——にとらわれず、『「現在の国情」論』も劣らず重要であることを先駆的に指摘しており（Keynes［1904］UA/20/3/33-5）、バーク研究史上きわめて貴重な貢献であると評価できよう。

（6）ガートルード・ヒンメルファーブは、アダム・スミスの道徳哲学としての政治経済学を「道徳的に堕落させた（de-moralize）」（Himmelfarb［1983］ch.4）として、マルサス（Thomas Robert Malthus）の保守反動性を批判し、バークの『不足論』がそうしたマルサスの議論の露払いの役割を果たしたと解釈する。

（7）もっとも、近年この俗説はドナルド・ウィンチの一連の研究によって継続的な批判にさらされつつあるけれども。

（8）例えば、ダンカン・フォーブズは、スコットランド啓蒙の思想家の独自の歴史叙述（文明と自由の穏健な進歩、意図せざる結果の論理）が市場メカニズムの認識を可能にしたことを強調し、彼らの思想を党派的なイデオロギーでなく党派性から独立した客観性をもったものとして把握することを目指した。彼の代表的研究（Forbes［1975］）からさらに約四〇年前（一九三八）には、ロイ・パスカルの論文「財産と社会——一八世紀スコットランドの歴史学派」が *Modern Quarterly* 誌に発表されており、経済発展の様式（一般原理）を歴史叙述（生活様式の四段階論）との関連で分析しようとする立場が、先駆的に表明されていた（パスカル［一九七六］）。

（9）それは『ある貴族への手紙』に記されており、本書第3章六九頁にその引用がある。自分の議員としての最大の努力はインド問題に注がれたけれども、もし自分が政治経済学者としてのみ評価されたとしても、引退後に与えられた年金は正当である、というのがここでのバークの趣旨である。

（10）〈保守主義の父〉というステレオタイプがバークの思想の全体像把握を著しく阻害してきたのだとしても、そのことがただちに「保守主義とは何か」という問いの無効性を意味するわけではない。なるほど、本書の第1章で犬塚元が警鐘を鳴らしたように、「『本当の』『正しい』保守主義をめぐる論争は、共通のルールがなく、自分でルールを決められるゲームで勝ち負けを競うのに似て、いささか不毛である」（三五頁）かもしれない。しかし、そうであればこそ、「もし「保守主義」という言葉を、今日なお意味あるものとして使うとするなら、この言葉の来歴を踏まえ、現代的な再定義をすることが不可欠であろう」という宇野重規の提言（宇野［二〇一六］vi）の重みがいっそう増すように思われる。本章の筆者による保守主義の現代的再定義の試みとして、中澤［二〇一〇］［二〇一六］を挙げておく。

（11）以上述べてきたような本書の主題・方法・特徴は、まったくのオリジナルというわけでなく、本書に数年先立って公刊された『ケンブリッジ・バーク・コンパニオン』（Dwan and Insole eds. [2012]）を少なからず意識したものであることを、ここで告白しておかねばならない。同書も本書と同様に、〈保守主義の父〉というステレオタイプをいったん括弧に入れて、本格的な考察が遅れていたバークの主要著作を積極的に取り上げつつ、多方面にわたるバークの知的活動の全体を俯瞰しようとしている。ただし、二五〇頁ほどの紙幅にもかかわらず全一七章（序章を含めると一八章）から成る同書は、網羅的であろうとしすぎたためか、各章が短く考察も浅いという難点があり、とりわけ、「アイルランド」「歴史叙述」「経済思想」などの重要なテーマにおいてそうした難点が顕著に看守される。同書とは対照的に本書は、それらのテーマに関して独立の章を設定したり考察を大幅に追加（複数の章で扱う）したりするなど、かなり異なる編集方針をとっている。

（12）バークの一貫性（あるいは変節）については、他にも様々な問われ方、議論の仕方が可能である。すなわち、バークの一貫性「問題」は単数形の problem ではなく複数形の problems として理解されるべきである（この意味において、第2章はある特定の形で問われた「バークの一貫性問題」を扱っているにすぎない）。例えば、小松［一九六一］や岸本［二〇〇〇］においては、対仏干渉戦争を唱道するにいたった『フランス国民議会議員への手紙』（一七九一）を境にして思慮（慎慮）の政治は後退し、平和主義者バークは聖戦論者バークへと変節した、という解釈がなされている。また、大河内［二〇一六］においては、趣味判断の基盤を個別的な字義的身体に置いている『崇高と美の探究』とそれを国家や共同体といった隠喩的身体に置いている『省察』との間で、趣味判断の普遍性の根拠づけという点において大きな立場の変化が見られ、その変化は啓蒙主義的な趣味論からロマン主義的な想像力論への移り行きという文学史的な変化と並行関係にある、という興味深い解釈が提出されている。

（13）インド論はその重要性ゆえに本書の第5・7・11章でも別の角度から再論される。

（14）バークの政治経済学の中核に「国家に関する収支（釣り合い）の賢明な管理運営」の学としての財政学を見る本章の筆者の見解（中澤［二〇〇九］一九八〜二〇九）は、この問題を考察する場合の参照軸の一つとなりうるだろう。

（15）バークとスミスの共通点に関しては、経済的自由主義者という側面からよりも、「共感」を重視した思想家という側面から――バークは雑誌『年鑑』（*AR* for 1759）の書評欄でスミスの『道徳感情論』を激賞した――アプローチするほうが実り多い結果を得られるのではないか、という展望を本章の筆者は抱いている。

（16）本書では詳しく扱えないが、このようなバークの帝国論がポストコロニアル批評の格好の対象となりうることは言うまでもない。例えば、スレーリ［二〇〇〇］などを参照されたい。

（17）「バークと宗教」というテーマに関して、本書は『ケンブリッジ・バーク・コンパニオン』のように独立した章を設けていないが、各章の随所で言及することによって議論の不足を補おうとした。他方、「自然的貴族」、「政党」、「実質的代表」、「偏見」といったテーマについては、一一の基本問題にほとんど劣らない重要性を認めつつも、十分な議論を展開できなかった。それらについては、さしあたり、岸本［二〇〇〇］一五六〜六五、四二〇〜七、五九六〜六〇三を参照されたい。本章の筆者はかつてバークの「自然的貴族」概念を「慎慮」概念と関連づけながら論じたことがあるが（中澤［二〇〇九］第五章）、その解釈および方法については疑問も提出されており（竹澤［二〇一二］八三）、さらなる考察の余地が残されている。

（18）ヒュームにおける文明社会の原理が「勤労、知識、人間性」の不可分の連鎖として簡潔に表現されうること（坂本［一九九五］）に倣うならば、バーク自身がそれに類似した表現を直接残したわけではないが、バークにおける文明社会の原理を「古来の国制（の継承）、習俗（の洗練）、商業（の発展）」の連鎖として表現することも可能であるかもしれない。

（19）本章の筆者は、かつて中澤［二〇〇九］において、近代思想としての保守主義の成立を啓蒙思想への「反動」としてよりも啓蒙思想の「一ヴァリアント」として捉えるべきである、と主張した。この主張は、思想家としてのバークの全体像を〈保守主義の父〉としてよりも〈一八世紀ブリテンが生んだ偉大な啓蒙思想家・社会科学者〉として捉えるべきである、という本書の主張とパラレルな関係にある。

(20) この意味で、「文明化」をもたらす啓蒙は「未完のプロジェクト」に他ならない(田中[二〇一四]五)。

# 第I部

# バーク研究の基本問題

背景図版：英国国会議員エドマンド・バーク：ジョン・ジョーンズ、メゾチント版画（原画：ジョージ・ロムニー）、1790年、アイルランド国立美術館所蔵。
下段図版：革命直後に描かれたバークによるマリー＝アントワネット崇拝を揶揄する諷刺画：フレデリック・ジョージ・バイロン帰属（着色銅版画：ウィリアム・ホランド）、1790年、大英博物館（BM7675）所蔵

第1章

# 受容史・解釈史のなかのバーク

犬塚　元

## 第1節 「一九世紀は功利主義、二〇世紀は自然法」という神話

温厚で物静かだが聡明な眼光を伝える、肉付きのよい成熟した中年男性。今日われわれが目にすることが多いのは、そうしたバークの肖像画である。[1]

ところが、彼の同時代には、全く違うイメージが流通していた。大英博物館に残された風刺画二九三点の多くが伝えるバークは、すぐに興奮して党派的に激高する、痩せて神経質そうな鼻の長い人物である。多くの肖像画は、メガネとともに、カトリック聖職者の四角い帽子も添える。カトリック寄りの、信用ならないアイルランド出身の野心家という表象である。[2] L・ネーミアの学派も、同じように、党派的人物としてバークを解釈した。[3]

もとより、バークがさまざまに解釈されてきたことはよく知られてきたし、バーク研究におけるクリシェですらある。カント『判断力批判』やマルクス『資本論』における批判や、「政治的英知の不朽の手引き」というH・ラスキの賞賛もよく知られている。[4] ここで問われるのは、バークの受容史・解釈史をどう整理・理解するか、という問題だが、多くの研究書が採用する歴史理解がある。バークは、一九世紀には「功利主義的自由主義者」として解釈されたが、冷戦期アメリカの「バーク・リヴァイヴァル」において自然法論に注目が集まり、保守主義

者として論じられた、という理解である。(5)

ところが、この受容史・解釈史理解は、もともとは、自説の正しさを主張するため、「バーク・リヴァイヴァル」の主導者のひとり、P・スタンリスが提示した歴史理解である。これまで百年間、バークの政治思想はずっと功利主義として解釈されてきたが、伝統的自然法の観念に立脚した道徳論こそバークの思想の本質である、というのである。(6)スタンリスのバーク解釈そのものには、その後多くの批判が寄せられたが、受容史・解釈史理解の次元では、依然としてまともに吟味もされないまま彼の理解が流通している。

しかし、それはあまりに単純化された理解であり、維持できない。まず、「一九世紀は功利主義的自由主義、二〇世紀は自然法・保守主義」という命題の前半部分に関して、たしかに、一九世紀イギリスでは、保守党（トーリー）ではなく自由党（ウィッグ）の論者がバークを好んで論じた。しかし、それらの解釈を「功利主義的自由主義」と整理することはできない。一九世紀のウィッグによる代表的な四つの解釈を見てみよう。

T・マクナイト『エドマンド・バークの人生と時代』（一八五八～六〇）は、自由党グラッドストンの金銭的支援を得て公刊されたバーク伝である。マクナイトは、バークからグラッドストンに至るウィッグの道徳性を、ボリングブルックからディズレーリに至るトーリーの腐敗と対置する。この伝記でバークは、このように保守の敵であるばかりか、功利主義批判者である。バークは、制度を思うがままに操作可能とみなす「機械論哲学」を退けて、制度を「有機体的な産物」と捉えた。言い換えれば、「彼の政治生活のすべて、『省察』のすべての頁は、功利主義哲学に対する一続きの異議申し立てである」。(7)

日本でもよく知られているL・スティーヴン『一八世紀イギリス思想史』（一八七六）は、どの政治思想家よりもバークに紙幅を割いて、高潔で公平無私な思想家として絶賛する。スティーヴンによれば、バークはたしかに功利主義者のように「被治者の幸福」を統治の目的に掲げたが、彼の政治思想が優れていたのは、抽象的推論にもとづく政治の危険を訴えたり、国民を「生きた有機体」として理解したりした点である。スティーヴンも、マクナイトと同じ「有機体」の語彙を用いて、バークを歴史主義の文脈に位置づけている。[8] 社会有機体説や歴史主義の系譜に位置づける解釈こそ、一九世紀に顕著な解釈トレンドであった。[9]

J・モーリーはどうか。スタンリスが功利主義的解釈の代表とみなした人物である。バークをめぐるモーリーの二つの著書のうち、第一の『エドマンド・バーク』（一八六七）は、たしかに「功利主義」という概念を用いた。ここでの功利主義とは、「被治者の利益や幸福」や「一般的な効用」に及ぶ影響を考慮して、帰結主義的に政治や道徳の是非を論じる立場である。モーリーによれば、バークの功利主義は、抽象的原理にもとづく（非帰結主義的な）政治に対する批判を意味した。帰結や状況を考慮する「思慮」の政治か、抽象的思弁の政治か、の対立である。そして、「人々の幸福こそが統治の目的である」というこの原理ゆえに、「秩序への情熱的な熱狂」が生まれた。つまりバークの「功利主義」は革命批判と一続きであり、バークの変節を批判したH・バックルは間違っている。[10] モーリーは、この著作では保守主義という概念こそ使わなかったが、実質的にはバークの功利主義と保守主義を一体のものとして論じたという解釈も可能であろう。[11]

これに対して、彼の第二のバーク論（一八七九）は、明示的にバークを「保守主義」の代表的理論家のひとりとして論じた。『省察』によって、彼は歴史上の偉大な保守主義者の仲間入りをした」。そのうえでモーリーは、やはり歴史主義の文脈のなかにバークを位置づけて、来たるべきバーク再評価の時代を予告している。[12] こうして見ると、モーリーの解釈についてすら、単純に「功利主義的自由主義」解釈と整理することは難しい。

このモーリーのバーク論は、バーク受容史・解釈史をめぐる別の問いも浮上させる。現代の多くの研究書は、バークは保守主義の創設者と「呼ばれている」「みなされている」と曖昧に表現するが、モーリーのこのバーク論（一八七九）の時点では、保守主義者としてのバーク解釈は一般的でなかったし、まだだれもバークを保守主義の創設者とは論じていなかった。バークの政治思想を保守主義と理解することが一般的となったのはいつか。さらに、バークを保守主義の出発点や思想的起源とみなすようになったのはいつだろうか。

ひとつ具体例を挙げよう。「保守主義」という言葉をタイトルに含む英文書籍は一九世紀から多くあるが、イギリスの保守党議員A・バウマンの『バーク――保守主義の創設者』(一九二九)は、書名においてバークを「保守主義の創設者」と呼んだ最も古い事例である。バウマンはここで、ウィッグ・バークを保守党の知的資源として奪いとり、バークのフランス革命・ジャコバン批判からロシア革命・ボルシェヴィキ批判を導いて、保守党の理念の再定式化を目指した。バークによって「新しい真の保守党」が誕生した。「バークは保守主義の創設者である」[13]。われわれは、この前後の時期のバーク解釈を詳しく検証する必要があるだろう。

このバウマンのバーク論で同時に興味深いのは、のちの「バーク・リヴァイヴァル」における解釈とは対照的に、彼が「保守主義の創設者」バークを崇拝・聖別する態度からは遠く、その欠点をさまざまに論じたことである。バークは、アメリカ植民地から年六〇〇〜七〇〇ポンドを受けとったお雇い代弁者であった。ヘイスティングス弾劾は、尊厳も公平さも欠いた。「声は耳障りで、訛りが酷く、話が長い」バークは議会演説には不向きで、服装も貴族の嘲笑の的であった[14]。こうした指摘は、冒頭の肖像画の事例と同じように、われわれが慣れ親しんでいるバーク理解が、特定の偏りのもとにある可能性を伝える。

保守主義は一般に革命に否定的であるが、しかし革命に否定的な立場は保守主義に限られない。それゆえ、革命批判の書『フランス革命の省察』に限っても解釈や位置づけは自明でないし、実際そうであった。この章では、バークを保守主義者と位置づける理解の形成過程を検証し、そののち二〇世紀後半以降の多様な「保守主義者バーク」解釈を確認する。バーク、保守主義、バーク的な保守主義は、実に多様に論じられてきたのである。

語彙に注目するアプローチを採るならば、よく知られているように、保守主義の成立は一九世紀前半に求めることができる。「保守主義」という言葉が政治の世界で一般化したのは、シャトーブリアンとボナールが、一八一七年に創刊した週刊誌の名前に用いてからである。イギリスでは、一八三〇年にトーリーの同義語として用いられ、一八三二年の選挙法改正までの短期間に一気に普及した。[15]

## 第2節 「保守主義者バーク」の誕生

フランス革命に対する反発からバークによって保守主義が形成された、という思想史的命題を、文字どおりに理解するならば、「保守主義」という言葉が形成された一九世紀初めのこの時期には、すでに、バークを自分たちの創設者とみなす保守の潮流が存在したと判断できそうである。実際、われわれが前節で紹介したバウマン『バーク――保守主義の創設者』は、そうした歴史理解である。「バーク主義」ないし「トーリー主義」は、バークの死後も三〇年間は継承されて、少なくとも一八三二年の選挙法改革までは続いた、というのである。「バーク・リヴァイヴァル」の中心人物のひとりR・カークも、ナポレオン敗北後に「バークの思想にもとづいた政治の考え方」を表現するために「保守主義」という言葉が使われるようになったがゆえ、「保守主義とは定義上バークの政治学を意味する」、と主張している。[16]

だが、バウマンやカークのこうした理解は、後知恵で創られた物語りであり、正しくない。

もちろん、生前にはさんざん風刺画に描かれ、一年で二万冊近く売れた『省察』の著者が、死後すぐに忘却されたわけではない。死後には複数の伝記が公刊されたし、[17] ワーズワース『序曲』での賛辞のように、文筆家や知識人は折に触れてバークに言及した。[18]

しかしこの時期のイギリスでは、肝心の保守の政治勢力、つまりトーリー政治階層のほとんどが、バークの記憶に非常に冷淡だった。彼らが好んで回想したのはピット（小ピット）だった。トーリー系出版物はバークを無視するか、言及してもアメリカ論やインド論に対する批判であった(19)。

一九世紀初頭におけるバークの影響を過大評価できないのは、大陸思想に対しての影響に関しても同様である。かつてK・マンハイムは「保守主義的思考」（一九二七）において、バークは第一人者として、ボナールやド・メーストル、ゲンツ、ミュラーなど、あらゆる反革命思想に影響を及ぼしたと論じた(20)。しかし、啓蒙やロマン主義をめぐるそののちの思想史研究が（マンハイムやシュミットの解釈の偏りを示しながら）解明してきたように、バークと大陸思想家たちの思想的違いは大きく、バークの影響を過大評価はできない(21)。たとえば、『省察』をドイツ語訳したゲンツは、テクストを実際にはカント哲学に即して書き換えていた(22)。

イギリスに立ち返るならば、一九世紀中盤になっても、保守党の政治家や著述家が、ウィッグに所属したアイルランド人バークを、自分たちの歴史や理念のなかに位置づける意識は希薄だった（例外的にバークに言及したトーリーのほとんどは同郷のアイルランド人だった）(23)。彼らが自分たちの源流と仰いだのは、ボリングブルックやピットであり、バークをこの時期に好んで論じたのは、既述のように彼らの政敵のウィッグの側だった。

保守党とバークが接近したのは、一九世紀と二〇世紀の境界をまたぐ四半世紀間の、複合的な歴史過程の結果である。第一の契機は、アイルランド自治法案（一八八六）をめぐる論争である。自由党グラッドストンによる自治法案の提案は、賛否をめぐって自由党を分裂させて、「リベラル・ユニオニスト（自由統一党）」の離党に至る。グラッドストンがバークのアイルランド論・帝国論に依拠したことが一因となって、この論争では、「バークを引用することが流行」となり、政治論争の一環としてバーク解釈が争われた。「リベラル・ユニオニスト」は保守党と合流することとなり、その結果トーリーにも、バークという知的資源が開かれた(24)。

第二の契機は、保守党のアイデンティティ模索である。この自由党分裂ののち、保守党は二〇年にわたって政権を担うが、路線対立が激化して一九〇六年の総選挙で大敗する。それは労働党が初めて議席を得た選挙であり、以後、社会主義勢力の拡張が続く。体系的な思想を備えた社会主義勢力の国内外での台頭は、対抗する保守党の側にも、理念の整備や体系化を促した。概括すれば、イギリス保守党の理念を再定式化するこの過程のなかで、バークは保守の思想と歴史に組み込まれて、「保守主義の創設者」の地位を得ることになったのである。(25)

バーク評価の転換を最初に表現しているのは、F・スミス『トーリー主義』(一九〇三)である。ここには、保守の側が慣例を脱して、バークを自らの伝統に組み込もうとした模索を確認できる。この本は、「トーリー主義」を明らかにするため「トーリー党の代表人物」二四名の著作を抜粋したアンソロジーだが、ここにジェイムズ一世やクラレンドン等とともにバークが含まれた。スミスは、ウィッグ・バークを含めた理由を弁明する。二〇世紀初頭にバークを保守の側に位置づけることには弁明が必要だったのである。バークは、国難に際して「トーリーの建物の礎石」となり、この加盟によりトーリーは「国民政党」へ歩み始めた。(26)この『トーリー主義』の画期性は、T・ケベル『トーリー主義の歴史』(一八八六)と比べれば明らかである。ケベルのトーリー史では、バークは完全なアウトサイダーで、ピット率いるトーリーに敵対したただの熱狂的ウィッグである。(27)

バークを保守党の伝統に位置づける議論は、G・バトラー『トーリーの伝統』(一九一四)に継承されている。この小冊子は「ボリングブルック、バーク、ディズレーリ、ソールズベリー［三代侯爵］」(副題)の四名を、「過去の偉大なトーリー党の指導者」として紹介しながら「近代トーリー主義」を説明する。バークの有機体的国家概念は、「すべてのトーリー主義の基本ドクトリン」である。バトラーは、「バークへの回帰」を訴える。(28)

こうした動向のなか、バークを保守主義の伝統の出発点に位置づける議論も登場する。名門セシル家出身で、バトラーが論じたソールズベリーの息子、H・セシルの『保守主義』(一九一二)である。今から百年ほど前の、日本でもよく知られたこのテクストこそ、われわれが確認した限り、バークを保守主義の創設者として位置づけた最も古い作品である。

「バークの著作のなかに保守主義思想の宝庫を発見した」と評されるほどに、[29]セシルはバークを中核に据えて保守の理念と歴史を定式化した。保守主義を生み出した発端はフランス革命であり、「バークのうちに「保守主義」は、その最初の、そして恐らくは最大の教師を見出した」。これは、われわれにも馴染みの思想史理解である。現代の歴史学が明らかにしてきたように、この前後の時代にはネイションの伝統がさまざまに創造され、ネイションやその伝統が昔から継続してきたかのように歴史が語られるようになったが、同じように、セシルのこの叙述において、バークを起源とする保守主義の伝統が構築され、これ以後には、バークの時代から続いてきたかのように保守主義の歴史が語られるようになったのである。

セシルはバーク『省察』の要点を、宗教・国教会の重視、改革のもたらす不正義に対する批判、身分制擁護、私有財産擁護、国家の有機体的理解、連続性の尊重、の六点にまとめる。[30]注意すべきは、セシルのこの著作が帯びる歴史性である。同書は、イギリス保守党がアイデンティティを模索した二〇世紀初頭の歴史過程のなかに位置する。よく知られるように、セシルは冒頭で、誰もがもつ変化を嫌う気持ちを「自然的保守主義」と呼び、「保守主義」とは概念的に区別した。この区分は、保守主義の一般理論として受容されたが、[31]しかし、セシルがここで論じた「保守主義」とは、テクストに明示されているように、イギリスの「保守党の教義」のことであった。それゆえにセシルは、この「保守主義」の知的源流を、自然的保守主義とともに、トーリー主義（国教会への忠誠）やイングランド帝国主義に求めえたのである。[32]セシルの関心はあくまでもイギリス保守党のあるべき姿にあり、それゆえに時論的議論も多かった（保守主義の概説本が歴史性・政治性を帯びるのは、同書に限られない）。

セシルは、このように、イングランド国教会や宗教をめぐる思想をバークの保守主義の礎石とみなしたが、バークの保守主義の本質を宗教論に求める理解は、同時期のアカデミズムのバーク論にも共通した。リヴァプール大学で哲学を教えたJ・マッカンの『バークの政治哲学』(一九一三)である。

マッカンはバークの「保守主義」と、ベンサムの功利主義の違いを論じる。バークも「民衆の幸福」を政治判断の基準としたが、民衆を「算術的」に理解した功利主義者と違い、バークの理解は「生物学的」であり、進化する有機体として民衆や社会を理解した。さらにバークの保守主義は歴史主義からも区別される。マッカンによれば、これまでバークは「帰納的な歴史主義的思想家」とされてきたが、実際には、宗教に立脚した「演繹的な」思想家だった。社会は「精神的基盤」に支えられており、歴史の歩みのなかで「神の意志」や「神が定めた客観的な秩序」が示されていく、というのがバークの基本思想であった。[33]

このモノグラフの影響力は大きく、こののちの多くのバーク論・保守主義論が、この文献に依拠しながらバーク政治思想の神学的基礎や宗教性を論じた。[34] ここにバークは、「政治の世界のボシュエ」とすら形容された。[35] バークの保守主義はキリスト教的存在論に立脚していたという解釈は、戦後アメリカで流行する以前に、すでに用意されて流通していたのである。

## 第3節　第二次大戦後のさまざまな「保守主義者バーク」

大統領T・ローズベルトが年頭教書でバークに言及し、別の大統領W・ウィルソンには、バークをめぐる論文があるように、アメリカでもバークは無視されていたわけではない。[36]

アカデミズムに目を向ければ、政治思想史学の制度化・体系化が進展したのは、まさしく二〇世紀初頭のアメリカであり、[37] ここで政治思想史の通史叙述が整備されていくなかにも、バークの政治思想が保守主義と規定されていった過程を確認できる。[38] イギリスにおける、政治の世界での動向とほぼ同時期である。通史叙述で初めて明確に「保守主義」を重要な思想系譜として採りあげ、なおかつ、そのカテゴリーのもとにバークを整理したのは、W・ダニング『政治理論史』第三巻（一九二〇）であった。[39] 次の世代を代表するG・セイバイン『政治理論史』（一九三七）は、さらに「政治的保守主義の創設者」というバーク理解を受容するとともに、バークの保守主義を、反自然法・反普遍主義の思想潮流のうちに解釈した。「自然法という永遠の真理」を破壊したヒュームがもたらした規範の真空状態（今日的に表現すればポスト基礎付け主義）に応答したひとりが、理性に代えて慣習や伝統を重視したバークであった。[40] このののちの自然法的解釈とは、正反対の解釈である。

第二次大戦後のアメリカでは、ソ連共産主義との対決、国内のリベラリズムに対する批判といった内外の政治状況を背景にして、「バーク・リヴァイヴァル」と呼ばれる、バークに対する関心の高揚が生まれる。ただし、スタンリスに由来するこれまでの受容史・解釈史理解は、ここでも一面的である。自然法的解釈で埋め尽くされたわけではないからである。

たしかに、バークの政治思想に、揺るぎない規範的根拠としての「自然法」概念を見出して、それを称える議論は、ノートルダム大学やフォーダム大学を主な拠点にして、カトリックの立場からさまざまに出現した。[41] 道徳や義務の客観性を信じる道徳実在論に立脚して、現代の相対主義・実証主義・帰結主義がニヒリズムやナチズムを生み出してしまったと論じ、神に由来する普遍的な「自然法」観念の復興を説くタイプの議論である。

こうした解釈の嚆矢は、フォーダム大学（イエズス会系）のバーク協会に献辞を宛てた、R・ホフマンとP・レヴァック編の『バークの政治学』（一九四九）である。ホフマンによる序文には、自然法的解釈と呼びうるバーク解釈の基本要素が出揃っている。甦るバークがまず語られる。マルクスと共産主義は、現代のルソーとジャコバン主義であり、バークが目撃した誤りが「社会主義、共産主義、ファシズムの高揚」によって繰り返されている。

では、バークからなにを学ぶべきか。「バークの政治学は、神が命じた理性・正義の普遍的自然法が、よい共同体の基礎であることを認めた点に立脚した」。バークによれば、すべての人間の第一の義務は神の法に従うこと、政治家の仕事はそれをたしかにすることであり、学ぶべきはこうした「キリスト教ヒューマニズムの政治学」である。ところが、「バークを語りながらも彼を貶めてきた現代の実証主義者やプラグマティスト」、すなわち「モーリー、スティーヴン、レッキーはバークの自然法論をことごとく無視した[42]」。

カークの論文「バークの自然権」（一九五一）は、最初の註でホフマンのこの序文に言及し、バーク解釈もホフマンに基本的に従っている。道徳や権利は神が与えたものであり、神の法に従う限りで権利が存在する、という「自然権」思想こそ、バークの政治思想の基礎である。カークはこれを、キリスト教とコモン・ロー思想の双方に立脚したタイプの「自然法・自然権」(jus natural)の思想と解釈する。この双方の思想に立脚したバークは、歴史や伝統に表現された人類の経験を通じて、われわれは「神の法」を知りうると論じた。バークはこうした前提から階層制・貴族制を擁護し、政治的平等や多数派支配を批判した。「この自然法と自然権の理論によって、バークは哲学的保守主義の創設者になった[43]」。

有名な『保守主義の精神』（一九五三）は、この論文を再利用したことからも明らかなように、やはりバークの宗教性を強調している。カークはこのベストセラー書で、保守主義の出発点を『省察』に求め、分析の対象を「バークの系譜の思想家」に限定したが、このことが示唆するように、人間の無力や罪を強調して階層秩序を重視する彼のバーク理解は、保守主義をめぐる理解と連続している。いずれも、西洋の宗教を前提とする理解である。カークは保守主義の基本信念として、神の意志の支配、伝統的生の多様性・神秘性、文明社会における秩序と階級制の必要、所有と自由の不可分性、時効・伝統の尊重、変化と改革の区別、の六つを掲げた[44]。

スタンリス『エドマンド・バークと自然法』（一九五八）は、こうした自然法的解釈の学術的総決算である。すべては自然法論に帰着させられる。世代を超えたパートナーシップとして国家を定式化した『省察』の記述について、J・ブルンチュリ『一般国法学』(一八五二)以後の多くの解釈者は国家有機体説として解釈してきたが[45]、スタンリスはこれを、神の命じた自然法をめぐる記述と理解した。スタンリスは、カーク同様に、自然法とコモン・ローの「密接な相互的関係」を指摘することで、バークの英国国制論も自然法論の一部として解釈した[46]。

しかし、こうした自然法的解釈は、この時期に限っても、アメリカを席巻したわけではなかった。一九五〇年代のそのほかの代表的な解釈を、年代順に三つ紹介しよう。

ホフマンと同じように共産主義の脅威を強調するF・ウィルソン『保守主義の擁護』(一九五一)も、バークを「近代保守主義」の起源と位置づけて、「道徳秩序」をめぐるバークの信念を強調している。ところが、「自然法」概念は慎重に避けられる。「現在では「自然法」という言葉を用いるのはほとんどがカトリックの思想家」であり、プロテスタントは「道徳秩序」、ユダヤ教徒は「神の正義」と呼ぶことをふまえたからである[47]。

第二に採りあげるL・シュトラウス『自然権と歴史』(一九五三)について、スタンリスは、ホフマンやカークの作品とともに、自然法的解釈の先駆とみなした[48]。ところが、これは、『自然権と歴史』の理解として一面的である。『自然権と歴史』は、伝統的自然法とバークの関係について両義的に解釈し、しかも、バークが伝統的自然法から離反し、意図せず歴史主義を準備した側面を強調したからである。セイバインと同じように、古典的道徳実在論から歴史主義への転換点にバークを位置づけたこの解釈には、むしろ、西洋文明の危機に際してバークを援用するのは不適切である、とのシュトラウスのメッセージすら読み込むことができる[49]。

「国際マルクス主義が、一八四八年に出されたマルクスの『共産党宣言』とともに始ったと同じ意味で、国際保守主義は、一七九〇年に出された英国の政治家エドマンド・バークの論文『フランス革命の省察』とともに始る」。

このようにして始まる第三のP・ヴィーレック『保守主義』(一九五六)は、自然法概念には一貫して冷淡である。ヴィーレックは、保守主義の複数の系譜を指摘して、ド・メーストル型の「反革命的権威的保守主義者」と対比しながら、バークの「発展的立憲的保守主義者」を肯定的に評価する。これは、神学や道徳ではなくて、政治の実践の側にバークの思想を位置づけて、「中庸な保守主義」とみなすヴァージョンの解釈であった。(50)

このようにさまざまなヴァージョンのもとにバークや保守主義が解釈された背景には、保守の側で「自己定義の探求」が盛んで、「本当の」保守主義がさまざまに論じられた戦後アメリカの時代状況を指摘できる。(51) これとは別に、R・ニーバーやA・シュレジンジャーのように、同時代アメリカでは、リベラルの論者もバークを積極的・好意的に論じた。(52)「二〇世紀は自然法・保守主義」との受容史・解釈史理解も、単純化の誹りを免れない。

二〇世紀後半における多様な解釈は、もとよりアメリカに限られない。われわれは最後に、二〇世紀後半のイギリスに目を向けて、ポスト福祉国家の時代における解釈動向を観察しよう。

イギリス保守党では、すでに確認したように二〇世紀初頭に、社会主義に倣うかたちで理念の体系化と経済主義化が進行した。これに対しては、J・ハーンショー『イングランドにおける保守主義』（一九三三）のように、「経済のことばかりに重きを置く」のは社会主義と同じであるとの反発もあったが、(53) 世紀中盤以降は、のちに党首・首相となるH・マクミランの『中間の道』（一九三八）が典型的に示したように、保守党も、福祉国家やケインズ主義的経済政策を大枠において受容した。このような保守陣営において、そののち、市場主義への政策転換を通じて理念の再定義を促したのは、一九七九年からのサッチャー政権であった。(54) ここに、保守主義のアイデンティティをめぐる論争があらためて活発になる。この前後に登場した保守党代議士による二つの保守主義論は、市場や福祉国家を争点にして、保守主義やバークをめぐる対照的な解釈を示している。(55)

保守党による政権奪還が予想されるなかで執筆されたI・ギルモア『右派の内側――保守主義研究』（一九七七）は、一方で、左傾化する労働党を批判しながら、他方では、党内右派（サーチャー主義）に対抗して「中道主義・穏健」

路線の保守主義を掲げた(56)。

ギルモアは、「穏健で非イデオロギー的なトーリー主義」の立場から、それを代表する思想家のひとりとしてバークを取り上げている。ギルモアのバークは、理論偏重のイデオロギー政治を批判し、状況をふまえた判断力(「思慮」)を重視する穏健な実務家である。こうした実務家的解釈は、世代を越えたパートナーシップとして国家を規定した『省察』の議論をめぐる解釈にも鮮明である。それは、「残念ながら既存の国家を判別可能なかたちでは描いていない」。つまりギルモアは、バークの宗教性・神秘性に好意的ではない(57)。

ギルモアの議論でもうひとつ特徴的なのは、市場放任主義に対する厳しい態度である。ギルモアによれば、政府の穀物市場介入を批判したバークの『穀物不足に関する思索と詳論』(『不足論』)は、バーク自身が状況を無視する教条主義に陥った誤りであった。この解釈は、保守党は福祉国家や社会保障を継承・拡充すべきである、との彼の政策論にそのまま連動している。保守主義の本質を非教条的な状況適応能力に求めるギルモアからすれば、ハイエクの自由主義は、「教条化された、それゆえ歪められた保守主義」にすぎない。自由主義は、「国家が市場メカニズムの中核・中心に位置する」現状を無視して、市場や競争を神格化する教条主義に陥っている(58)。

これに対して、サッチャー政権の一二年間を経験したのちの、D・ウィレッツの『現代の保守主義』(一九九二)は、市場主義に対する評価において対極に位置する。保守主義は「伝統やわれわれの遺産を美しく詩的にうたいあげるだけ」では不十分である、というドライな認識が同書の基調をなしている(59)。

この保守主義論も、まず保守主義の歴史から論じるが、それは、「自由市場と健全な通貨が保守主義の伝統の中核にあったことを示すためである」。『不足論』に明らかなように、バークは、アダム・スミスの政治経済学の唱道者であり、ヒュームもバークもオークショットも、みな自由市場信奉者であった(60)。しかし同時に、保守主義は、共同体を重視する点で自由放任主義とは区別される。ヒュームやバーク以来の保守主義の思想家たちは、自由市場と共同体の相互補完性を唱えた。[61] つまり保守主義は、自由市場と共同体をいずれも重視する思想であり、ハイエクのような「もっとも洗練されたタイプの自由主義」とも接近する。市場と共同体を掲げたサッチャー主義は、それゆえ「保守主義哲学の本流」に位置しており、ユニークだったのは政治のスタイルだけである。[62]

保守主義のあり方を論じるなかで、カークやスタンリスの道徳的・宗教的バークとは異なり、ギルモアは「思慮」を重んじる政治的バークを掲げ、ウィレッツは自由放任の経済的バークを対置した。いずれもバークを保守主義の源流としたが、解釈はバラバラである。ポスト福祉国家の時代に目立ったのは、ウィレッツ型の市場主義的バーク解釈だった。アカデミズムの解釈もこうした動向と無縁でなく、二〇世紀の最後の四半世紀以降、多くの研究者が、『不足論』やスミスとの関係に（帝国論とともに）関心を寄せている。[63]

ただし、レッセフェール・バークは、実は、かならずしも新規な解釈ではない。二〇世紀に限っても、保守主義の理念が定式化される過程の一九二〇・三〇年代には、バークの「小さな政府」論に対する関心の高まりを確認できる。バウマンは、『不足論』を「ボルシェヴィキ」の再分配政策に対する批判として読解した。G・カトリンは、革命批判と反集産主義の両側面をもって、バークを「近代保守主義の父」と規定した。[64] 興味深いのは、こうした解釈を、道徳的・宗教的バーク解釈の嚆矢ホフマンが批判したことである。バークが自然的秩序に適うとみなしたのは、一九世紀の自由主義のような「小さな国家」ではなく、公共善の実現に向けて「強く、活動的で、力のある政府」だったというのである。[65] 保守主義の多様性は、バークの解釈の多様性と連動した。

## 第4節　さまざまなバーク、さまざまな保守主義

本章は、（一）バークの政治思想を保守主義として捉える理解は、一九世紀から二〇世紀の世紀転換期に一般

化したこと、(二)「保守主義の創設者」というバーク理解は、一九一二年のセシルの著作にまで遡りうることを明らかにした。バークから保守主義が始まるという思想史理解は、たかだか百年ほど前にできたものだが、それ以後二〇世紀の保守・革新対立の政治構図のなか、バークの時代から続いてきたかのように保守主義の歴史や伝統が語られ、われわれの時代も、依然としてその思想史理解に支配されている。

同時に明らかになったのは、(三)バークや彼の保守主義は、さまざまな政治的意図のもと、さまざまに理解・解釈されてきたことである。バークに依拠すれば、特定のタイプの保守主義、あるいは「本当の」保守主義が一義的に導き出せるわけではない。

こうした分析結果は、バークだけでなく、保守主義の理解についての示唆も含んでいる。バークの受容史・解釈史が一端を明らかにしたように、保守主義の理解をめぐっては、さまざまな対立や論争が存在してきた。保守主義の本質はなにか。保守すべきはなにか。それは、体系化された教義をもつのか、精神や態度の次元のものか。どのような経済政策を採るか。だれに始まり、だれを含む思想的伝統か。二〇一〇年代の日本でも、保守政権の変質が意識されるなかで、「正しい」保守主義のあり方を論じる書籍が相次いで刊行されている。(66)

ところが、保守主義の理解をめぐる論争に決着をつける特権的な基準や方法は存在しない。そのような基準や方法についてのメタ・コンセンサスを想定することも難しい。その意味で、「本当の」「正しい」保守主義をめぐる論争は、共通のルールがなく、自分でルールを決められるゲームで勝ち負けを競うのに似て、いささか不毛である。歴史をもちだしても、本章が示したようになんら解決にならない。バークを基準や起源とすることに論理的・歴史的必然性はないし、バークを基準にしたにせよ、その解釈を一義的に確定することは難しい。

他方で、受容史・解釈史を辿ってきたわれわれの思想史学の観点から見れば、保守主義とはなにかという設問や、それに対するさまざまな答えは、それ自体が歴史的現象である。保守主義にはさまざまな理解が提示されてきたが、自由主義や社会主義の場合と同じように、そうしたポリフォニー（多声）こそが、思想史における保守主義を構成している。

こうした観点は、第一に、保守主義が確固たる実体として存在するのでなく、あくまで人為的な社会的構築物であることを再確認する。保守主義は、われわれが歴史的・政治的現実を理解するツールとして構築したフレーム（分析概念）のひとつであるが、われわれは、しばしばツールであることを忘れてフレームを実体化してしまう。バーク本人は、われわれが過去に投影しているこのフレームも、そのフレームのなかに自分が組み込まれていることも関知していなかった、という平凡な事実はこうして忘却されてしまう。

第二に、こうした思想史学の観点は、思想史における保守主義を、単一の本質を備えた思想ではなく、複数の要素が緩やかに重なりあってできたひとまとまりの全体として理解する。これは保守主義を、「家族的類似性」（部分的共通性）を備えたひとつのファミリーとして理解する観点である。ここにおいて思想史学が果たす役割は、ファミリーのなかにある複数の要素を明らかにして、それらの共時的・通時的関係を解明することである。[67]

保守主義が、政治の世界で訴求力や有意性をもつかぎり、この政治的シンボルをめぐる争いは避けがたく、「正しい」保守主義をめぐる論争や対立は続くであろう。さまざまな理解を内包する、ポリフォニックなファミリーとして保守主義を理解する思想史学の観点は、そうした論争のなかで、保守主義をめぐるさまざまな言説を多面的・批判的に吟味することを可能にして、われわれの知的・政治的資源を豊かにするはずである。

注

（1） たとえばJ・レイノルズやJ・ジョーンズによる肖像。

（2） Robinson［1996］や大英博物館のウェブサイトで閲覧できる。

（3）ネーミアの解釈について Smyth [2012]。

（4）カント［一九九九］一五七～六〇；マルクス［一九七二］四三三～四；ラスキ［一九五八］一二七。

（5）たとえば、鶴田［一九七七］一四七～二〇〇；中野［一九七七］一～二四；岸本［一九八九］四～一四；末冨［二〇一四］一～一五、二〇一二～五；小島［二〇一六］一～一四。別様のバーク受容史・解釈史理解として Lock［1985］132-99.

（6）Stanlis［1958］xi, 29-34.

（7）MacKnight［1858-60］v. 3, 341; Maume［2010］.

（8）Stephen［1876］v. 2, 219-52. 同書には、晩年のバークの激情を「保守主義」と表現する箇所がある（p. 249）。これは、バークに保守主義という形容を冠した最も早い事例のひとつである。アメリカでは、R・エマソンが一八三五年の講義でバークを「保守主義者」と呼んだ（Maciag［2013］68）。

（9）Jones［2015］1117, 1123-4.

（10）Morley［1867］20-2, 35-6, 45-51, 150-1. バックルによれば、バークはジョージ三世の悪政と闘った改革者だったが、フランス革命後に「幻覚の状態」に陥った。Buckle［1857］414-33.

（11）W・レッキーも、バークの「保守主義」と功利主義を一体のものとして解釈した。Lecky［1878-90］v. 3, 201-11.

（12）Morley［1879］51, 63-4, 108, 129, 145, 165, 170-2, 213-4.

（13）Baumann［1929］40-1, 46-7. バウマンは、女性参政権を「古来の秩序」の破壊として批判している（pp. 49, 61, 69）。

（14）Baumann［1929］11-6. バークの酷い演説についてはレッキーも度々指摘し、精神の病に原因を求めた。Lecky［1878-90］v. 3, 188-91; v. 5, 130-5.

（15）Goldman［2011］691.

（16）Baumann［1929］39-40, 63; Kirk［2009］230.

（17）C・マコーミックの伝記（一七九七）はバークの非一貫性を批判し、雄弁だが心が汚れていたと総括した（M'Cormick［1797］383）。翌年のR・ビセットの伝記（一七九八）は、経験に従うべきとの主張でバークが一貫していたと主張した（Bisset［1800］453-7）。アイルランド人J・プライアによる伝記（一八二四）は、キケロになぞらえてバークを賞賛した（Prior［1824］553, 556, 559, 564）。

（18） Lock [1985] xxx.
（19） Sack [1987].
（20） マンハイム［一九九七］一三八。
（21） Cobban [1960] 273; Preece [1980b]：バイザー［二〇一〇］四五四、四六六～七、四八一、五六六～八：Chiron [1997]; Goldman [2011] 693. バークと啓蒙の関係も再検討されており、現在では、バークを啓蒙批判者でなく啓蒙の一潮流とみなす解釈が一般化している。ポーコック［一九八九］：中澤［二〇〇九］：土井［二〇一四b］。
（22） Green [2014].
（23） Sack [1997]. アイルランド系トーリーとしては、前述注（17）のプライアのほかにも、C・クローリーがバーク伝（一八四〇）を公刊した。彼は、「共和主義」やカトリックによる国制転覆の危機を訴え、「反革命マニュアル」としてこのバーク伝を出版した。Croly [1840] v. 1, vii-xii.
（24） O'Brien [1997]; Jones [2015] 1118-22. この論争では、たとえば、「自由党の現在のアイルランド政策を支持するため」（副題）にバークのアンソロジーが公刊された（Pease [1886]）。バーク伝の著者マクナイト（前述）は、グラッドストンの支持者だったが、アルスター・ユニオニストとして、自治法案を激しく批判した（Maume [2010]）。リベラル・ユニオニストに転じた知識人には、M・アーノルドやA・ダイシーが含まれる。
（25） Fair and Hutcheson [1987] 550-1; Jones [2015] 1128-39.
（26） Smith [1903] i, iii, xlviii, li, lix, lxiv, xc, 74.
（27） Kebbel [1886] 2, 45, 47, 49, 52, 61, 337, 380.
（28） Butler [1914] vii-ix, 30-59.
（29） Fair and Hutcheson [1987] 554. セシルについて清瀧［二〇〇四］二五三～六八。
（30） セシル［一九七九］四二～五三。
（31） マンハイム「保守主義的思考」は、セシルのこの区分に明示的に依拠しながら、これを伝統主義と保守主義の区分に置き換えた（マンハイム［一九九七］一九～二〇）。
（32） セシル［一九七九］二二～三。

(33) MacCunn［1913］45-9, 56, 60, 68, 84-91, 98, 122, 146-50.
(34) たとえば、ラスキ［一九五八］一二六、一五七～八、一八九；Murray［1926］296-7, 308; Hearnshaw［1933］167-8; Doyle［1933］221, 224, 308; Sabine［1937］517-9, 521; クロスマン［一九五五］八七、文献一一頁。
(35) Murray［1926］299.
(36) Maciag［2013］132-3, 147-8.
(37) ガネル［二〇〇一］。
(38) 通史叙述におけるバーク解釈の変転については、紙幅の都合で、犬塚［二〇一七］に譲る。
(39) Dunning［1920］175-84.
(40) Sabine［1937］503-20. セイバインやシュトラウスのポスト自然法的バーク解釈を受け継ぎ、現代では、バークが偶然的・恣意的な慣習や伝統に立脚する政治を論じたことを「反基礎付け主義」とみなし、ポストモダニズムとの親近性を説く議論がある。Mosher［1991］394-5.
(41) Maciag［2013］173-8.
(42) Hoffman［1949］xi-xv, xxx, xxxiv-xxxv.
(43) Kirk［1951］441-3, 450-6. カークは、スタンリスの著書に寄せた序文で、ホフマンの序文を自分たちの解釈の先駆とみなしている（Stanlis［1958］viii）。カークやスタンリスのバーク論についてDeane［2012］223-6；Maciag［2013］178-92、日本語での好意的なカーク論として会田［二〇一六］一二三～三八；宇野［二〇一六］一一六～八。
(44) Kirk［1953a］5, 7-8.
(45) Bluntschli［1868］v. 1, 71-2; MacCunn［1913］59-60; Butler［1914］39-40; cf. Woolsey［1878］v.1, vii, 183-4; Sabine［1937］517-8.
(46) Stanlis［1958］xii-xiii, 38, 72-3. スタンリスに対する代表的批判としてLock［1985］194；岸本［一九八九］一三～四。
(47) Wilson［1951］4-24. ウィルソンは、バークを自然法でなく「歴史的合理主義」の系譜に位置づける。
(48) Stanlis［1958］xiii, 16-22.
(49) シュトラウス［一九八八］三〇五～四；Lenzner［1991］377.

(50) ブィーレック［一九五七］四〜八、一一〜三、一七、三六〜五三、六九、一二七、一三四。
(51) Nash［1976］12.
(52) Lester［2014］.
(53) Hearnshow［1933］294.
(54) Fair and Hutcheson［1987］.
(55) Gove［1997］.
(56) Gilmour［1978］7-8.
(57) Gilmour［1978］59-67.
(58) Gilmour［1978］8, 19-20, 66-7, 109-20, 152-4, 236.
(59) Willetts［1992］4, 97.
(60) Willetts［1992］5, 8, 34, 47, 79, 181.
(61) バークは、複数の集団を重視する「ミクロ保守主義」でなく、国民国家を重視する「マクロ保守主義」の代表であるという（Willetts［1992］71, 105)。これは、R・ニスベットとは対照的な解釈である。ニスベット［一九八六］［一九九〇］。
(62) Willetts［1992］52-4, 92-6, 182, 186. ハイエクは、バークを保守主義ではなくあくまで自由主義と解釈した。ハイエク［二〇〇七］一九八、二〇七；小島［二〇一六］三〇三〜四二；中澤［二〇一五］。
(63) 代表的研究の一覧は Hampsher-Monk［2015］95-100 に譲る。日本語での貢献として中澤［二〇〇九］三四〜四九；立川［二〇一四］；小島［二〇一六］一二七〜二五二。私の解釈は、犬塚［一九九七］に示した。
(64) Baumann［1929］52-6; Doyle［1933］223-4; Catlin［1939］330-2; Wilson［1951］24.
(65) Hoffman［1949］xvii.
(66) たとえば中島［二〇一三］；佐藤［二〇一四］；仲正［二〇一四］；中北［二〇一四］；宇野［二〇一六］。
(67) Goldman［2011］691-2; Hampsher-Monk［2015］85. こうした観点からの共和主義の分析として犬塚［二〇〇八］。

＊ 本章の校正中に、バークの解釈史・受容史に関して Jones［2017］と Fitzpatrick and Jones［2017］が公刊されたが、本章で

は利活用できなかった。なかでもJones［2017］は、今後このテーマを論じるにあたって必ず参照されるべき重要文献であり、本章の議論を補強する内容をそなえている。また、馬路智仁氏には有益な情報提供をいただいた。

# 第2章

# アメリカ革命とフランス革命

真嶋正己

## 第1節　一貫性問題

バークは、一八世紀後半に相次いで起きたアメリカ革命とフランス革命という二つの大きな世界史的事件にウィッグの政治家として大いに掛かりあったが、その中で示された彼の姿勢・態度は大きく異なるものであった。そのため、一貫性（consistency）をめぐる問題を惹起することになったが、アメリカ革命とフランス革命に関して彼の思想と行動に一貫性はあったのか、なかったのか？一貫性があったとするならば、それは、どういった理解ないし解釈の上に成り立つのか？本章は、一貫性問題に視座を据えてアメリカ革命とフランス革命に関する彼の思想と行動を読み解くことを目的とする。(1)

バークの思想と行動の一貫性について最初に疑義を呈したのはトマス・ペインである。それは、印紙法危機（一七六五年）以降アメリカ植民地の立場を一貫して擁護し、植民地からも「アメリカの友人」として称揚されていたバークが、フランス革命に際会して前者とは正反対に激しくそれを批判し、反フランス革命の論陣を張ったことに基因する。「アメリカ革命において演じた役割から人類の友である」と考えていたバークが、あろうことか、『フランス革命の省察』で「フランス革命と自由の諸原理を甚だしく侮辱している」(Paine [1894] II, 269-70=[一九七一]一一〜二)とみなしたペインは、猛然とそれに反駁を加え、フランス革命を全面的に擁護する書を著した。すなわち、『人間の権利(第一部)』がそれである。

次いでバークの一貫性について疑義を呈したのは、ウィッグの同僚であり、盟友でもあったC・J・フォックスである。最初トーリーに所属していたフォックスは、その強烈な自由主義的傾向のゆえにアメリカ問題を契機にロッキンガム・ウィッグに身を転じ、それ以降バークと相協同してウィッグを支えた。しかし、インド問題や「摂政問題」を通じて意見の相違が徐々に明らかになるようになり、フランス革命勃発を機についに両者は袂を分かつことになる。その発端は一七九〇年二月の「軍事予算」に関する議論の中に見出されるが、両者の対立を決定的としたのは、翌一七九一年五月の「ケベック法案」に関する議論の中においてである。

バークは、革命勃発当初よりことあるごとにフランス革命を称揚し擁護してきたフォックスのことを苦々しく思っていたが、その彼が同年四月一五日下院(庶民院)においてフランスの新しい国制を「あらゆる時代、あらゆる国において人間の誠実さを土台として建てられたものの中で、もっともすばらしい燦然たる自由の殿堂」(Cobbett (ed.) [1966] XXIX, 249)と称したことに激しい憤りを覚え、対決する意思を固めた。五月六日下院の壇上に立ったバークは、フォックスが持ち上げているフランスの新しい国制は「わが国制のとはまったく正反対」(Cobbett (ed.) [1966] XXIX, 366)に人間の権利という原理に基礎を置くもので、さながら「パンドラの箱」のごとく、ひとたびそれが開けられるや、ありとあらゆる種類の災厄が世上にもたらされると糾弾した後、「……国制を根本的に破壊しようともくろむ特定の教義を一切支持しないことが自己の責務である」(Cobbett (ed.) [1966] XXIX,

370）と述べて自らの意思を明確に宣し、フォックスを激しく非難した。

それに対してフォックスは、「フランス革命について実に敬愛すべき友人とは意見を異にする。それは、概して人類の歴史にあってもっとも光輝なる出来事の一つである」（Cobbett（ed.）［1966］XXIX, 377）と応じ、フランス革命への信念を再度表明して反論の口火とした。そして、人間の権利について「敬愛すべき友人は空想的で非現実的とあざ笑うが、実際すべての合理的な国制の根本的基礎であり、わが国の法令集が明示するようにブリテンの国制それ自体の根本的基礎ですらある」と述べた後、バークの非一貫性について次のように論難した。

仮にそうしたものが国制にとって危険な原理であるとしても、それは敬愛すべき友人の原理であり、彼からそれを学んできた。…（中略）…ブリテンの国制それ自体が基礎を置くまさにその人間の権利にフランスの国制が基礎を置くようになって以来、喜びを感ぜざるを得ない。それを否定することは、まさにブリテンの国制を侮辱することと同じである。（Cobbett（ed.）［1966］XXIX, 379-80）

## 第2節　一貫性問題の基点としてのアメリカ問題

バークは、一七六五年一二月二三日にウエンドーヴァー選出の下院議員となって以来、三〇年弱もの間ウィッグの政治家として実際的な政治の場に身を置いたが、その前半期に彼が精力をもっとも傾注したのがアメリカ問題である。これを、抵抗から独立へといった発展形態からみた場合、一七七三年一二月に発生した「ボストン茶会事件」(2)の懲罰措置として翌一七七四年三月から六月にかけてなされた「強圧諸法」の制定をその分水嶺として第一期と第二期の二つに大別することができる。しかしながら、第一期での彼の言及は、「政界登場後のバークの最初の本格的な政治書」（岸本［二〇〇〇］九二）とされる『「現在の国情」論』を除けば、散発的で、目にしうる資料も限られていることから、いきおい『アメリカ課税演説』や『アメリカ和解演説』といった第二期の著作に中心が置かれることになる。これが、一つには一貫性問題が生じる遠因ともなっている。そこで、第一期、なかでも印紙法危機における彼の言説を踏まえながらアメリカ問題に関する議論をみていくことにする。

バークが下院議員となるのは、印紙法の取扱いをめぐってブリテンの政情が混迷の度を深めつつあったさなかのことであるが、彼が第一期を通じて明確にした要点は二つである。彼は、一七六六年二月三日、ロッキンガム内閣より提出された宣言法案を支持する演説を行っている。[3] これは、植民地に対する本国議会の統治権ならびに立法権の至高性を宣することを目的としており、その可決・成立は議会をして印紙法撤廃へと導くための前提条件と解されていた。そのため彼も「至高なる立法権の無制限な性質に由来する権利についてのこの純理論的考えは非常に明白でまったく否定できない」（WS, II, 47）と述べているが、しかしこれが彼の本旨ではない。彼は、植民地に対する課税権について「これらの権利は許容的な権利であって、絶対的な権利、すなわち強制するにたる権限ではない」（WS, II, 46）としてその絶対的行使に非を打つとともに、「内国税に関する事項は植民地自身に任せるのが正しい」（WS, II, 47）と述べている。こうした彼の考えは爾後一貫したものであり、[4] 一七七〇年五月九日タウンゼンド歳入法の撤廃を受けて行われた演説の中でも彼は、「植民地に対するグレート・ブリテンの立法権はあらゆる意味で無制限である」ものの、「植民地に対する課税権の行使を控えることがこの国の真の政策である」（WS, II, 326）と述べている。

実にここにバークの苦しい胸の内があった。七年戦争の結果、広大な北米植民地が版図に加わったことでブリテンは西インド諸島も含め一大植民地帝国となったが、では、この広大な帝国を一元的に統治していくことは可能か。彼は次のようにいう。「それ［ブリテン帝国］は、自由の諸原理に基づき統治されなければならない。自由の計画に基づき広大な帝国を統治することほど、人知にとって困難な主題はない」（WS, II, 47）と。明らかにそこには「服従がなければ、それは一つの帝国ではないであろう。自由がなければ、それはブリテン帝国ではないであろう」（WS, II, 50）といったジレンマが存したのである。これが第一の要点であり、その後の植民地問題に関する彼の言及の基点となる。彼は、タウンゼンド諸法危機さなかの一七六九年二月に上梓した『「国情」論』の中で、印紙法の制定を境に「実に政治よりもむしろ形而上学に属し、ひとたび揺り動かされれば、これまで人間の叡智により組成されてきた最良な統治の基礎をぐらつかさずにはおかない煩わしい問題」、すなわち「統轄国の優位と従位国の自由という二つの非常に厄介な事項」（WS, II, 188）が頭をもたげることになったとしている。

それでは、こうしたジレンマが存する中で広大な帝国をどのようにして統治・経営していくのか。これが第二の要点をなす。バークは、一七六六年二月二一日南部担当国務大臣のH・S・コンウェイが下院に上程した印紙法撤廃動議を支持する演説を行っているが、彼の主意は、ブリテンは印紙法といった植民地課税からよりも、これまで醸成されてきた通商からはるかに多くの利益を得てきているという点にあった。植民地による課税権の専有とブリテンによる通商の独占とはペアをなすものであり、植民地に対する安直な課税はそれに連なる一切のものを破壊すると考えた彼は、統轄国たるブリテンの威厳の確立がまず先で「通商は無視されてしかるべきである」といった考えを即座に否定して、「われわれの威厳は、われわれの通商から引き出される」（WS, II, 54）と論じている(5)。

このことは、バークが政界入りして間もないこの時点ですでに植民地統治について通商の観点から植民地との関係を捉えようとしていたことを示しているが、『「国情」論』の中で再度彼は、植民地は課税されずともブリテンに十分な利益をもたらしており、「これは名目的には税ではないが、実質的にはあらゆる税を包括する」とした上で、植民地に課税すれば、それは二重課税ともなり、「衡平という点で酷烈であると同様、政策という点で誤りである」(WS, II, 176) とより明確に断じている。そうして彼は、「この新しいシステムでは通商、それも人為的通商の原理が優位を占めるに違いない」(WS, II, 194) と述べて、通商を基に「統轄国」ブリテンと「従位国」植民地との関係を整序しようとする。彼が植民地との通商を「人為的通商」と呼ぶのは、それが「作為と抑制のシステム」(WS, II, 182) に他ならないからであり、それがために、「自由の精神とはまったく性質の異なる多くの抑制によって保障されなければならないし、またそれら抑制を強いるために強力な権力が主なる国になければならない」(WS, II, 194)。「人為的通商」とは航海法等により規制・統御された通商のことを指すが、なればこそなおさら、規制なり抑制なりは充分に思慮されたものでなければならない。彼は次のように述べて、課税権の不用意な行使をいさめている。

われわれは、むしろ、われわれが植民地を多くの抑制の下に置いていることから、某かの方法によりわれわれの利害と帳尻の合いうるあらゆる恩典によってその埋め合わせをすることは理に適っていると、推論すべきである。(WS, II, 194)

ここまでが第一期でのバークの主な議論であるが、彼は、『課税演説』の中で今一度それらを整理・詳説している。『課税演説』は、「強圧諸法」の一つである「マサチューセッツ統治法案」が下院に上程されて間もない一七七四年四月一九日、下院議員のR・フラーによって提出された茶税撤廃案を支持するために行われたものである。フラーが茶税撤廃を動議した目的は、「強圧諸法」の可決・成立が不可避な中で植民地の反本国感情を少しでも和らげるところにあった。しかし、バークの演説は、ブリテン本国が通商を独占する一方で、課税権をも享受するのは植民地住民を「何の埋め合わせもない完璧な隷属状態」(WS, II, 430=『論集』一一四) に貶めるものであるとして、植民地課税に対し強くその非を鳴らすものであった。曰く。

アメリカに課税可能なものがあるならば、自ら課税することを任せよ。…（中略）…通商法規によってアメリカを拘束することで満足せよ。諸君はいつもそうしてきた。このことを諸君が彼らの通商を拘束する理由とせよ。諸税により彼らを苦しめるな。諸君は最初からそうすることに慣れてこなかった。このことを諸君が課税しない理由とせよ。（WS, II, 458＝『論集』一四五）

ここでバークが格別留意したのは、課税権の強行が本国の主権を著しく毀損することに対してであった。彼は、次のように論じている。

もし諸君が最高主権の無条件かつ無制限な性質から被治者にとって不快である陰険な推論と帰結をせき立てることにより、統治の源泉そのものを節操なく愚かにも致命的なまでに詭弁を弄し害するならば、諸君は、そうしてかの主権そのものに疑念を差し挟むよう彼らに教えることとなろう。……もしその主権と彼らの自由とが両立し得ないとき、彼らはいずれを取るであろうか。彼らは、諸君の主権を諸君の顔に投げつけるであろう。（WS, II, 458＝『論集』一四五）

彼のこの主張は尖鋭である。というのも、それは、「ボストン茶会事件」の懲罰措置として「強圧諸法」が制定されたのを境に本国と植民地とが抜き差しならない関係に陥る中で、懸念はより現実的なものになりつつあると思念されたことによる。彼はいう。「あなた方がいやしくもアメリカを統治するとするならば、それは軍隊によるに違いない。われわれの前に提出されたこの法案［マサチューセッツ統治法案］は軍事力を伴う。わたしは、武力が用いられることなしに彼らが同意することは決してないと思う」（WS, II, 464）と。そのため彼は、本国議会の権能を次の二つに分けて説明し、「統轄国」としての優位性を保ちつつ、他方で議会に対して自制を促そうと苦心した。一つは、ブリテン国内にあって「局所的立法機関として直接に他ならぬ執行権を通して国内のあらゆる事柄を規定する」能力であり、今ひとつは「[植民地等の]様々な下位的立法機関のすべてを監督し、そのどれにも大きな打撃を与えることなく嚮導し、統御する」（WS, II, 459-60=『論集』一四七）能力である。彼は、植民地の従位性を自明なものとした上で次のように論じている。

植民地がその制度に共通した目的に応えている間は、ブリテン本国は決して植民地の領分には立ち入らない。しかし、本国議会が慎重にして慈善心に富んだ監督の目的の一切に応えるためには、その権限は無際限でなければならない。[6]（WS, II, 460=『論集』一四八）

このようにバークは、本国の統治権と植民地の自由という「厄介な問題」を解きほぐそうとして繰り返し腐心するわけであるが、翌一七七五年三月二二日に行われた『和解演説』は、それまでの演説とはいささか趣を異にするものであった。というのも、「今日わたしは、課税権の問題については決して触れない……。……わたしはそれを完全に問題の外に置く」として、「わたしの考察は狭く制限され、もっぱらその問題の政策に限定される」（WS, III, 135=『論集』一九九～二〇〇）というように、具体的な政策に依拠した和解案を提示するところにその目的を有していたからである。こうした抽象的な原理に依拠した議論を徹底して忌避するという姿勢は、『課税演説』の中でも「わたしは、ここで権利の区分に分け入ったり、またその境界を示したりしない。わたしは、これらの形而上学的な区分には立ち入らない。わたしは、まさにその響きですら嫌悪する」（WS, II, 458=『論集』一四五）と述べているように、彼のアメリカ論を特徴づけるものの一つであるが、そこには、本国と植民地とが折り合いを付けるどころか、互いに対決姿勢を強めていく中で、武力衝突だけは何としてでも避けたいとの強い思いが伏在したのである。

バークは、「提案は和平である」（WS, III, 108=『論集』一七一）と宣した後、次のように述べている。

和平は和解を含意する。そして重大な争いが存在しているところでは、和解は、ある意味で常に一方または他方いずれかの側の譲歩を含意する。こうした事態にある中で、わたしは、提案がわれわれの口から発せられるべきであると確言することに、如何なる困難も見出さない。（*WS*, III, 110=『論集』一七三）

そうして彼は、植民地に対する譲歩の適否および内容を確定するために、その対象たる植民地の現状と植民地人の気質・性状を分析しその特徴を詳らかにした上で、本国が採るべき方法として植民地人の「猛々しい自由の精神」を必然的なものとして適応または甘受するよう主唱している。彼は、「隷従状態に我慢できないでいる、この二〇〇万もの人間を自由の原理に基づいて統治する」ことが望ましいとした後、次のようにいう。

……わが植民地の民衆がわが国制内の利害に参入するのを承認すること、およびその承認を議会の議事録に記録することによって、その整然たる恩恵の厳粛なる宣言をとこしえに固守するつもりである旨、事物の自然が認めるほどに強い保証を彼らに与えることである。（*WS*, III, 136=『論集』二〇一）

それでは、バークが提示した和解・譲歩案とは如何なるものか。彼は、「わたしの決議は、それゆえ、賦課（*imposition*）によらず、譲与（*grant*）によってアメリカへの課税の衡平および正義を樹立することを意図する」（*WS*, III, 146=『論集』二一二）と宣している。これは、直截的には一七六三年以前の譲与方式への回帰を謳ったものである。そもそもブリテン本国とアメリカ植民地とが決定的な対立状態へと陥った原因は、これまで無軌道にも積み重ねられてきた本国政府の秕政と強圧策にあるが、何よりもその発端は、譲与方式から賦課・徴収方式へという課税政策の大きな転換にあった。彼は、『課税演説』の中でそれを「イノベーション」（*WS*, II, 428=『論集』一一二）と呼び、一七六四年の砂糖法の制定をもって植民地政策の「大転換」（*WS*, II, 434=『論集』一一八）と位置づけた上で、「古来の制度（ancient system）」（*WS*, II, 449=『論集』一三五）、すなわち譲与方式への回帰を強く主唱している。

そもそも譲与とは、もっぱら民衆により自発的に拠出される各種の「上納金」や「臨時献金」などを指すが、これについてバークは、『和解演説』の中で次のように述べている。

> 彼ら［イングランド人］は、基本的な原理として、すべての君主国において事実上民衆自身が直接的、または間接的に彼ら自身の金銭を君主に譲与する権限を有しなければならないし、さもなければ自由は一片たりとも存しえないことを説き聞かさんとはてしなく骨を折った。植民地人は、生き血と同様、これらの諸理念と諸原理を諸君から受け継いでいる。（WS, III, 120-1＝『論集』一八四）

ここで重要なのは、彼が「譲与する権限」と「自由」とを表裏一体の関係として把捉し、譲与権をして自由を得るための前提条件と位置づけていることである。してみれば、当然にも彼のいう譲与方式への回帰は、砂糖法制定以前においてそうであったように、内治の自由の承認を含意していたということができるが、と同時に、今ひとつ留意しなければならないことがある。それは、通商を基にした関係の修復をも含意していたということである。(7)『和解演説』の中で彼は、武力の行使を忌避する理由の一つとしてそれが植民地それ自体に重大な結果をもたらすことを挙げて「諸君が戦って得るものは、諸君が恢復しようとしたものではなく、戦いの中で減価し、衰微し、摩耗し、使い尽くされたものである」と述べた後、次のように論じている。

> そのままのアメリカでなければ、わたしは少しも満足しないであろう。わたしは、われわれ自身の力とともにその力を使い尽くしたくない。なぜなら、わたしが使い尽くすのは、その一切がブリテンの力だからである。（WS, III, 120-1＝『論集』一八二）

この言は、バークのアメリカ植民地観を見事に示している。アメリカ植民地は、もはやブリテン帝国の発展にとってなくてはならない存在となっており、その基を台無しにして何のための勝利か。考慮すべきは、如何にすれば、本国から三〇〇〇マイルも離れた広大な植民地を、本国の主権を毀損することなく、自由の原理に基づき統治することは可能となるかということである。下院に席を得て以降、彼が腐心してきたのはまさにこの一点であり、この点で、彼のアメリカ論は終始一貫したものであったということができる。

ところで、アメリカ植民地においてバークはピット（チャタム）とともに「アメリカの友人」と評されたが、では彼は、如何なる意味で「アメリカの友人」たりえたのか。それは、H・T・ディキンスンも指摘するように、和解に向けた彼の並々ならぬ努力、ならびに内閣が繰り返しなしてきた強圧策と武力行使に対する彼の辛辣な批判によるが[8]、何よりもその発端は砂糖法および印紙法の制定にある。それは「古来の制度」を大きく変改するものであった。先にも少し述べたように、彼はそれを「イノベーション」と呼んだが、ここで留意しなければならないのは、この「イノベーション」という用語が有する意味である。ロッキンガム内閣は印紙法を撤廃することで賦課方式を廃したが、それも束の間、「古来の制度」への復帰を易々とうち捨てた後継内閣は、植民地から歳入を上げる計画を繰り返し試み、それが頑強な抵抗に遭うや強圧姿勢をますます強め、その結果、植民地人の心は完全に帝国から離れることとなった。植民地の置かれている状況について彼は、一七七五年二月六日下院での演説の中でジャコバイトの乱を引き合いに出しながら次のように述べている。

今やアメリカ人はそのときのわれわれであり、彼らは、我慢のならない専制政治が彼らの頭上に樹立されるべきではないとして闘っている。（W.S. III. 83）

さすれば、すべては「古来の制度」を無思慮にも打ち捨てて「イノベーション」を繰り返し企図しようとした本国政府に非があり、むしろそれに頑強な抵抗を行った植民地の側にこそ大義があるということになる。フランス革命に際会したバークは、一七九〇年二月九日に行った「軍事予算に関する演説」の中で、この「イノベーションの精神」について「真の安全な改革の諸原理すべてとは非常に隔たり、国家を転覆するのに十分適しはするが、しかし国家を改めるには完全に不向きな精神」（WS, IV, 288）と述べて、強い嫌悪の情を示している。彼が「アメリカの友人」と評されたのは、まさにそうした「イノベーション」を繰り返し企図した本国政府の秕政《ひせい》を激しく批判し、植民地を敢然と擁護したためであるが、しかし彼の軸足は植民地にではなく、何よりもブリテン本国にあって、その本旨は、原状恢復、すなわち「古来の制度」に復帰し植民地統治をあるべき姿に戻すこと、この一事にあったということができる。しからばこそ、植民地との和解という点でどこまで有効たりえたかは別にして、譲与方式への回帰こそが彼の答えだったのである。

このようにみた場合、ペインは、バークのアメリカ擁護論に目を奪われ、期待するあまりにその本意・本旨を見誤っていたということができるが、より重要なのは、すでにこの時点でバークが保守的思考を明確に示していたことである。純理論的抽象的原理に依拠した議論を忌避・嫌悪するという態度もその一つであるが、彼は、『和解演説』の中で「古来の制度」への回帰を提唱するに際して「国制上の難事に逢着した場合、イングランドの国制の神髄に伺いを立てれば、間違った方向に導かれることなどないであろう」（WS, III, 139=『論集』二〇五）と述べて、昔日に照らし「過去に準拠する」という方法を開陳している。これは、彼が主著『フランス革命の省察』において論じた修正・復旧を旨とする保守のための改革と軌を一にし、それを先取りするものであったということができる。では彼は、フランス革命をどのように理解し、どういった理由から批判したのか、次にみることにする。

## 第3節　名誉革命とフランス革命・アメリカ革命

一七八九年七月一四日のバスティーユ牢獄襲撃を契機とするフランス革命の勃発は、ブリテンに大きな衝撃を与えたが、前インド総督W・ヘイスティングスの弾劾裁判に全精力を傾けていたバークにとって、その出来事はまさに晴天の霹靂であった。そのため、彼がフランス革命について某か言及するのは八月に入ってからのことである。八月九日、彼は、チャールモント伯に宛てた書簡の中で、この七月蜂起について「フランス人の自由を求める闘争」とひとまずみなしてはいるものの、「それは、実際……その中にまだなお何か逆説的で不可思議なものを有しています」(*Corr.* VI, 10) と述べて、危惧の念を示すことも忘れなかった。

案に相違せず。七月蜂起は一過性のものとして止まらず、八月五日に封建的特権が廃止され、二〇日には「人間と市民の権利の宣言」が採択されたこと、次いで一〇月に入って、その五日にヴェルサイユ行進が、そして翌六日には国王一家がヴェルサイユからパリに連れ戻され、チェイルリー宮殿に押し込まれるという事件が起こり、さらには一一月二日に教会財産の収用が決定され、国家の管理下に置かれることになったことで、バークの危惧は疑念へと、疑念は確信へと変わっていったのである。彼にとってこれら一連の出来事は、七月蜂起以降進行していた社会秩序の崩壊を決定づけるものであった。彼は、一〇月一〇日に息子のリチャードに宛てた書簡の中で「……彼［F・ローレンス］は、フランスの由々しき状態を確証する資料を送ってきました。――そこでは、人間社会を構成する要素が一切合切ばらばらにされ、それに代わって怪物どもの世界が作り出されているように思われます」(*Corr.* VI, 30) と記している。

とはいえ、七月蜂起以降の出来事についてイングランドでは名誉革命を模倣するものとして好意的に捉えられるとともに、それはもっぱらフランス国内の問題であって、対岸の火事として受け止められる傾向にあった。しかし、そうした中にあってバークにとって看過できない出来事がイングランドで起こることになる。一一月四日「革命協会」が名誉革命を記念して行った祝賀会の席上において、ユニテリアン派の牧師で、非国教徒の精神的指導者のひとりであったR・プライスがフランス革命を称える説教を行い、その一ヵ月後に『祖国愛について』と題して公刊されたのが、それである。その主意は、宗教的・市民的自由をより一層確たるものとして実現することにあった。名誉革命により宗教的寛容は一定程度実現されはしたものの、まだなお不充分な状態にある。彼は、フランスで起きている変革の波がイングランドにも押し寄せ、自由がより一層拡充されることを祈念した。この点で、非国教徒の解放が思うに任せず呻吟していた彼にとって、フランス革命はまさに天佑として観取されたのである。

他方、すでにその頃までにバークは、フランス革命の本質を、伝統的な社会的諸秩序を全面的に解体し、抽象的な原理に基づき新しく社会を形成する試みとみなすようになっていたが、実際に彼が『フランス革命の省察』の執筆を決意したのは、翌一七九〇年一月中旬、議会開会のためロンドンに出てきた際にプライスの教説がかなり広範な支持を得ているのを知ってからのことである。彼は、翌二月一八日にブリストル商人のR・ブライトに宛てて次のように書き送っている。

> 尋常ならざることがフランスで勃発しました。わたしたちを一連の出来事の原理に基づきかの国との関係および協同に引き込むために、そして、わたしたちにそれを模倣させるために、尋常ならざる事柄がここで話されたり、行われたり、これ見よがしに出版されたりしています。そうした企図は、それらについていえば、この国の国制および繁栄にとって危険極まりないと、わたしには思われます。(*Corr.* VI. 83)

このようにプライスの教説は、バークにとって「イングランドにおけるフランス革命の開始」(Cone［1952］177)を告げるものであったが、とりわけ彼が嫌悪したのは、名誉革命は「われわれ自身の統治者を選び、非行(misconduct)のゆえに彼らを罷免し、われわれ自ら政府を形成する権利」(Price［1992］34=［一九七九］四八)にその基礎を置くものであり、フランス革命はまさにその「名誉革命の原理を高度に実現」(小松［一九六二］二〇七)するものであると、プライスがみなした点である。(9) そのため、彼は、原理はいうまでもなく、目的及び方法においても両者がまったく質を異にするものであることを明確にする必要に迫られることになる。二月九日下院で行われた「軍事予算に関する演説」がその最初で、その中で彼は、状況において名誉革命とフランス革命とでは「ほとんどすべての点で、そして事物処理の全精神においてまったく正反対である」(WS, IV, 292)と述べている。これは、フランス革命では変革が短期間のうちに国家全般に及び、国制はそっくり取り替えられ、社会の紐帯がずたずたに引き裂かれたのに対し、名誉革命は「なされた革命ではなく、防がれた革命」(WS, IV, 292)であると思念されたことによる。彼は、名誉革命について「わが国制の不変にして根本的な部分において、如何なる革命もなしてはいない。否、それどころか、如何なる変更も決してなしてはいない」(WS, IV, 292)とした後で次のように論じている。

国制において革命がなされなかったがゆえに、ほとんど何もなされなかったのか。否、われわれは、破壊でもってではなく、修復でもって始めたがゆえに、すべてのことがなされた。ゆえに国家は繁栄した。(WS, IV, 293)

続けてバークは、『省察』の中でプライスの教説を改めて批判するために名誉革命論を再度開陳している。先に述べたように、プライスの教説の中で彼がもっとも問題視したのは、名誉革命が「われわれ自身の統治者を選び、非行のゆえに彼らを罷免し、われわれ自ら政府を形成する権利」にその基礎を置くとした点である。彼は、それを「新しい、これまで耳にしたことのない権利章典」であり、「虚構の権利」（WS, VIII, 66=『省察』一二二）であるとして、「権利宣言」に依拠しつつジェイムズ二世の廃位について以下のように言及してみせる。すなわち、「当時にあってはいささかも限定されていなかった継承規則に従い、血統上第一位の継承者として王位に就いた」（WS, VIII, 74=『省察』一三一）ジェイムズ二世は、「非行」といった軽微で不確かなものではなく、議会の存在をまったく顧みず専制権力をほしいままに行使して、「プロテスタントの教会と国家、および彼らの基本的にして確かな法と自由を破壊しよう」とした結果、「国王と民衆との間の始原的契約を反故にした」（WS, VIII, 78=『省察』一三六）責を問われ、廃位されたとする。

そして、ジェイムズ二世のフランス亡命を受けて、極度に混乱した国制を恢復するために一六八九年一月ウィリアムの名の下に召集された仮議会においてウィリアムとメアリを共同統治者として王位に迎えることが決定され、「権利宣言」がウィリアムに提出されたのである。この点についてバークは、その世襲継承性を強調して次のようにいう。

> 王位はそれまで移ってきた家系から幾分はずれはしましたが、新しい家系は、同じ血筋に源を発するものでした。それは、依然として世襲相続された家系であり、世襲相続においてプロテスタンティズムという限定が加えられはしましたものの、依然として同じ血統における世襲相続でした。（WS, XIII, 72=『省察』二九～三〇）

とはいえ、世襲相続といった場合、ジェイムズ二世の娘であり、弟のジェイムズが生まれるまでは第一位の王位継承者であったメアリに何ら問題はなかったが、チャールズ一世の外孫でオランダ総督の地位にあったウィリアムについてはそうはいかなかった。そのためバークは、「疑いもなく、革命に際してウィリアム国王その人において整然とした世襲による継承の厳格な秩序からの小さいながらも一時的な逸脱がありました」とした後、それを国家の危急存亡時における緊急避難行為として次のように記している。

> ジェイムズ国王を事実上復辟させたくなかった人々、彼らの国土を血に染めて、彼らの宗教、法および自由をまさに逃れでたばかりの危地へと再び赴かしめたくなかった人々にとって、それは、必要性が応諾されうるにもっとも厳格に道徳的な意味で、必要性に迫られた行為でした。（WS, XIII, 68=『省察』二四～五）

しかしながら、それが如何に「必要性に迫られた行為」であったとしても、逸脱はあくまで逸脱であり、それ自体が原理となることなどあり得ない。なればこそ、彼は、「そうした窮地においてでさえ、……変更は、患部に、すなわち避けがたい逸脱を生み出した部分にのみ限定されるべきです」（WS, XIII, 72=『省察』二九）というのである。

このようにバークは、名誉革命を世襲継承の原理に基づきなされたものとみなしたが、ここで重要なのは、イングランドに固有の国制および権利・自由がそれと密接に結びついて「世襲相続財産」として把捉されていることである。彼は、名誉革命の目的について「革命は、わが古来の議論の余地のない法と自由を維持するために、そして法と自由に対するわれわれの唯一の保証である、あの古来の統治構造を維持するためになされたのです」（WS, XIII, 81=『省察』四二）といい、世襲継承こそはすべての国制の礎石であるとして、「彼ら［イングランドの民衆］は、現に今あるような国家の枠組みをこの上もなく価値あるものとみなし、平穏なる王位の継承はわが国制のその他すべての部分の安定と永続の保証であると考えています」（WS, VIII, 76=『省察』三四）と述べている。

してみれば、バークが『省察』において擁護しようとしたものは、歴史的・社会的所産たる「イングランド人の権利」とそれに基づくところの自由、およびその安全かつ確実な享受を実際的に可能なものとする混合政体を柱とした統治構造、すなわちイングランドの国制であったということができる。そしてまた、彼は、「重大にして有無もいわさぬ必要性から、彼ら［革命を指導した人々］は、彼らが取った手段を取らざるを得ませんでしたし、……果てしなく渋々とそうした手段を取ったのです」とした後で、「彼らは、国制の将来における保持について将来の革命を頼りになどしたりしませんでした」（WS, VIII, 78=『省察』三六）と述べている。これは、彼自ら「まさしく最後の算段」（WS, VIII, 81=『省察』四〇）というように、革命それ自体は某か不善なものを有するがゆえに可能な限り忌避されるべきものとして思念されていたことを示している。実際、「軍事予算に関する演説」の中で彼は、「彼ら［フランス人］は、あたかも革命が本質的に良きものであるかのごとく、革命をなしたことを誇示している」（WS, IV, 288）と述べて、革命に対する姿勢が名誉革命とフランス革命とではまったく異なっていたことを指摘している。

バークは、このようにフランス革命を名誉革命とは本質的に異なったタイプの革命とみなしたが、そうした中で彼が格別恐怖したのは、イングランドの国制原理と完全に背反するフランスの新しい原理が自国に移入されるようなことにでもなれば、国制そのものは全面的に否定され、危殆に瀕するのではないかということであった。そして、彼が唾棄したフランス革命の新しい原理とは、「人間の権利」とそれに依拠した自由、およびそれに連なるところの人民主権とその制度的帰結である「純粋民主制」であった。

まず「人間の権利」についてである。急進主義者や自由主義者から人間に固有の生得的にして不可侵の権利として遵奉され称揚された「人間の権利」こそ新しい原理の基底をなすとみたバークは、「アナーキーの綱要および摘要の類」（WS, IV, 289）といい、また「曖昧にして思弁的な権利」（WS, VIII, 83=『省察』四二）、「偽りの権利」（WS, VIII, 109=『省察』七五）と述べて、それを激しく非難し攻撃している。それは、「人間の権利」が抽象的思弁の産物であり、歴史的具体性をことごとく欠いた法的フィクションであって法の確たる権原とはなり得ず、それがために人間の真の権利とはほど遠いばかりか、逆にそれを根底から掘り崩すものであると思量されたことによる。なぜなら、彼にとってありうべき人間の真の権利とは、「父祖にその源を発する世襲財産」（WS, VIII, 82=『省察』四二）としての個別具体的な歴史的所産たる「イングランド人の権利」だったからである。これは、「実定され、記録に留められ、代々世襲されてきた権原」（*WS*, VIII, 83=『省察』四二）と述べているように、その起源が如何なるものであれ、法と正義に適ったものとして記録・集積されてきた一群の権原をいう。そして、その特質は、歴史の風雪に耐えながら生成発展してきたという、まさにその事実性により正当性を賦与される点にあり、抽象性・普遍性を旨とする「人間の権利」とは対極をなすものであったということができる。

次いでそうした権利に基づいて具体化される自由についてであるが、バークは、「わたしが愛着をもつと言明する自由とはフランスの自由ではありません。かの自由は、悪徳と混乱を赴くままにさせるものに過ぎません」（*WS*, IV, 394=『論集』六〇六）と述べている。それは、フランスで希求されている自由とは「孤独で脈略のない個人的利己的自由」であり、「あたかも各人が自らの意思によって自己の行為一切を統制しうるがごとき」（*Corr*, VI, 42）もの、すなわち意思に支配された恣意的自由であると思念されたことによる。それは、必然的に欲望および利益の無際限な実現を目指す拘束なき自由となり、そうした自由の体系は、社会からあらゆる紐帯を剥ぎ取り、社会の構成員の間に有害な間隙・対立を生み出さずにはおかない。そうした自由に対して彼は、「社会的自由」（*Corr*, VI, 42）、すなわち秩序と結びつけられた「人間らしい道徳的な規律のある自由」（*WS*, VIII, 57=『省察』一一）を措定して、これをして市民社会（civil society）にあって享受されるべき唯一の自由とする。なぜなら、「人間は、非市民的状態の権利と市民的状態の権利とを同時に享受することはできない」（*WS*, VIII, 110=『省察』七七）からであり、市民社会における自由とは、法によって実定化され、制度によって保証されてはじめて享受可能となるからである。[10] 彼は、フランスの友人であるドゥポンに宛てた書簡の中で次のようにいう。

それ［社会的自由］は、抑制の平等により自由が保証される状態です。…（中略）…この種の自由は、実際、賢明なる法により確実なものにされ、上手に構成された制度により保証される正義のもう一つの名前に他なりません。(*Corr.* VI, 42)

したがってまた、「人間の権利」といった抽象的な原理に基づいて樹立される制度も、論理必然的にバークにより否定されることになる。彼は、統治の淵源が民衆にあるということについて認めはするものの、それと政府の存廃を決定する権利、あるいは政府を形成する権利が民衆にあるということとは別物であるとして後者を否定した上で、人民主権に基づく統治形態を「純粋民主制」、あるいは「絶対民主制」と呼び、そうした民主制は早晩必然的に「有害にして野卑な寡頭制」(*WS*, VIII, 174=『省察』一五七)に堕さざるを得ないと予見している。国王(君主制)・貴族院(貴族制)・庶民院(民主制)三者間の複雑にして微妙な均衡・抑制を旨とする混合政体こそは国制の根幹部分であり、それがために多数者の意思をしてすべてを支配せしめるがごとき「純粋民主制」、「絶対民主制」は、当然にも強く嫌悪・否定されることになる。[11] 彼は、それを「あらゆる種類の市民をできる限りうまくごた混ぜにし、均質な一つの塊体とする」(*WS*, VIII, 232=『省察』二三三)水平化の試みとみなして、次のように批判している。

水平化しようとする人々は、決して平等をもたらしません。様々な種類の市民から構成されるすべての社会ではある種の市民が最上位たらざるをえません。ゆえに水平主義者たちは、事物の自然な秩序をただ変更し、歪めるだけです。(*WS*, VIII, 100=『省察』六三)

岸本はこれを「水平化の革命」(岸本［二〇〇〇］五七二)と呼んでいるが、バークにとってフランス革命は形而上学的抽象により生み出された「怪物どもの世界」であり、それがゆえに「あらゆる革命の中でもっとも重大な革命」(WS. VIII, 131＝『省察』一〇二)であったのである。こうした形而上学的抽象に根ざした議論に対する彼の忌避・嫌悪は、前節でみたように、アメリカ問題がこじれにこじれてその解決の糸口さえ見出し得ない中で確たるものとなり、さらにフランス革命に際会して敷衍され深化したということができるが、それは、フランス革命の基たる抽象的原理がイングランドの国制原理のみならず、その基さえにも浸潤して根こそぎ粉砕すると思量されたことによる。先の言に続けて彼がフランス革命をして「感情、習俗および道徳的意見における革命」(WS. WIII, 131＝『省察』一〇二)と述べたのもそのためである。

バークは、フランス革命が過去の遺物として葬り去ろうとしている古くからの諸制度について「われわれは、既存の制度に対する敵意を哲学とし宗教としてきた者たちがするように、そうした制度と争うのではなく、それらに固く執着します。われわれは、既存の教会制度、既存の君主制、既存の貴族制、既存の民主制を、それぞれ今ある程度、そしてそれより大きくならない程度、保持しようと決意しています」(WS. VIII, 142＝『省察』一一六)と述べて、その堅持を主張している。と同時に、フランス革命が人間の古くからの意見、慣習・風俗、感情を無知で野蛮な時代の非理性的産物として遺棄・一掃しようとするものであると観取した彼は、その保持を次のように強く訴えている。

概してわれわれは、教わることなく自然に会得した感情を有する人間であることを、われわれの古き先入見(prejudice)をすべて捨て去るのではなく、それらを大いに大切にしていることを、そしてより一層不面目なことに、われわれは、先入見であるがゆえにそれらを大切にしていることを、しかも、長く存続したものであればあるほど、広範に普及したものであればあるほど、ますますそれらを大切にしていることを、この啓蒙の時代にあって、わたしはあえて告白いたします。(WS. VIII, 138＝『省察』一一〇〜一)

この「先入見」という言葉は、バークの思想を理解する上で非常に重要なタームの一つであるが、[12] それについて彼は、「先入見の上衣を脱ぎ捨てて、裸の理性以外何も残さぬよりは、先入見を、理性を包み込んだまま存続させる方がより賢明だと考えます」（WS, III, 138=『省察』一一一）と述べて、理性を先入見で包み込むことを主唱している。その根底には過度の理性主義に対する拭いがたい不信・嫌悪がある。曰く。

われわれは、各自が私的に蓄えた理性に基づいて生活したり取引したりするようになるのを怖れます。なぜなら、各人のこの蓄えは取るに足りず、諸個人は、諸国民や諸時代の共同の銀行や資本を利用する方が良いのではないかと思うからです。（WS, III, 138=『省察』一一一）

彼は、個人的理性の普遍性や客観性を信じなかったし、当然、人間の自己完成能力についても全幅の信頼を寄せることはなかった。なぜなら、「理性は人間本性の一部」（WS, II, 196）にしか過ぎず、ために人間は、理性的存在であると同時に、様々な情念や衝動に突き動かされる存在たらざるを得ないからである。なればこそ、彼は、先入見の上衣をまとった理性をして有限な人間が手にしうる真に健全で誤ることのない理性と位置づけ、もって誤りやすく独善的になりがちな「裸の理性」の無軌道な発露を抑制しようとしたのである。彼がフランス革命を「人類の古くからある不朽の意見を忌み嫌い、新しい原理に基づき社会の計画を打ち立てる」（WS, VIII, 212-3=『省察』二〇八）試みとみなしたのは、まさにそうした経緯の下にであった。

このようにバークは、フランス革命が依拠する抽象的原理は名誉革命の原理とまったく異なるばかりか、イングランドの国制、ならびにそれを支え成り立たせている人間の古くからの意見、慣習・風俗、感情を完全に粉砕するものであると論じたのである。こうしてみた場合、バークの非一貫性に対するフォックスの論難は、プライスと同様、フランスで希求されている自由の原理と「ブリテンの国制の中で実際に具体化されている自由の原理」

（Fennessy［1963］190）とを同視・混同したことによるもので、いささか短絡的で言いがかりに近いものであったということができる。

ではなぜバークは、アメリカ植民地の立場を一貫して擁護する一方で、フランス革命をかくも激烈に批判したのか。彼の名誉革命解釈に視座を据えてみた場合、それは何よりも国制護持の一事に尽きる。先にも述べたように、彼がフランス革命を批判したのは、革命が依拠した新しい原理が、その抽象性・普遍性のゆえに、ブリテン国内にいともたやすく浸潤し、幸多き国制を危殆に瀕せしめると思念されたことによる。しかし、ここで留意すべきは、名誉革命とは対照的に彼がピューリタン革命をフランス革命と同視していたことである。(13) ピューリタン革命期における大内乱およびその結果たる共和政の樹立とクロムウェルの独裁によりもたらされた国制上の大混乱という歴史的経験は、彼をしてフランス革命を悪夢の再来として把捉させるに充分なものであった。他方、それとは逆に、クロムウェル没後の無秩序と混乱に乗じて勢力を取り戻した王党派と長老派とが相諮ってチャールズ一世の子チャールズをフランスから呼び戻しスチュアート朝を復活した王政復古は、国制を旧に復するという改革の歴史的実例として把捉され、その上に立って名誉革命は、単に国制を旧に復するだけでなく、それをより堅固なものとした大なる改革として措定されることになるのである。

このようにバークは名誉革命を是とし、返す刀でフランス革命を非としたが、では、彼は革命について何をもって是とし、何をもって非としたのか。そもそも‘revolution’という言葉は天体の公転を指すものであったが、それが転じて事物の回転や年月・季節の循環を指し、さらには革命を意味するようになったとされる。通常、革命とは政府ないし国家の様態の完全な変更をいうが、P・J・スタンリスが指摘するように、元来それは「長い年月を経て確定された統治規範の形態および精神への回帰」（Stanlis［1991］190）、すなわち旧に復することを含意していたのである。国制に対する急激な「イノベーション」は、国内に無秩序と大混乱をもたらすに過ぎない。彼にとって革命とは、可能な限り忌避されるべきものであり、それがやむを得ずなされる場合であっても、必要最小限度に止められるべきものである。彼は、終生、改革者たることを自負していたし、実際「某か変更の手段を有しない国家は、自らを保守する手段を有しません。そうした手段を有さなければ、国家は、もっとも衷心から維持したいと願った国制上のその部分を保持できなくなる危険にすらさらされるやもしれません」(WS, VIII, 72=『省察』二九)と述べて、枢要なるものを保守するに際して改革が絶対的に不可欠であることを言明している。しかも彼は、こうした改革を断行するにあたって慎重にして漸進的であることを求める。ここで名誉革命をフランス革命と比較したとき、極端に差し迫った状況の中で国制の平穏なる恢復を至上命題とされた名誉革命は「革命」と呼ばれはするものの、改革の域をでるものではなかったし、なればこそまた彼は、名誉革命を改革の最大にして最良の事例として措定し、称揚したのである。こうしてみた場合、彼は、改革と「イノベーション」とを峻別し、改革を旨とする革命を是とする一方、「イノベーション」を旨とする革命を非としたということもできる。

それではアメリカ問題は如何にか。前節でも述べたように、バークがアメリカ植民地の立場を一貫して擁護したのは、あくまでも非は「古来の制度」への復帰を易々と打ち捨てて「イノベーション」を繰り返し企図した本国政府の側にあり、それに対してやむなく抵抗したアメリカ植民地住民の行動は、たとえそれに行き過ぎがあったとしても、考慮されてしかるべきであると思量されたことによる。なぜなら、ある意味それは、名誉革命がそうであったように、恣意的な専制政治を前にして必要に迫られた、やむにやまれぬ行為であるとみなされたからである。彼からみれば、何よりもそうした本国政府の無思慮な秕政こそが、国制を著しく毀損したばかりか、帝国の維持を危険にさらし、最終的に帝国発展の基たるアメリカ植民地を分離独立という形で失うという結果を引き起こしたのである。この点で、彼がアメリカ植民地を擁護したのは、植民地の主義・主張に共鳴・賛同したからではなく、それにより本国政府の秕政を糾し「古来の制度」に回帰して本国と植民地との関係を修復・整序するためであったということができる。

最後に今少しここで付け加えなければならないのは、一七七七年一〇月一七日のサラトガでの戦い以降、アメリカ植民地が独立に向けてその歩みをますます進める中で、バークがそれを容認する傾向を強めていった点である[14]。植民地での戦争が泥沼化するにともない、両者の間で憎悪はさらなる憎悪を、憤怒はさらなる憤怒を呼び起こすに違いない。そうした中でよしんば勝利を得たとして、それで何が得られるというのか。彼は、同年四月三日に認めた『ブリストル市執行官への書簡』の中で「卑見によれば、かの戦争は、それを他のすべての戦争と区別するそうした類いの害悪を数多くもたらしました。われわれの政策が混乱し、我が帝国が分裂しただけでなく、我が国の法律と立法精神がそれによって今にもすっかり歪められそうです」（WS, III, 299＝『論集』二五〇～一）と述べている。それは、ただただ国制を毀損し、ますますそれを危殆に瀕せしめるだけである。これが、彼が独立を容認した真意である。してみれば、彼をして、帝国の維持を第一義とするインペリアリストと解するよりも、国制の擁護を最重視したコンスティチューショナリストであったと解する方がより正しいといいうる[15]。

注

（1）バークの一貫性問題にかかる邦文の先行研究としては、中野［一九七三］一四〇～六三がもっとも有益である。また近年では、中澤［二〇〇九］第四章の七七～八三頁が簡明・有用である。

（2）「ボストン茶会事件」についてアマーマンは、「ボストン茶会事件を非常に意義深くしたのは事件そのものではなく、ブリテン政府の反応であった」（Ammerman［1991］200）といい、またペリーは、「茶会事件は暴力に訴えたことで、双方ともに対決から身を引くことを困難にした」（Perry［1990］74）と述べている。

（3）ラングフォードは、「議会討論へのバークの最初の重要な介入であり、少しでも記録されている彼の議会活動の最初であった」(*WS*, II, 45, headnote) と評している。

(4) バークの言説の連続性・一貫性に関してラングフォードは、第二巻の序論で「バークが一七六六年と一七七四・五年の双方の演説において記された原理に反することをいったことは一度たりとてない」(*WS*, II, 25) と述べている。

(5) 三月一八日国王の同意を得て印紙法が正式に撤廃されたことで、アメリカ植民地内もひとまず平穏を取り戻した。ライシュは、このときのバークの奮闘ぶりを「ロッキンガム内閣が印紙法の撤廃を議会に納得させることができたのは、二人の人間、すなわち白髪交じりの古参であるウィリアム・ピットと新人のエドマンド・バークの努力に負うところが大きい」(Reich［1998］23-4) と評している。

(6) ディキンスンは、「これによってバークは、通常の状況にあってそれぞれの植民地議会は［ブリテン］議会がブリテンの民衆に対して行使するのと同様な権限をこれらの植民地の民衆に対して行使し、［ブリテン］議会はこれらの［植民地］議会が行使することに対して如何なる権限も有しないということを、言おうとしたと思われる」(Dickinson［2012］162) と説明している。

(7) 『和解演説』におけるバークの狙いについてR・バークは、「商業帝国 (commercial empire) についての理論的根拠を確立するために、［植民地に対する本国政府の］錯綜した目的を解きほぐすことにあった」(Bourke［2015］478) と述べている。

(8) Dickinson［2012］156を参照。

(9) プライスは、一七八九年三月五日S・アダムズに宛てた書簡の中で「現在ヨーロッパ中をかき立てている、かの精神を生じさせたのは、その戦争［アメリカ独立戦争］であったし、おそらくフランスに自由な統治構造をもたらすのもその戦争でしょう」(Price［1994］208) と記している。この点でプライスは、名誉革命の延長線上にアメリカ革命とフランス革命を捉えていたということができる。

(10) バークは、「自由の効果」について一応「欲することは何をしてもよいこと」(*WS*, VIII, 59=『省察』一三) と定義しているものの、それが過度に陥りやすいことから、「道理に適った人間らしい自由」(*WS*, VIII, 85=『省察』四五) を行使するためには節度のある精神が必要不可欠であるとした。

(11) 当時においてはまだなお「民主主義」そのものが暴民政治、ないしは衆愚による専制政治を必然ならしめるとして否定的に捉えられる傾向が強く、トーマスは、「彼［プライス］もまた民主主義者であるとの非難によって心をかき乱された」(Thomas

［1977］305）と述べている。

（12）先入見とは、原義的には pre-conceived opinion すなわち無意識的または前意識的に了解された意見の謂いで、時間的に何世代にもわたって伝承され、長期間存続するとともに、空間的にあまねく普及することで、無自覚のうちに所与のものとして広く一般に共有されているものを指し、バークはこれを歴史的・集団的叡智として解した。

（13）バークは、『省察』の中で次のように述べている。「旧ユダヤ人通りのこれらの紳士［プライスたち］は、一六八八年の革命に関する彼らの論証の一切において、その四十年程前にイングランドでおきた革命［ピューリタン革命］と最近のフランス革命とをしばしば心ひそかに思い浮かべて、その三つをいつも一緒くたにしています」（*WS*, VIII, 66=『省察』一二三）。

（14）バークは、一七七八年四月二三日にS・スパンに宛てた書簡の中で「われわれは、帝国を二度と一つにできない以上、今でもわが枢密院によって安んじて統治されている、帝国のそれらの部分［アイルランド］にできる限りの活力と健全さを与えることがわれわれの仕事です」（*WS*, IX, 508）といい、実際、同年一二月一四日に下院で行った「陸軍予算演説」の中でアメリカの独立を「必然の問題」（*WS*, III, 394）と言明した。

（15）バークを「インペリアリスト」として徹底して解している例としてオゴーマンをあげることができる。O'Gorman［1973］67-79を参照。

# 第3章　インド論

苅谷千尋

## 第1節　なぜ変化を追うのか

本章は一四年間にわたるバークのインド論を、叙述の変化に着目して考察する。バークは生涯、インドを訪れることはなかったが、彼が庶民院議員に当選した一七六五年は、東インド会社がムガル皇帝からベンガル・ビハール・オリッサ地方の徴税権（事実上の統治権）を獲得した年にあたる。すなわち彼の議員生活は、ブリテンがインド北東部を領域化したことで、様々な問題が顕在化していく過程と重なる（周知のように、アメリカ独立戦争も東インド会社の財政赤字を契機とする）。

彼のインド論は全集の三分の一を占め、また、彼自身、弾劾裁判に敗れた翌年の一七九五年に、「過去十四年間少しの休みもなく最大限の努力を注ぎ、最小限の成功しか収めなかった」インド問題を「私自身、もっとも高く評価する」（*Noble Lord*, *WS*, IX: 159=『論集』八一八）と述懐した。また弾劾裁判の只中――フランス革命の只中でもある――においても「この国の正義、名誉、法、道徳、国制への最も危険な敵に対する私の十年間の争い」（Burke to John Haly Hutchinson, 18 December 1790, *Corr*, VI, 192）とも評している。バークはインド問題を、単なる一地域の問題としてではなく、ブリテン帝国の命運を賭けた象徴的な争いと位置づけていた。これらのことが示唆するとおり、バークの思想を読み解くうえで、彼のインドについての論考は量的な意味でも質的な意味でも重要である。

だが、研究史において、バークのインド論が主題として考察されることは全集刊行後も依然少なく、バーク研究の最後のフロンティアの一つとして残されている。その理由はいくつか考えられる。一つは、インドがもつ複雑かつ多様な性格である。民族、言語、宗教など一様ではなく、インドを直接の研究対象としない者が足を踏み入れることを躊躇させる。現在のインド史についての研究水準を考慮したとしても（Bayly [1988]; Marshall [2005a] [2005b]; 長野［一九九三］; 佐藤・中里・水島［二〇〇九］; 神田［二〇一七］）、バークが生きた一八世紀に比べ、二一世紀初頭のわれわれが飛躍的にインド理解に適した知的環境にいるとは必ずしも言えない。二つ目は、インドそのものへの関心の低下がある。近年の帝国史の隆盛と共に再びインドへの関心が高まる可能性を否定できないが、一八世紀後半から二〇世紀前半までにみられた、ブリテン帝国を支えるインドという現実的、時局的な関心の高さと比べるべくもない（もっともだからこそわれわれは、当時の人々が抱えていたバイアスから自由であるという大きな利点をもつ[1]）。三つ目は、以上の二点と関わるが、バークが残したインドについてのテキストの意味を読解することが、ヨーロッパのそれに比して難しく、あるいは解釈する視点を設定しづらい。それゆえ膨大なテキストを解釈可能な形で細分化し精緻に分析することができず、難解さを克服できないでいる。こうしてインドは、現代においても「未知」で「辺境」なのであって、われわれを躊躇わせるのである。

しかし、数少ないバーク研究者は、バークが残した、樹海のように膨大なインドについての論考に挑戦してきた。彼らが知的冒険の際に頼りにしたコンパスは、いくつかある。大きく分けると、(1)バークの自然法や共感論に着目した道徳主義的理解（Stanlis [2003]; Whelan [1996]; 岸本［二〇〇〇］; 角田［二〇一三］）、(2)ザミンダールと呼ばれるインドの土地所有者と彼らが占める社会的地位に着目した伝統主義的な理解（Whelan [1996]; Murray [2007]）、そして(2)と密接に関わるが、(3)バークのインド論をフランス革命論と比較した研究群に分類できるだろう（Janes［1986］; Whelan［1996］［2012］）。

なかでも最もバーク研究者の関心を誘うのは、フランス革命論との比較である。時系列的にみたとき、アメリカ革命とフランス革命の間に位置するバークのインド論は、両革命論を橋渡しする「何か」が隠れているのではないかと解釈者に予期させる。また、なぜバークはいち早くフランス革命の進展を予測できたのか、その答えが彼のインド論にあるのではないか、と期待させる。実際、バークはインドを論じる際にたびたび革命という言葉を使い（例えば、WS, V: 226, 324; WS, VI, 82; WS, VII, 317）、またこの革命による既存の支配階級の没落を問題視してきた（WS, V, 391-2）。こうしたバークの叙述は、彼のフランス革命分析を容易に想起させる。その早期の論者であるジェーンズは、「フランス革命を通してインドを見るのではなく、インドを通してフランス革命を見る」（Janes［1986］509）と表明し、相当慎重に比較を行うが、比較という方法論上、比較可能な素材を抽出せざるを得ない。これは、比較可能ではない素材を考察の対象から外すことを含意するが、対象から外された素材が独自にもつ意味、とりわけバーク自身が重要な価値付けを行っているものを十分に考慮しづらくする。

ジェーンズに限らず、道徳主義的理解や伝統社会的理解においても、研究関心と素材選択は無縁ではなく、むしろ自覚的な関心に従って選択された素材は、一定の制約を受けながらも、バークの特定の側面を描くことに成功してきた。他方で、こうした方法はバークのインド論の全体像を掴みづらくする側面もあるし、前述したように、バーク自身が与えた価値付けを見損ねる恐れもある。また、彼らは、特定の側面に注意するあまり、バークのテキストの時系列的な変化を分析の中に取り込まない傾向をもつ(2)。

筆者は、時系列に従った整理のみが正当なバーク解釈を提示しうるとはまったく考えていない。だが、これまで、政治史に従った研究を除き（Lock［2006］; WS, V-VII, Editor's Introduction; Bourke［2015］）、バークの議論や強調点の変化を明らかにするための整理はされてこなかった。そこで本章は、これまでのインド論において手薄ともいえる時系列的な分析を通して、バークのインド論を追跡することを試みる。[3] 彼の議論において、どのような主張が一貫して存在し、またどのような議論が消えたのか。その際に使われた言語にはどのような変化があったのか。本章の構成は次のとおりである。まず政治史に着目し、叙述の変化を示す基準と区分について検討する。次いでそれぞれの時期に応じて、彼の議論の特徴を整理する。以上の分析を通して、彼の関心、叙述、言語の変化を明らかにする。付言すれば、本章は、バークのインド論について新しい解釈を提示することを目的とするのではなく、そのための予備的考察として位置する。

## 第2節　叙述の変化——政治的コンテクストと語りかける対象に着目して

一七八二年に庶民院特別委員会に加わり、以後一四年間にわたる（一七七三年のノース規制法をめぐる討論も含めれば二〇年強に及ぶ）バークのインドについての論考は、政治的コンテクストや語りかける対象に応じて、政治的主張のみならず、議論の素材、力点、言語が変化している。[4] 一七八〇年代初期のバークは、インドをどのようにブリテン帝国に包摂するのかという課題に対して、構造的な議論で答えた。だが、一七八〇年代半ば以降、インドの不正統治の責めをベンガル総督ヘイスティングスに帰すための議論構成へと転換する。インドをどう統治するのかといった問いは後景に退き、代わってブリテンの危機が強調される傾向が強くなる。

本節では、政治的コンテクストを考慮した上で、バークのインドについての論考に時系列的な区分を導入する。また、この区分とも関わるが、彼のインドについてのテキストは、語りかける対象に応じて、位相が異なる性質をもつ点もあわせて指摘する。

バークのインド論に大きな転換をもたらしたのは、直接的には、ヘイスティングス弾劾裁判である。ここでは史的経緯を簡単にみることで、より細かな区分の導入へとつなげたい。一七八二、八三年と与党の立場でインド問題を論じていたバークは、一七八四年の総選挙によって、彼自身が属するフォックス派が大敗したことで、政策を実現する立場から遠のくことになった。これを機に、すでに庶民院特別委員会『報告書』（一七八二～八三）の執筆によって、東インド会社の不正統治の原因がヘイスティングスにあると確信していたバークは、直接、彼を批判するという方針に転換する（Whelan［2012］170-1）。またバークはこの選挙の大敗の原因を、インド帰りの富豪による選挙操作に求めた（本章では紹介できないが、『アルコット太守の債務についての演説』（一七八五）につながる）。二つ目の路線転換は、弾劾裁判が正式に貴族院で始まったことと関わる（一七八八）。弾劾裁判においては、法的厳密さと構成要件が問われる。バークは自らの議論が法的議論になじまないことを知った上で、世論に広く訴えるという戦術を採用した。彼が名誉や自然法の言語で訴えるようになるのは、この時期以降に集中する。したがって本章は、バークのインド論の転換点を、一七八四年と一七八八年に求める。

以上の政治的コンテクストと関わり、バークのインドについての論考は、現状分析、政策提案、弾劾という位相の異なるテキストで構成されている。一つ目の現状分析型のテキストは、事実を中心に散文的な叙述に徹し、レトリックを控えた報告書の類である。一七八二年から八三年にかけて特別委員会委員としてまとめた『第一報告書 所感』『第九報告書』『第十一報告書』、そして「二十二箇条の非難状」（Articles of Charge、一七八六）及び「二〇箇条の弾劾状」（Articles of Impeachment、一七八七）がそれに該当する。これらのテキストは、バークがインド統治あるいは東インド会社支配の何が問題だと考えていたのかを端的に示す。こうした現状分析型のテキストが、アメリカ問題など他の分野に関する彼の論考に比して非常に多い点は彼のインド論の特徴である。二つ目の政策提案に関するテキストは、政策や予算など法案審議に関わる演説である。これはバークがどういったインド統治が理想であり、かつ、ブリテンがインド統治にどのように関わるべき、あるいは関わることが可能だと考えていたのかを教える。「ベンガル司法法案演説」（一七八二）、「ピットのインド法案演説」（一七八四）、「インド予算演説」（一七八七）が代表である。三つ目の弾劾に関するテキストは、レトリックを散りばめたテキストであり、ヘイスティングス弾劾裁判における各種演説が代表である。こうした本節の整理に基づけば、『フォックスのインド法案演説』（一七八三）はこの三つのいずれもの特徴をもつ。

バークが精力的にインドについての情報を集めていた時期は、一七八〇年初頭の特別委員会『報告書』執筆時と、一七八〇年代半ばの「非難状」の作成時だと考えられる。ベンガルや英印関係について論じた『第一報告書』や『第九報告書』と比べると、「非難状」「弾劾状」は、アワド、バナーラスなど北インドの事例が数多く取り上げられている点に特徴がある（ただし、アワドやバナーラスの記述は、任命権の問題に関わり『第九報告書』においても若干論じられている。WS. V. 312-3）。また、バークは執筆に関わっていないと推定されているが、『第二報告書』はバナーラス、『第八報告書』はローヒルカンド、『第十報告書』はアワドを扱う（これらはいずれも北インドにあたる）。また「非難状」「弾劾状」のいずれも、ヘイスティングスによる東インド会社の貿易政策の失敗を主題としていない。しかし、貿易政策の失敗は『第九報告書』において、重要な論点の一つだった。

本節の最後に指摘しておきたい点は、一七八〇年半ば以降の演説や著作において、大幅に新しい事実が追加されることは少ないという点である。インド問題は常に現在進行形で大きく動いており、ヘイスティングス弾劾はインド問題の一局面に過ぎない。バークらの特別委員会『報告書』やフォックスのインド法案を契機に、ブリテン政府（ピット内閣）はインド問題に対して積極的に対応した。この点を考慮に入れたとき、バークが政府の新規の対応にほぼ沈黙し、他方でヘイスティングス問題に対して傾倒していく姿は、異様とも言える。こうした傾倒は、一七八〇年代末から始まる弾劾裁判において際立ち、また、おそらくこの点とも関わって題材よりも脚色の仕方に特徴が出てくる。神や自然法への言及がその脚色の代表である。

## 第3節　帝国の構想――一七八〇〜八三年

本節は一七八四年以前のバークの主要な論考である『第一報告書』、『第九報告書』、並びに『フォックスのインド法案演説』を取り上げる。(5)ベンガルら北東インドの司法行政問題を調査する庶民院特別委員会の報告書は、その名称に関わらず、幅広いテーマを扱った。バークの執筆が確定している『第一報告書』、『第九報告書』から、当時の彼の主たる関心が、ブリテン帝国にインドをどのような形で包摂できるのか、という点にあったことがわかる。つまり帝国の構想に関する分析である。

『第一報告書』は、直接的には、一七八〇年にカルカッタに設置された上級民事裁判所の設置に関わるものだが、インドにおける法の支配について幅広く論じている。バークは、ヘイスティングスと最高法院の主席裁判官インピーの癒着を非難し、これによって行政と司法の権力の分立が機能せず、東インド会社の不正が見逃されていると批判した。法の支配からの逸脱である。こうした文脈において、バークは、ブリテンが統治する以前のインドでは法の支配が確立されていたと強調する。

これらの国々［インドの諸国］の民が、ブリテンの統治が確立する以前に、定められた法をまったくもたずに生活していたと想像するのは、大きな誤りである。ムスリム教徒は、最も身分の低い奴隷から最大の権力をもつ国王にいたるまで、……イスラム法に従っていた。（WS, V, 171）（引用文中の［　］は引用者による補足説明、以下同様）

彼は、ムスリム同様に、ヒンドゥー教にはヒンドゥー法典があると続けた。のちの議論と関わって重要なのは、最高権力者も法の下にある、という彼の指摘である（Bourke［2015］551, 553）。バークは、東インド会社の司法行政がこうした法の支配を無視し、恣意的な権力を行使していると批判した。また、『第一報告書』ではないが、「ベンガル司法法案演説」（一七八一）のなかで、彼は「ブリテンの立法者によって彼ら［インドの民］に課せられた新しい制度や新しい司法に代わって、彼らの古い法律をもつことが彼らの心の慰みとなる」（WS, V, 141）と述べ、現地民には現地の法が適用されるべきだという考えを示した(6)。

『第九報告書』は通商と統治について論じる。彼は通商について、東インド会社の経営手腕を批判し、本来、互恵的な英印の通商関係を損なったとみなした。インドがもつ富は、国外へと流出し、対インド貿易は「東インド会社従業員の私的な財産を調達する永遠の手段」（WS, V, 235）と化した。また、これまでブリテン政府が東インド会社に対して課した、輸入品目の制限などの規制政策によって、「商業機関の主要なバネである『利益と損失の原理』」が弱まり、その結果「勤労の精神が緩む」ことも当然だとも論じている（WS, V, 241-2）。ここでのバークの直接的な批判は、規制政策に向けられているが、この一節は、東インド会社の経営能力（特にヘイスティングスの能力）を疑問視する文脈における記述である。バークにとってこれは単なる通商問題ではない。というのは、貿易の失敗によって東インド会社は、現地民に略奪をはたらき、現地支配者と交わした貢納金の約束を反故することになったと解したからである。

また統治については、東インド会社が本国の命令に反した行動をとったことが批判の対象となる。彼らは、東インド会社の従業員という立場から生じる義務だけでなく、取締役会と立法権力による法的拘束をもないがしろにした（WS, V, 312）。統治に関して興味深いのは、分量は多くないものの、現地インドにおける統治のあり方について語った記述である。バークは、一時期ではあるが、東インド会社が従来の現地支配者に一定額の歳出の自由を認めていたこと（WS, V, 228）、また、彼らに治安維持に関わる権利を与えていたことを好意的に記述している（WS, V, 321; Bourke［2015］555）。

この二つの『報告書』は、法の支配（権力者も法の支配に服す。現地民は彼らが慣れ親しんだ現地民の法に服する）、現地民による統治（ブリテンの側から見れば、間接統治）、貿易の重要性を主張している。ここから示唆されるバークのブリテン帝国（英印関係）像は、主に通商を媒介とした帝国構想であり、現地民に高い自治権を付与することを理想とするものだった。したがってイングランドにできることは、東インド会社によって破壊された（とバークが信じた）法の支配を再び確立することであり、また、東インド会社に課せられた各種規制政策を解き、互恵的な通商を回復させることだった。そしてそのためには、ウェストミンスター議会による東インド会社への監視と統制が必要だった。初期のテキストは、彼が、こうした連邦的な帝国を理想としたことを教える。

前述の『報告書』を彼のインド論の始点に置くとき、続く『フォックスのインド法案演説』（一七八三）には、いくつかの新しい論点がみえてくる。一つは、インド問題をブリテン問題に重ねとるもので、インドにおける不正統治の放置が、ブリテン国制の腐敗につながるという議論である。例えば「圧制からインドを守るあらゆる効果的な手段が、ブリテン国制を最も悪質な腐敗から守る防具である」（WS, V, 383=『論集』四六〇）という一節はその代表である。この防具がうまく機能しないからこそ、「インドの諸王国全土に住む貴族とジェントリを破壊した者たち［東インド会社従業員］は、イングランドに着くと、優雅で歓待な食事の場で、この国民のなかで最良の仲間を見つける」（WS, V, 403=『論集』四八二）と、腐敗の流入を示唆する〔インドの富を背景とした選挙操作への批判を経て（『アルコット』WS, V, 542-4）、一七八八年の『弾劾裁判開始演説』において「富と徳」の問題として再提示される。第四節を参照〕。

二つ目は、信託論の定式化である。

もしこのこと［特権は究極的には、特権が行使される側の人々の利益にかなうべきという主張］が、あらゆる種類の政治的支配、そしてあらゆる種類の商業的特権に関して真実であるとすれば――これらはいずれも自己に当初から由来する権利でもなければ、その所有者のみに私的な利益を与えるものでもない――こうした権利、特権あるいはその他どのような名称で呼ばれようとも、これらは皆、言葉の厳密な意味において信託 trust である。（*WS*, V, 385=『論集』四六二）

信託概念は、ジョン・ロックに代表されるように、権力を創出しかつ同時に制約するものとして、また、国内の統治者と被治者に双務的な義務を負わせるものとして使われてきた。バークの新しさは、この概念を帝国の範疇に拡大した点にある（下川［二〇一二］一三〇～一；Marshall［2005a］201）。他方で、彼の議論には、「契約」というモーメントが欠けており、また「至高な手 the highest hands」（同上）あるいは「至高なる配置者 Sovereign Disposer」（*WS*, V, 404=『論集』四八三）が背後に見え隠れする（岸本［二〇〇〇］五〇六）。こうしたバークの議論は、弾劾裁判まで続くものだが、権力者に課せられた政治的責務を立証しようとする鍵概念である。

三つ目に重要な議論は、東インド会社の従業員が現地民と同化しない点をバークが問題視するものである。バークは残酷で破壊的な征服者であったアラブ人、タタール人、ペルシア人が現地に同化することによって、穏和な征服者となった点を強調する。

このアジアの征服者たちは、自分たちが征服した国を自分たち自身の国とした。そうすることで彼らはその獰猛さをすぐに和らげた。だからこそ彼らは彼らが住み着いたその領土の盛衰とともに栄え、衰えたのである。……財宝が暴力と専制によって蓄えられたとしても、それは依然として国内の貯えである。それだから、国内での浪費、あるいはさらに強力かつ放蕩な手という略奪によって、財宝は民衆のもとに帰った。……それゆえこの国の貿易、産業、商業は繁栄したのだった（WS, V, 401-2=『論集』四八〇～一）。

対照的なのが、ブリテン人である。彼らは、そこで生涯を終えることなく、母国へ財を持ち帰るためにインドに短期滞在しているに過ぎない。現地民を「征服」しないことがここでは批判の対象とされ、社会から分離した存在にとどまる異常さを指摘する。商業以外の点で現地民に関わる動機付けを欠く彼らは、教会、病院、宮殿、学校、橋、公道、水路など、現地民の福利に資するものを何一つ建設しない（同上）、と批判を続けた。

他方で『報告書』の記述が継承されている箇所も多い。上述の引用も、インドからの富の流出を強く印象付けるものである。それ以外にも、例えば、商業の原理を「安く買い高く売るという原理は、商業取引の初歩的で最も重要な基礎」と定義づけ、「彼らの商取引は商業的原理の形跡が一切、見られない」と批判した（WS, V, 431=五一二頁）。また通商関係で言えば、東インド会社高官は、「東インド会社と製造者の間に立つ仲介商人を残らず一掃するという政策を採用した。現地の商人はもちろん姿を消した。徴税という略奪手段だけが、製品と商品を購入する唯一の資本となった」（WS, V, 427=『論集』五〇八）と述べた。ここでも商社としての不適格性が批判されている。

以上、本節の分析によれば、この時期のバークは、インドを帝国の一部として構想しており、その帝国像は連邦的な性格をもつ。こうした特徴は、バークと同様に「自由と商業」の精神を強く主張したグレンヴィルの帝国論が、単一主権を支柱としていることと対照的である（Marshall［2007］51）。

## 第4節　弾劾に向けた準備とインド改革への応答——一七八四〜八七年

本節は、バークがインド問題をヘイスティングス問題へと議論を大幅に組み替えた時期を扱う。またこの時期は、ピット政府のもとインド統治に新しい展開がおこった時期でもある。まず後者から論じたい。

ピットらの改革に対して、バークは基本的に反対の立場をとった。注目したいのは、彼が反対した根拠である。ピットのインド法案は、ベンガル総督に権力を集中させる点で、バークらが考案したインド法と大きく異なる（鹿野［二〇一二］）。彼は、ピットの第一次インド法案に対して、この法案が東インド会社の監督権を政府に与え、したがって「東インド会社の全てを国王の手に委ねる」（WS, V, 452）ことになると批判した。次いで、総選挙後に提出された第二次法案に対して、バークは、フォックスが提出したインド法案と違い、この法案は、『報告書』（ここでは、バークらがまとめた特別委員会の報告書の他、ダンダスらによる秘密委員会のそれも念頭に置かれている）が指摘した、インド問題の悪害に照応した対策となっていない点を批判した（WS, V, 455-6）。こうしたバークの論拠は、彼が引き続き、『報告書』を踏まえてインド問題を捉えていたことを明示的に裏付ける。バークは、特に、在インドの東インド会社が本国の命令に従わず、不服従の態度を取っていることを問題視した。したがって、彼の見るところ、ピットのインド法の欠陥は、『報告書』を踏まえないがために、不服従あるいは本国の統制というもっとも重要な問題が放置されてしまう点にあった。

新改革に対するバークの敵対的な態度は、後に変化する。やや時期は後になるが、一七八七年の「インド予算演説」は、こうした変化を明瞭に示す。ピットのインド法が成立したことで、インド監督庁が設置された（一七八四年）。またベンガル総督にコーンウォリスが就任し（一七八六年。ヘイスティングスは一七八五年に辞任している）、領地を拡大するために戦争を展開した。バークはこの拡大戦争について沈黙する。彼が、この時期も引き続き、ヘイスティングスが過去に行なった北インドへの拡大戦争を批判していることを考慮すると、この沈黙は興味深い。また、コーンウォリスのもとで始まった永代ザミンダーリー制について、「[現地の]土地所有者に幸福をもたらし、彼らを保護する唯一の方策」と賛意を示した（WS, VI, 125）。ピットらの改革を一定程度、受け入れていたことを推測させる（一七九〇年の「弾劾裁判の今後についての決議案」においても、コーンウォリスの取り組みが「品位ある家系」の復興に繋がっていると評価し、ヘイスティングスの統治と対比する。WS, VII, 76）。

他方で、この時期のバークのインドに関する論考の大部分は、ヘイスティングスへの「二十二箇条の非難状」と、この「非難状」をもとにした「二〇箇条の弾劾状」のなかで展開されている（貴族院での法的な審議にあわせて、内容を大きく修正した。その結果、扱われる範囲は非常に狭くなり、非難状を基準とすると、その八つの論点が貴族院に提出されたに留まる。WS, VI, 126-7）。本節の冒頭で述べたように、この時期を境に、バークはインド問題を、帝国の構造的な問題としてではなく、ヘイスティングスの個人的な不正支配として捉えるようになった。『報告書』をひとつの参照点としてみるとき、「非難状」「弾劾状」の特徴の一つは、北インドの事例が集中的に選択されている点である。その中で彼がもっとも重視したのはローヒラー問題だった(7)。

こうした地域差は、従来の研究において重視されてこなかった（Marshall [2005a] 229）。バークが『第九報告書』で主として対象としたのはベンガルら北東インドである。ブリテンがこの地域の覇権を握るきっかけとなったプラッシーの戦いはよく知られているが、この戦いは、実際には大規模な戦闘を伴わず、在地勢力による宮廷クーデタにブリテンが加担したに過ぎない。今後の史的展開と関わって重要なのは、上記の結果、在地有力者は無傷のまま残った点である（佐藤・中里・水島［二〇〇九］三七九）。たしかにブリテンは北東インドに限定した徴税権を得て、この地域における統治の正統性をある程度、担保した。だが、北インドは、こうした北東インドとは事情が全く異なる点で注意を要する。ブリテンはベンガルから北西へと軍を進め、アワドへと勢力を拡大させたが、彼らはアワドら北インドにおいて統治の正統性を得たわけではなく、むしろ大規模な戦闘行為を伴ったことで現地民の恨みを買った（一九世紀に起こった「大反乱」は、こうした不満を一つの背景とする）。バークが正統性という観点から自覚的に事例を再整理したことを示す証拠はない。だが、ヘイスティングスの不正統治を非難するのにもっとも適した事例を探すという観点からみたとき、北東インドの事例よりも北インドのそれが当てはまった可能性はある。

バークは、すでに『フォックスのインド法案演説』において、「南部地域の実例は北部地域のそれに完全に合致するし、北部の実例は南部のそれに全く同様に該当する」（WS. V. 450＝『論集』五三三～四）と述べている。彼にとってもっとも重要なことは、現地有力者の没落が東インド会社の介入によって引き起こされた、と一般化することにあった。『フォックス』で扱われる事例には、北東インド、北インド、南インドが混在していたが、本節が対象とする時期に限れば、バークは、「現地有力者の没落」という筋書きを北インドの事例に即してさらに進めたといえる。

この一連の「非難状」「弾劾状」のなかで、彼がもっとも重大視したのはローヒラー戦争だが、それは上述の典型事例に当たるからである。『フォックス』のなかでは、ローヒラー問題は東インド会社が金銭を得るために売り渡した有力者の二つ目の事例として短く紹介されるに止まっていることを踏まえると（WS. V. 392-3＝『論集』四七二）、一七八六年の彼が、この事例の位置付けを大きく変えたことがわかる。

ローヒルカンドは、アワドよりさらに北西に位置し、ムガル帝国の中心部により近い。東インド会社は、アワドを緩衝地帯と位置づけるべく同盟関係を結び、ブリテン軍を貸し出してアワドの西部侵略を助けた（その結果、一七七四年には、ローヒルカンドのほとんどはアワドに組み込まれた）。全集編者であるマーシャルは、インド南部のタンジョールとは異なり、ローヒルカンドについてのバークの説明は情報源を復元することが難しいと断ったうえで、現地の陸軍将校からの断片的な情報にもとづくと推定する。またマーシャルは、バークが自らの想像力に依拠して、自由で慈悲深いローヒラーと専制的で強欲なアワドという図式を引いたとも指摘する（WS. VI. 81-2）。こうした図式も含め、彼のローヒラーについての記述は明確な根拠を欠いているがゆえに、思考レベルでのバークの政治的な見取り図をより強く投影しているかもしれない。

「ローヒラー戦争についての非難状」のなかで興味深いのは、バークのヘイスティングスへの最初の攻撃が、その残忍さにではなく、本国が明確に禁じた拡大戦争を行なったこと、そして、アワド太守と結んだ表向きの条約とは別に、ヘイスティングスが「私的かつ口頭で協定」を結び、秘密裏にブリテン軍をアワドに貸し出した点に向けられている点である（WS. VI. 86）。次いで、ヘイスティングスのおこなった「野蛮で非人間的な」（WS. VI. 88）な帰結を、ローヒラーの摂政ハーフィズ・ラフマ・ハーン（バークは彼を慈悲深い支配者とする）の王妃が受けた屈辱と欠乏によって表象した。また、この「非難状」に関する演説の中で、バークはローヒラーを「自由の民」と表現し、また、この国を「もっとも秩序がとれ、規律ある統治」という形容を用いて評価した（WS. VI. 100）。すなわち、バークの理解では、自己統治できる国は、侵略の対象にされてはならないのである（二二ある「非難状」のなかで、この「ローヒラー戦争についての非難状」だけが、庶民院で否決された）。

以上、本節でみたとおり、この時期のバークは、ピットらの改革に一定の理解を示す一方で、東インド会社の不正統治をへイスティングスの非（一七六〇年から七〇年代の行為）に帰す記述が増大する。これは、彼の視点が、同時代の政策論争から離れ、レトロスペクティブな方向へと向かっていることをほのめかす。また、次節において頻出する修辞的な表現は、この時期においては、ほとんどみられない点を最後に指摘しておきたい。

## 第5節　国家の名誉と神への訴え――一七八八〜九四年

庶民院の審議を経て、一七八八年に貴族院で弾劾裁判が開始されることになった。本節では、バークの『弾劾裁判開始演説』（一七八八）と、『弾劾裁判再訴答演説』（一七九四）を主たる考察の対象とし、とりわけ、一七八七年まではあまり使われてこなかった名誉や神といった言語に着目する。

『弾劾裁判開始演説』は、カースト制度の記述などインドの歴史と、東インド会社による統治の概略などを踏まえ、ヘイスティングスの不正支配を、とりわけ恣意的統治の文脈において告発するものである。この演説の冒頭に顕著なように、バークは、ヘイスティングス問題がブリテン問題そのものであるとして、次のように語る。

問題は、ただ単に、法廷にいる被告人［ヘイスティングス］が有罪か無罪かを下すかどうかにあるのではない。何百万人もの人々が幸福でいられるのか、それとも惨めなのかということにある。……諸卿よ。問題は、利害関係を有する偉大な帝国［インド］――いまやブリテン帝国のもっとも大きな部分を占めている――の利益だけではなく、ブリテン国家の信用と名誉そのものがこの判決によって決まる、ということである。……われわれは、この紳士［ヘイスティングス］の訴訟によって、……これらの犯罪行為――この国の栄光に一時的な陰を落とした――をこの王国の名誉、正義、慈悲に関わる永遠の輝きを反映した判決へと転換させるかどうかを決めるのである。（W.S. VI, 271）

バークにとって弾劾裁判は、単なる司法の場ではなく、統治そのもの、あるいは国家の名誉を論じるための舞台でなければならなかった。彼は、東インド会社がアジアに送られた理由に「この国の商業を豊かにし、この国の名誉」を高めることを挙げ、「名誉と評判を高めることなく、商業を拡大させることは、当時、そして今も、この国にとって不利な取引だと考えられてきた」（*WS*, VI, 282）と続けた。また彼は「その幸運［ベンガルの獲得］に見合うだけの自らの徳を示す」（*WS*, VI, 314）ことを求めた。

付言すれば、バークは征服したという事実よりも、どう統治するかに大きな価値を置く。統治の起源には「何か秘密のヴェールで覆わなければならないもの」、「曖昧にしておいた方がいいこと」があり、バークはそれを暴こうとはしない。彼は「我が国の運勢、特性、才能、そして軍事的徳がこれほど輝しい成果」をあげてきた理由を、こうしたヴェールをかけたままにしておいたことに求める（*WS*, VI, 316-7）。したがって評価対象は、統治の起源たる征服ではなく、統治そのものにある。そして、帝国統治は、名誉や徳というローマ的な価値によって解釈、判断されるべきであった。ただし注意すべきは、先の引用において示唆されているように、バークにとって、富と徳は必ずしも排他的な関係にあるわけではない。こうした文脈を設定した上で、バークはヘイスティングスの行為が、ブリテンの名誉と徳を大きく傷つけたこと自体が問われるべきだと考えたのである。こうした言明はいずれも、法的には実証できないものである。

彼は、弾劾裁判の司法的性格を大きく変更することについて、次のように自己擁護している。弾劾裁判は、一八世紀においてほとんど開かれず、直近のものでさえ、大法官府の官職を巡る賄賂の罪を問うたマクルズフィールド弾劾裁判（一七二五）まで遡る。バークは、しばらく開かれていなくとも弾劾裁判はその役割を失ってはおらず、むしろ新規性を帯びて復活することになったという。彼は弾劾裁判を「権力を乱用する政治家が、国家の道徳規範という確かな原理に基づいて、［他の］政治家の面前で、そして政治家によって審問される」（*WS*, VI, 272）場と位置付ける。この一節に象徴されるように、弾劾裁判から法的性格を奪い、政治倫理という性格づけを与えようとする。

弾劾裁判は被害者の救済の場でもある。同じ帝国に属しながらも遠く離されたインドの人々は、「神の摂理」（*WS*,

VI, 277）によってこの場に「来ている」のである。インドの人々が実際にウェストミンスター議会に来ているわけではない。議員が彼らを代表することで実質的に「来ている」と解すべきだろう。この演説の特徴の一つは、このように神への言及が非常に多い点である。もっとも有名な一節は次のものである。

われわれは、身分高き者も低き者も、また統治する者も統治される者も、不変的で先在的なひとつの偉大な法に生まれながら従っている。この法は、われわれのあらゆる意思、考えに優先し、われわれの存在自身に勝るものである。……すべてのよき賜物は神に由来し、すべての権力もまた神に由来する。（WS, VI, 350）

こうした神への言及はたしかに目を引くが、彼の趣旨を理解するためには、この引用の前後の文脈を踏まえる必要がある。この引用文の前後では、ヘイスティングスが行使した恣意的権力の不当性が論じられている。端的に言えば、バークは、恣意的な権力はいかにようにも正当化されえない、と言いたいのである。したがって、神が与えた権力が「簒奪者の薄弱な意志の玩具や娯楽」（同上）となった、というバークの皮肉は、権力の神聖さを強調すると同時に、恣意的権力を攻撃するためのものである。彼の理解においては、征服した地ですら、恣意的権力が獲得されたり、正当化されることはない。むしろ征服によって負うのは「神の権力への痛ましい義務と服従」（WS, VI, 351）である。こうした主張は、第二節でみた信託概念の変奏であり、明示的に神に言及する点で異なる。

以上、見てきたように、『開始演説』は、名誉や神についての言語が用いられている。分量的に決して多くはなく、また、体系立てて使われているわけではないが、本節の冒頭で断ったように、これまでの彼の論考に比したとき、こうした言語の利用は大きな変化である。

この演説の一年後、フランス革命が勃発し、インド問題に対する国内の関心が急速に低下する。一七九〇年以降、バークは何度か弾劾裁判に関わる演説を残し、また一七九四年には、弾劾裁判の最終演説である『弾劾裁判再訴答演説』を行った。

『再訴答演説』においても、神にしばしば言及する。バークは、ヘイスティングスの従来の主張である、当地の権力者が恣意的権力をもち、法を侵害した史実を承認する。これは、これまであまりみられなかったことである。その上でバークは、法の上位概念として、自然法に言及する。

この法は、統治する者すべての安全を保障する。また、統治される者すべての安全も保障する。またこの法は、インド人の安全もイングランド人の安全も保障する。このような法が世界にただ一だけ存在する。それはあらゆる法を統べる法である。つまり、われわれの創造主の法にして、人間性や正義や衡平法、また自然法と諸国民の法である。(WS. VII, 280)

ここでは、『開始演説』とは異なり、支配者も被治者もこの法の下にあることが言明されている。また直接、神に言及する箇所が他にもいくつもある。ムスリムの原理、諸国民の原理は「神の法に基礎づけられている」(WS. VII, 284)。また、『再訴答演説』の最終場面では、「神に由来する正義が我々すべての心の中にある」(WS. VII, 693)と述べた。これらはバーク自身がいう政治的な道徳性を強く印象付ける表現である。

だがバークの自然法への言及から見てとれるのは道徳性の主張のみではない。実定的な意味で諸国民の法を捉えている箇所もある。

主権あるいは主権をもつと思われるものに関しては、それが従属しているか独立しているかに関わらず、諸国民の法による規則が一般に知られ、また承認されている。海外諸国とのあらゆる取り決めは、この諸国民の法に従わなけれ

ばならない。(WS, VII, 282)

ここでは国家間の約束事として諸国民の法が解されており、道徳的性格は背後に退いている(自然法と諸国民の法は明確に異なる意味で理解されている)。また、バークは、諸国民の法を「ヨーロッパの法であり、インドの法でもある。なぜならそれは理性の法であり、自然の法だからであり、道徳性という純粋な起源から導出されている(後略)」(WS, VII, 291)とも述べた。この一節から道徳的性格を看取するのはたやすい。興味深いのは、彼が続けてヴァッテルの『諸国民の法』の第一巻第一六章「国民が求める保護および外国への自発的な服従について」(WS, VII, 291)に言及している点である。この条項は、支配者が彼に服従する者を効果的に保護すべきことを定め、もし支配者がこの義務を破る場合は、服従を受ける者はあらゆる権利を回復することを定めたものである。バークは、ヘイスティングスがバナーラスのラジャであるチャイト・スィングを保護する義務を怠ったと、ヘイスティングスを責めた(Whelan [2012] 178; Travers [2015] 152-4; 角田 [二〇一三] 四二)。このようにバークの諸国民の法への言及は、自然法的な性格と実定法的な性格をあわせもつ。

最後に、フランス革命が生じたことで、バークのインドについての考察は変化したのだろうか。興味深いことに、フランス革命への直接的な言及はなく、それをほのめかすもの、あるいはフランス革命による影響を想起させるものを取り出すことさえ難しい。ジャコビニズム(WS, VII, 437)やルイ一六世、マリー＝アントワネット、パリ議会(WS, VII, 693)について言及があるに過ぎない。先に紹介した、公法学的な意味での諸国民の法の理解は、彼が同時期に構想していた革命フランス政府との外交交渉と関連すると思われる。だが、全体を通して見たとき、フランス革命との関係は、依然として、非常に多くの謎を残していると言わざるを得ない。

## 注

（1）こうした知的関心の相違は、全集の収録方針にも反映される。全集 *Works*（ボストン版、一八六五〜七）が刊行された一九世紀中葉のブリテン帝国は、インド大反乱（一八五七〜九）を抑え、ヴィクトリア女王を皇帝とするインド帝国（一八七七）を成立させた。例えば、バークがまとめた「二十二箇条の非難状」を *Works* はすべて収録しているが、オックスフォード版全集 *WS*（一九八一〜二〇一五）においては、第一箇条のみ収録された。「非難状」「弾劾状」双方を含めて数えれば、*WS* においてこれらのテキストの分量は大幅に縮小されている。こうした編集方針がバークのインド論研究に与える影響に懸念を示すものとして Whelan［2001］を参照。

（2）例えば、バークのインド論を主題とする唯一の研究書である Whelan［1996］は、抑圧、腐敗、専制といったカテゴリーに分けてバークの言説を分析することで、バークのインドについての論考を一貫的かつ包括的に説明する点で秀でている。他方で、経過や変化を追いづらい側面をもつ。

（3）筆者自身のインド問題に対する知的関心の有り様を明示しておくことは、筆者がもつバイアスを顕在化することにつながる。筆者は、東インド会社という民間企業による統治という側面も含め、ブリテン帝国によるインド包摂は、正統性の調達が極めて困難な事態を生じさせたと考える。これは、統治とは何か、政治とは何かが正面から問われたことを意味する。ただし本章はこうした筆者の問題関心に正面から取り組むものではない。

（4）ノース規制法作成時においては、バークは東インド会社の特許状を擁護し、それに介入しようとする政府（国王権力）を批判した。ただし筆者の見解では、一七八〇年以降、彼の政治的主張に大きな変化はない。

（5）『第一報告書』、『第九報告書』についての筆者の見解は、それぞれ苅谷［二〇〇八］［二〇一六］で示した。

（6）もっともヘイスティングスも現地の法にもとづく司法行政が必要だとはっきりと認識していた。事実、彼は、ウィリアム・ジョーンズ編訳『イスラム相続法』（一七八二）の公刊を助けた。ただし司法現場に混乱が生じていたことは事実である。井狩［2011］は、成文法や判例にもとづくイングランド式の法運用が原因で原住民との間で齟齬が生まれたと解釈する。その他、有益な文献に Pandey［1967］がある。

（7）二二箇条ある「非難状」、「弾劾状」のすべてをバークが執筆したわけではないが、彼がそのいずれにも大きく関与していることは間違いない（*WS*, VI, 79, 126）。「非難状」について言えば、ローヒラー戦争に関する第一箇条は、バークの執筆が確定している。バークは書簡のなかで、このローヒラー族問題を「他の条項がみな拒まれたとしても、これだけは裁判にかけなければならない」と述べており、彼がヘイスティングスの不正統治のなかでもっとも重要なものとみなしていたことがわかる。その他、第十五箇条の歳入問題についての彼の非も強調している（To Henry Dundas, 20 April 1787, *Corr*, V, 328）。

# 第Ⅱ部

# 初期バークの基本問題

背景図版：オデュッセウスに擬せられたバーク（右）と従者に擬せられた同郷の画家バリー（左）：ジェイムズ・バリー、油彩、キャンバス、1776年頃、コーク市立クロウフォード美術館所蔵
下段図版：シチリア総督ウェレスを弾劾するキケロになぞらえられたバークの風刺画：ジョン・ボイン、1787年、大英博物館（BM7138）所蔵

第4章

# 崇高・趣味・想像力

桑島秀樹

## 第1節　バークにおける「美学」とは？

大ブリテンの国会議員となる以前のバークをかんがえたとき、われわれは彼の美学者としての活動を看過することはできない。否、むしろ、そこでの「美学の語法」(White [1994][(1)])が、その後の政治活動と思索のなかでずっと保持されていたとさえ見ることができる。

ここで「美学」というのは、まず具体的には、諸感覚(the senses)・想像力(imagination)・判断力(judgment)など精神諸能力に基礎をおく、美的判定能力たる「趣味(Taste)」をめぐる議論のことである。そして、特にバークにおいては、「美(the beautiful)」と対比的に、もうひとつの美的カテゴリーたる「崇高(the sublime)」を理論化したことが重要であった。つまり、近代世界においてはじめて「崇高の美学」を哲学的に確立させたのがほかならぬバークだったわけである。[(2)]

バークが刊行した唯一の体系的美学書は、彼の『自然社会の擁護』(一七五六)に続く、『崇高と美のわれわれの観念の起原をめぐる哲学的探究』(初版一七五七年四月二一日、当初匿名で公刊。以下『崇高と美の探究』と略記[(3)])である。

本書の公刊によって、バークは、ロンドンの社交界に文士として実質的に登場したといってもよい。初版刊行の二年後には、「序論　趣味について」と題する長いイントロダクションを付した改訂版（一七五九年二月一〇日）を出すが、そこで記述内容の本質的改訂がなされたわけではない。むしろ、初版に対する異論・反論への応答として、自説の補強をねらったマイナーチェンジだった。

本書を通じた交友の結果として、たとえば『道徳感情論』（一七五九）出版前後のアダム・スミスへの影響が指摘できる。さらにまた、ドイツの思想界では、『崇高と美の探究』出版直後から本書の翻訳・紹介の動きがあり[4]、近代最初の芸術ジャンル論と目されるゴットホルト・エフライム・レッシングの『ラオコオン』（一七六六）への影響も指摘されている。

## 第2節　『崇高と美の探究』の構成と概略

『崇高と美の探究』は、序論と全五部の本論からなる。その内容を概観すれば、次の通りである。まず「序論　趣味について」（改訂版より付加）で、万人における身体構造の共通性から、五感のひとつとしての「味覚」の延長上に「趣味」が位置づけられる。そのうえで本書の意図が、「趣味の論理学（the logic of Taste）」の構築にあることが明言される。

本論「第一部」では、「苦」と「快」の分析・分類に基づき、「崇高」と「美」という二つの対比的観念の比較がなされる。それを受けて「第二部」において、諸感覚を介して得られる「崇高」を惹起する外的対象の諸特質が列挙される。続く「第三部」では、古くから美の基準とみなされてきた諸特質（均整・適合性・完全性・美徳など）が論駁されるとともに、諸感覚を介して得られる「美」の諸特質が列挙をみる。「第四部」では、「崇高」ならびに「美」

の観念を喚起する身体内部の心理作用が、神経生理学的に筋繊維の弛緩・収縮という現象から説明され、そこにある種の機械論的システムの存在が確認されている。最後の「第五部」では、非実在物を表示し得るという「言葉」の特性から、再現模倣的な「美」の芸術たる「絵画」に対して、「詩〔言語芸術〕」がたんなる模倣を旨としない「崇高」の芸術として上位に位置づけられている。

それでは、以下、バークの『崇高と美の探究』にかんして、「想像力」にかかわる視覚中心主義の観点、「触覚」を重視する感覚主義の観点、さらに「苦」を反転させそれを積極評価する「崇高」導出プロセスといった観点、これらの諸点から本書の精読を試みることで、バーク美学の実相とその要点を詳らかにしたい。

## 第3節 「趣味の論理学」の基礎——外的実在と身体構造の共通性

一九九〇年代半ばに、M・アームストロングは、その論考のなかで次のように述べている。

『崇高と美の探究』を通じて、バークはあきらかに美あるいは崇高なる諸対象〔objects〕に対する心理学的反応に興味を示している。だが、その力点は、美的経験に際しての諸対象そのもののもつ諸特質〔properties〕におかれているのだ。ここでの美的経験とは、特殊な〔心的〕諸能力の作用に基づくというよりも、むしろそれら諸対象が感受能力の第一器官たる眼〔eye〕に影響をおよぼすことに基礎づけられる。〔Armstrong［1996］217〕

アームストロングは、同じ論考のなかで、バークによる「観念連合」の軽視も指摘する。その根拠は、バークにおける外的対象および身体の実在への確信だというのである。さらに彼女は、外的対象による身体内部への効果を「自然な」効果とし、その効果によって身体内部に要請される主体を、ある種受動的な「反応するだけの行為者（reactionary agent）」と解釈した。われわれは以上の主張を、バークによる次の言から確認できるだろう。

ただ観念連合（association）によってのみあらゆる事物がわれわれに影響をおよぼしてくるといったとしたら、それは馬鹿げていよう。なぜなら、事物のうちには、本源的（originally）かつ本性的に（naturally）是認できたり、あるいは、是認できなかったりするものがあったに違いないからだ。……したがって、思うに、諸事物のもつ本性的な諸特質（the natural properties）のなかに、われわれの諸感情（passions）の原因を探すのに失敗するほどにまで、観念連合のうちにそれら諸感情の原因を探るようなことになるとすれば、それはほとんど目的にそぐわない結果になってしまう。（*WS*, I, 284＝『崇高と美の探究』第四部第二節）

ここに見られるバーク美学における「観念連合」軽視の態度は、『崇高と美の探究』で採用されたバークの世界観が、自然の斉一性を根拠とするものであることを裏づけている。すなわち、万人における身体構造の共通性と、その身体内部で作用する精神諸能力の共通性こそ、彼の美学立論の前提となっていたのである。

このことは、『崇高と美の探究』初版出版（一七五七）から二年後に刊行された第二版（一七五九）に付された「序論　趣味について」での、バークによる「趣味の論理学（the logic of Taste）」（*WS*, I, 196）の基礎づけの叙述からも確認できる。

私が知るかぎり、外的諸事物（external objects）に通じている、人間のもつ自然諸能力（the natural powers in man）は、諸感覚（the Senses）・想像力（the Imagination）・判断力（the Judgment）だけである。まず諸感覚についてかんがえよう。人間の諸器官の形態（the conformation of their organs）はほとんどあるいはまったく同一であるから、外的諸事物を知覚する（perceive）仕方はすべての人間において同じであるか、もしくはほとんど違わないとわれわれは想定するし、

また想定しなければならない。（*WS*, I, 198＝『崇高と美の探究』序論）

さらに別の箇所では、次のようにも述べている。

> 何らかの本源的な本性的な印象（original natural impression）の力によって、これら〔快・苦といった〕支配的な二つの観念をともなって想像力（imagination）に影響をおよぼすと推算されるものは何であれ、万人にわたってかなり等しく、この同じ〔想像＝イメージ形成という〕能力をもつにちがいない。……したがって結果的に、人々の諸感覚におけるのとまさに同程度のぴったりとした一致が、種々の想像作用（the imaginations）においても存在するにちがいない。（*WS*, I, 201＝『崇高と美の探究』序論）

これらの言からもあきらかなように、「自然で」「本性的な」つまり生得的な精神諸能力の機械論的作用もまた、万人の身体構造の共通性に基づき説明されているわけである。なお、ここでの「趣味」とは、次の引用にみるように、「想像力」と同一視し得るものであった。[6]

> 趣味（Taste）が想像力に属するかぎり、その原理は万人（all men）において同一である。……したがって、われわれが諸事物の可感的諸性質（the sensible qualities of things）をよく観るかぎり、想像力以外のものはほとんど関係していないと思われる。また、諸感情（passions）が表象される（represent）ときにも、想像力以上のものはあまり関係していないと思われる。というのは、自然の共感力（the force of natural sympathy）によって、それらの諸感情は、いかなる理性的推論（reasoning）に頼らずとも万人に感ぜられるし、すべての人の胸にそれらの正当性が認識される。……〔愛・悲嘆・恐れ・怒り・喜びといった〕諸感情（passions）は、任意あるいは偶然的な仕方で心（mind）に影

響をおよぼすのではなく、ある自然で一様な諸原理（natural and uniform principles）に基づき心に影響をおよぼすのである。（WS. I, 205-6＝『崇高と美の探究』序論）

外的対象と身体の実在性への確信、ならびに、人間の精神諸能力を含む身体構造の斉一性への信頼に基礎づけられたバークの立場は、「崇高」および「美」の規定プロセスにどのようにかかわっているのだろうか。以下では、バークの挙げる「崇高」と「美」の諸特質を比較・検討することにしたい。その結果として、われわれは、そこに彼の美学が内包する視覚中心の感覚主義を見いだすであろう。さらにその先に、矛盾をはらみつつ展開されたバークの「想像力」概念の精査へと進むことになる。

## 第4節　「崇高」と「美」の諸特質——視覚中心のパラダイム

バークによって『崇高と美の探究』第二部で規定された「崇高」の定義を見てみよう。「恐怖（terror）」と「曖昧さ（obscurity）」と題された節である。

いかなる感情も、恐れ（fear）ほど効果的に、心（mind）からあらゆる活動と理性的推論（reasoning）の力を奪い去りはしない。というのは、恐れは、苦（pain）あるいは死（death）にかかわる不安（apprehension）であり、それは実際の苦痛（actual pain）と似た仕方で作用するからである。それゆえ、視覚（sight）に恐ろしく（terrible）映じるものは何であれ、これまた崇高（sublime）なのである。この恐怖（terror）の原因が、容積の巨大さ（greatness of

> dimensions）を賦与されていようがいまいがである。（WS, I, 230＝『崇高と美の探究』第二部第二節）

> 何らかのものをひじょうに恐ろしい（terrible）ものにするためには、一般に、曖昧さ（obscurity）が必要不可欠だと思われる。われわれが何らかの危険（danger）の極限を知ってしまうと、すなわち、われわれがその危険なものに自分の眼（eyes）を馴らすことができると、その不安（apprehension）の大部分は消え去る。（WS, I, 231＝『崇高と美の探究』第二部第三節）

以上、これら二つの引用からもわかるように、「崇高」の観念が惹起されるためには、まず「恐怖」「苦」「危険」「不安」を引き起こす外的対象の諸特質が現前する必要がある。そして、こうした対象の側の諸特質は、まず「眼」によって、つまり視覚的に捉えられるものとされるのである。

だから、たとえば「無限性（infinity）」と題された節でも次のように述べられるわけだ。

> それが、どちらかといえば、究極的な源泉に属さないにしても、無限性（*infinity*）は、崇高（the sublime）のもうひとつの源泉である。……実際に、またその本性からいっても無限であるような、われわれの諸感覚の対象となりうるものはほとんど存在しない。だが、眼（the eye）は多くの事物の限界を知覚（perceive）できないから、それらの事物が無限に見えるし、結果として、それらが実際に無限であるのと同等の効果を生み出すのである。（WS, I, 243＝『崇高と美の探究』第二部第八節）

『崇高と美の探究』第二部の各節では、百ヤードの高さの塔や山、古代異教徒の寺院の壮大な外観、満天の星空などの具体例とともに、「崇高」を引き起こす「無限性（infinity）」「連続性（succession）」「一様性（uniformity）」「広漠さ（vastness）」といった、視覚的に捉えられた空間的な広がりや数の多さとかかわる諸特質が析出される。ここにはさらに、夜のもたらす「暗闇（darkness）」「黒色（blackness）」の効果、稲妻や太陽光など「極度の光（extreme light）」の効果への言及も認められる。これらの多くはやはり視覚によって把握されるものである。

同様のことは、『崇高と美の探究』第三部の各節で列挙される「美」の諸特質にもいえる。否、むしろ、「崇高」の源泉たる「苦」や「危険」と対比・対照されるかたちで、「快」や「愛」をもたらす対象の諸特質が列挙されるのである。たとえば、愛玩動物や鳥のそなえる「小ささ（smallness）」、それらの毛並みや女性の肌の「滑らかさ（smoothness）」「光沢（polish）」。より具体的には、鳩の形態や女性の首筋から胸にかけてのボディラインの「漸進的変化（gradual variation）」。さらに、ダイヤモンド・水・眼球のしめす、濁りもケバケバしさもない「清澄さ（fairness）」「透明さ（clearness）」などである。

このように、バークの挙げる「崇高」および「美」の諸特質は、基本的に、「視覚」を介して得られるものと見なしてよいだろう。

## 第5節　「想像力」と一八世紀的イリュージョニズムの美学

バークの採った「視覚中心主義」的な考察態度は、「絵画の世紀」あるいは「表象の世紀」と呼ばれる、一八世紀の「イリュージョニズム」の美学とじつは深くかかわっている。(7) 以下まず、芸術作品のあり方に即して、「イリュージョニズム」とはどんな事態を指すのか、簡単に確認しておこう。

芸術とは——バークの時代には基本的に「模倣芸術」を念頭におかねばならない——「原物（オリジナル）」と「写し＝模像（コピー）」の関係からなり、写しは、透明な媒体として原物の再現表象を目指す。そして、「享受者＝鑑賞者」は、模倣の精度が高ければ、写しをあたかも原物であるかのように受け取ることになる。このばあい、写しは、原物を代替する「イリュージョン」として機能することになるわけだ。

このような「イリュージョニズム」の美学が成立している世界では、美的価値の源泉は、享受者が本来的に関心をしめしている原物そのものということになる。魅力ある原物に比べれば、たとえ模倣者＝芸術家の技量がすぐれていても、写しの価値は、どうしても二義的なものを超えない。だから、イリュージョンが生起している状態では、写しが原物の価値を「代理的に」再現表象しているわけで、ここでは、享受者が写し自体に注目して芸術作品そのものの価値を反省することは意識の外におかれることになる。

したがって、「イリュージョニズム」の美学が成立している世界では、芸術作品における《原物＝対＝模像》の関係が、そのまま認識作用における《外的な対象＝対＝内的な再現表象イメージ》という関係に重なっているのだ。そこに意識の差は存在しない。このようなイリュージョニズムが成り立つ背景として、理性的な「透明性」「明瞭さ」を希求する古典主義イデオロギーの影響を指摘することもできよう。

こんなわけで、バークの生きた一八世紀では、芸術作品はただ、模倣の透明性や精緻さを基準に評価されることになる。じっさい『崇高と美の探究』においても、外的対象の認識の際に心のうちに形成される「表象（representation）」と、芸術家によって外化された「模倣作品（imitative work）」とがほぼ同列に扱われている。[8] 模倣による「作品」は、「表象」と同じ原物を認識する代替物であって、認識が難なく成立するためには、外的対象の「明瞭な（clear）」再現表象化が必要不可欠であった。同時代的な認識パラダイム、すなわちイリュージョニズムの影響を踏まえたとき、バークの世界把握の仕方が、「視覚中心主義」的な傾向を帯びるのは必然の結果だったのである。

その結果として、視覚的なイメージ形成をになう精神能力たるイマジネーションすなわち「想像力」への関心も、この時代にはおのずと高まっていたといってよい。じっさい一七一二年の段階で、すでにジョゼフ・アッディソンは、彼の編集する日刊新聞『スペクテイター』上で「想像力の快」をめぐる一連のエッセイ群[9]を書き、バークに先んじて、外的対象の美的諸効果（「崇高」に連なる「偉大さ」の分析も含む）を論じていた。

## 第6節 「曖昧さ」の積極評価と「想像力」の二重性

さて、バークの「崇高」導出のプロセスの話に戻りたい。具体的には、「曖昧さ（obscurity）」という視覚的なマイナス要素に注目した、彼独自の価値転倒の発想をめぐる議論である。

バークは、先の引用で見たとおり、視覚的な限界認識と不安をめぐる考察をおこなう前提として、「何らかのものをひじょうに恐ろしい（terrible）ものにするためには、一般に、曖昧さ（obscurity）が必要不可欠だと思われる」（WS, I, 231=『崇高と美の探究』第二部第三節）と述べていた。視覚的な「見かけ」上の事態であれ、表象イメージの「曖昧さ」——「明瞭さ」と対比される——のほうを「崇高」に結びつけて評価するのである。視覚中心主義の世界観、換言すれば、イリュージョニズムの美学においては、再現表象の「曖昧さ」すなわち明瞭なイメージの結像不可能性は、どのような弁法によって積極評価されることになるだろうか。

表象が「曖昧に」しか形成されないという事態は、視覚中心のパラダイムにおいては、心のなかに再現表象イメージを形成する能力たる「想像力」の挫折を意味する。それは、明晰な知的認識が困難な「苦」の状態の謂いでもある。

バークにおいて、「想像力」とは、基本的に以下のようなものであった。

想像力（imagination）というこの力は、いかなる絶対的に新しいものも生み出すこと（producing any thing absolutely new）はできない。（WS, I, 201＝『崇高と美の探究』序論）

バーク美学における「想像力」の基本的な性格は、ひとまず、外的対象の再現表象を形成する、きわめて受動的な能力だったと言ってよいだろう。

ただし、急いで付けくわえれば、彼の「想像力」概念には、ある種の揺れが存在している。じつは前述の引用のすぐ後に、「想像力にできるのは、諸感覚から受け取った観念の配置（disposition）を変更することだけである」（WS, I, 201＝『崇高と美の探究』序論）という文言が添えられるからだ。また、この引用の直前には、次のような記述もあった。

> 人間の心は、それ独自の一種の創造的力（a sort of creative power of its own）を有している。それは、諸事物の心像（the images of things）を、それらが諸感覚によって受け取られた順序と仕方で、随意に再現表象する（representing at pleasure）際であれ、あるいは、それら諸事物の心像を、新たな仕方で、結果として異なった順序にしたがって結合する（combining）際であれ、いずれのばあいでもだ。このような力が、想像力（Imagination）と呼ばれるものである。機知（wit）・空想力（fancy）・創意（invention）などと呼ばれるものは何でも、この想像力に属している。（WS, I, 201＝『崇高と美の探究』序論）

この引用から読み取れるように、バークの「想像力」の内実には、「一種の創造的力」も含まれている。では、ここでの「創造性」とはどんな事態を指すのか。『崇高と美の探究』全体の論旨と擦り合わせたとき、それはいかなるものと解釈できるだろうか。

先に見たとおり、バークの「想像力」とは、基本的に表象認識の際に機械的かつ受動的に働く再現的なイメージ形成作用だった。したがって、その能力を備えているからといって、一種天才的に、芸術作品を産出し得る（さらにいえば、作品として外化し得る）というわけではない。

ならば、この力は何を創りだすのか。視覚中心のパラダイムにおいてマイナス要素でしかない表象の「曖昧さ」は、いかなるものを——いわば逆説的に——前景化させてくれるのか。われわれはここでふたたび、「趣味の論理学」構築の基礎となった、人間身体を含む外的事物の実在への確信、そして、身体構造の万人共通性への信頼という点に立ち返り、その意味するところを再考してみたい。

## 第7節　「崇高」と「美」を貫く「触覚」重視——感覚主義の美学

バークは、外的事物ならびに身体の実在性を確信し、外的対象の諸特質をめぐる斉一的な感覚受容システムを根拠に、「趣味の論理学」を構想した。別言すれば、心的イメージとしてもたらされる外的対象の諸観念をめぐって、機械論的認識論ないしは生理学的心理学に基づく美学を構築しようと努めたのであった。むろんそこには、一八世紀イギリス経験論哲学の礎としての、アイザック・ニュートン流の力学、ジョン・ロック流の観念説の影響があったといってよい。

対象にかかわる諸性質が、素粒子のかたちで諸感覚器官を刺激し、その刺激により身体内部で神経と筋肉の緊張・弛緩といった物理的変化が起こる。このとき、心の内部にその物理的変化に応じて、「快」と「苦」どちらかと結びつく諸観念が生じる。したがって、「崇高」にしても「美」にしても、それらを惹起させる諸特質として列挙をみるものは、諸感覚を通じて受容される、外的事物に由来する属性と密接に結びついたものであった。特に、『崇高と美の探究』第三部において「美」を規定する次の言は、このことを如実に物語っていよう。

われわれは次のように結論づけられるに違いない。美とは、ほぼ、諸感覚の介在により人間の心（mind）に機械的に働きかける（acting mechanically）、諸物体のうちにある何らかの性質（some quality in bodies）なのだ、と。（WS, I, 272=『崇高と美の探究』第三部第一二節）

これは「美」をめぐる定義である。しかし、バークにおいては「崇高」にかんしても――ここがイマヌエル・カントの美学とは違うのだが――外的事物の側に属する何らかの性質が、その「観念の起原」となっている。換言すれば、バーク美学においては、カントが『判断力批判』で「美学」成立の主要契機とした「無関心性」への配慮がまったく欠如しているのである。特に「崇高」概念にかんして両者の差異をいえば、次のようになろうか。バークにおいては、可感的な「崇高な事物や風景」の諸特質を指摘しうる。が、しかし、カントにおいては、厳密な意味で「崇高な事物や風景」は存在していないのである。カントにとっては、ただ自己の精神内への反省的思考――人間的理性への気づき――こそが、崇高の根拠だった。こうした――カント以前のある種未分化な――バークの態度は、感覚主義に根ざした「関心性」の美学という特徴をしめしている。

『崇高と美の探究』では、「崇高」と「美」の諸特質の列挙法に、ある種の視覚中心パラダイムの反映があることは、すでに確認した。しかし、ここでもういちど、バークが析出した諸特質を詳しく閲してみよう。するとそこに、視覚的な諸特質のなかへの他の感覚の混入という事態が浮かびあがってくる。このことが示しているのは、バークがいみじくも指摘するように、「あらゆる感覚作用には連鎖がある（There is a chain in all our sensations）」（WS, I, 279=『崇高と美の探究』第三部第二四節）という前提条件の存在だ。

じつはこの「感覚作用の連鎖」を指摘する引用は、「触覚における美（The Beautiful in Feeling）」と題された節からのものだった。そこでバークは次のようにも述べていた。

眼（the eye）から取り込まれる限りでの、美〔の諸特質〕にかんする先の叙述は、触覚（the touch）によって似通った効果を生み出す諸対象の性質（the nature of objects）を記述することでおおいに説明されるだろう。これを私は、触覚における美（the beautiful in *Feeling*）と呼ぶ。（*WS*, I, 278-9=『崇高と美の探究』第三部第二四節）

またバークは別の箇所で、すでに第三部第一四節で「美」の特質の一例として取りあげていた「滑らかさ（smoothness）」について再検討している。第四部第二〇節「なぜ滑らかさは美しいのか」と題された節だ。ここでは、神経生理学的分析を交えながら、以下のように執拗な論及をくわえる。

もし滑らかさ（smoothness）が、触覚（touch）・味覚（taste）・嗅覚（smell）・聴覚（hearing）にとって快（pleasure）の主たる原因になっていると思われるとすれば、滑らかさは視覚美（visual beauty）のひとつの構成要素だと容易に認められよう。（*WS*, I, 300=『崇高と美の探究』第四部第二〇節）

これら引用からもあきらかなように、じつは『崇高と美の探究』全体を通しては、視覚ばかりでなく、触覚・味覚・嗅覚・聴覚といった五感すべてにわたって、「崇高」と「美」が考慮されていたのである。「崇高」の事例としての「動物の雄叫び」「悪臭や苦味」「重労働や拷問」など（『崇高と美の探究』第二部第二〇節〜第二二節）、「美」の事例としての「甘やかな音楽」「甘味や芳香」など（第三部第二五節・第二六節）は、その好例といえよう。

このように、バークは一八世紀的な視覚中心の認識パラダイムのうちに生きながら——逆説的にも——その美学の根源に、「触覚」（「味覚」とも通底する）の重視[10]という立場を採ることになっていたのである。そして、このような感覚主義的な立脚点があるからこそ、『崇高と美の探究』第三部での「美」の規定に際し、その冒頭の数節を使って、従来古典的な「美」の基準と目されてきた「均整（proportion）」「合目的性（fitness）」「完全性（perfectness)」「美徳（virtue)」などがすべて否定されるに至るのである。

ここで付言しておけば、この点は、ある種の感覚主義を採用しながらも「モラルセンス学派」に属したフランシス・ハッチソンの美学（『美と美徳のわれわれの観念の起原にかんする探究』一七二五）[11]と袂を分かつ点である。ハッチソンは、五感以外に「調和」を感受する第六感「内的感覚（internal sense)」（ハッチソンのばあい、神が与えた感覚と考える）を設定し、美を「直観主義」的に捉えていた。

## 第8節　反イリュージョニズムとしての「崇高」の美学

バーク美学には、視覚中心主義と「触覚」（ないし「味覚」）重視という二つの立場が錯綜して存在する。「触覚」のもたらす「距離ゼロ」の感覚は[12]、「苦」や「危険」をともなう直接的な接触を意味する。したがって、「崇高」導出のプロセスにおいてはどうしても、そこに何らかの「距離」を介在させる契機、マイナス要素をプラス化するいわいわい痛苦反転の仕掛けが必要であった。バークは、次のように述べている。

ほんとうのところ、嗅覚・味覚（the smell and taste）にともなう強い諸情動（affections）は、それらが最大の力を発揮して感覚神経（the sensory）のうえにのしかかってくるときにはたんに刺々しい（painful）だけであり、いかなる種類の歓喜（delight）をも伴わない。だが、たとえば、描写されていたり（description)、語られたりする（narrative）ばあいのように、それらが緩和されているときには、緩和された苦痛（a moderated pain）というまさに同じ原理に基づき、他の諸感覚のばあいとまったく同等の真正な（genuine）崇高（the sublime）の源泉となる。（WS. I, 252-3=『崇高と美の探究』第二部第二一節）

このように、「崇高」喚起のためには、痛苦の緩和という「苦の除去」によってもたらされる「歓喜（delight）」の招請が必要なのだ。以下、「苦の除去」という事態について、バークの考えをまとめておこう。

彼は、『崇高と美の探究』第一部第六節において、「自己保存（self-preservation）」と「社交（society）」という二つの人間の根源的本能を立て、「苦（pain）」と「快（pleasure）」という諸観念に随伴する二大観念の起原をさぐることから考察を開始する。「社交」本能とかかわる「積極的な快（positive pleasure）」に「愛（love）」の観念を含ませ、これをたんに「快（pleasure）」と呼び、「美」と結びつけた。なお、「模倣」のもたらす快も、この「社交」本能に属するものとしている。いっぽう、「自己保存」本能を脅かす強い感情を「苦」と見なし、「戦慄」「病」「死」などといった観念をそこに含ませたのである。

> 自己保存（self-preservation）にかかわる諸感情（passions）は、ほとんど苦（*pain*）あるいは危険（*danger*）に依存している。苦（*pain*）・病（*sickness*）・死（*death*）といった諸観念は、戦慄（horror）にかかわる強い諸感情（emotion）をもって心を満たす。……それゆえ、個の保存（the preservation of the individual）に通じる諸感情（passions）は、主に苦（*pain*）や危険（danger）とかかわっていて、それらはあらゆる感情のなかでもっとも強力な（powerful）ものなのだ。
> （*WS*, I, 216=『崇高と美の探究』第一部第六節）

ここに見るように、バークは、「自己保存」本能とかかわる感情の優位を説きつつ、「苦の除去」から生じる「相対的な快（relative pleasure）」のほうを高く評価し、それを「歓喜（delight）」と呼び、「崇高」と結びつける。『崇高と美の探究』冒頭からすでに、「苦」とかかわる「崇高」は——「快」とかかわる「美」よりも——上位に位置づけられていたのである。バークにおいて、「崇高」が「美」よりも常に先んずるゆえんである。

## 第9節　詩画比較論、芸術ジャンル論の先駆――「詩」は崇高、「絵画」は美

そして、バークは、『崇高と美の探究』第五部第一節を「言葉（word）について」と題し、彼独自の「詩画比較論」を展開した。つまり、哲学的基礎づけのもと、「詩」と「絵画」をめぐる、近代では――レッシング『ラオコオン』より十年近く早い――先駆的な芸術ジャンル論を展開していたということだ(13)。

バークはいう。「詩（poetry）は、そのもっとも一般的な意味で取りあげられるとき、厳密にいって模倣芸術（an art of imitation）と呼ばれ得ない」（WS. I. 317＝『崇高と美の探究』第五部第六節）、と。「絵画」固有のメディア性は、「快」を与える再現表象的な「明瞭な（clear）」視覚イメージの喚起にある。それに対して、「詩（言語芸術）」固有のメディア性は、かならずしも再現表象的イメージの喚起にはない。むしろその特性は、非再現的なものをも表示し得る聴覚的な「音（sound）」と強く結びつけられるのである。

バークによれば、「曖昧な」イメージしか惹起し得ない「詩」は、たしかに「苦」をもたらす。だがしかし、そうだからこそ、かえっていっそう魂に強力に訴えかけて、心のうちに「崇高」を惹起するのだ、と。

先に見たとおり、バークの生きた一八世紀は、視覚中心のパラダイムが支配している。「イリュージョニズム」の美学の時代だ。模倣芸術としての「絵画」の「明瞭な」再現表象イメージは「快」であり、したがって「美」である。しかし、「詩（言語芸術）」のばあい、「曖昧な」再現表象イメージしか結べない「苦」の状態は、魂への触知的な効果という観点からみれば、逆説的に「崇高」として積極的に反転評価できるということだ。そしてわれわれは、ここにこそ、先に疑問に付しておいた「想像力」のもつ「一種の創造的力」（WS. I. 201＝『崇高と美の探究』序論）の発現を認めてもよいように思う。

バークの詩画比較論ないし芸術ジャンル論（詩は「崇高」で優位、絵画は「美」で劣位）は、いわば視覚中心パラダイムから触覚中心パラダイムへの移行をしめしている。それはまた、反古典主義＝反イリュージョニズムの美学――さらにいえば「ロマン主義」美学の黎明――の顕現と見てもよいかもしれない。[14]

## 第10節　「バーク美学」受容のバイアスを越えて

「バーク美学」受容の歴史をかんがえたとき、そこには「バイアス」が存在し、これまでその重要性が見過ごされてきた感が否めない。[15]こうした事実を最後に指摘しておいてもよいだろう。『崇高と美の探究』を中心とする初期バーク美学関連の著作群[16]は、彼の「若書き」と捉えられ、バーク思想全体のなかでの重要性を看過されてきた。それは、政治・経済の学に比しての文芸・芸術の学の軽視という、ある種偏った研究態度が存続してきたことの証左かもしれない。

このような研究バイアス是正の一助となることを望みながら、本章では、初期バークの唯一の美学書『崇高と美の探究』の精読を試みた。ここで論じた内容が、初期バークのなかで醸成された「美学の語法」（White［1994］）から、彼の生涯の思索を読み直す機縁になればと思う。「趣味」や「想像力」、そして「崇高」といったバーク美学の主要概念の内包する深みへの顧慮を忘れず、美学者バークから政治哲学者バークを読みなおすこと。それは、彼の「保守主義[17]」の真の意味を問いなおすことにもつながるはずだと信じている。

なお、初期バーク思想醸成の背景となった精神風土をかんがえるとき、彼のアイルランド人としての出自、ならびに、それにまつわる「アイリッシュ・コネクション」の影響が浮かびあがってくることも忘れてはなるまい。だが、これについてはまた、次章の議論にゆずりたい。

## 注

（1）S・ホワイトは、初期バークの「美学の語法（language of aesthetics）」のうちに、「感性的かつ情動的な力学（aesthetic-affective dynamics）」を読み取り、それが後期バークの「政治的な省察」の中でこそ核をなしていると主張する（White［1994］40）。宇野［二〇一六］二三～三四。

（2）美的カテゴリーとしての「崇高」概念は、イマヌエル・カントの批判哲学（特に『判断力批判』一七九〇）のなかでいっそう精緻に規定されることになる。バークとカントの「崇高」概念の差異をめぐる詳細については、桑島［二〇〇八］。

（3）本書の構想そのものは、書籍公刊より十年以上早い、ダブリン・トリニティ・カレッジ期（カレッジで創設した「文芸クラブ」での討論、その後の週刊新聞『改革者』発行の時期）と目されている。岸本［一九八九］第二章を参照。なお、本書の日本語訳としては、以下のようなものが利用可能である。E・バーク『崇高と美の起原』鍋島能正訳、理想社、一九七三年、エドマンド・バーク『崇高と美の観念の起原』中野好之訳、みすずライブラリー、一九九九年（『エドマンド・バーク著作集』第一巻、中野好之訳、一九七三年所収翻訳の単行本化）、エドマンド・バーク「崇高と美の起源」大河内昌訳、『オトラント城／崇高と美の起源』（英国十八世紀文学叢書第四巻）、研究社、二〇一二年、一五九～三二四。

（4）ドイツの思想界では、ロンドンでの『崇高と美の探究』出版直後すぐ、モーゼス・メンデルスゾーンやゴットホルト・E・レッシングらによって、書評・翻訳（中途挫折）など紹介の機運が起こる。ただし結果的に、ほぼ完全なドイツ語訳の出版は、一七七三年のクリスチャン・ガルヴェによる版を待たねばならなかった。なお、カントは『判断力批判』でこのガルヴェ版を利用しているが、表題のうえで「美と崇高」といった具合に二つの概念が逆順となっており、バークによる「崇高」強調の意義がやや希薄化されて伝わった感がある。

（5）Armstrong［1996］217. 以下、ここでのアームストロングの基本的な研究視座について補足しつつ、近年のバーク美学の研究動向のひとつを指摘しておこう。彼女の論考の結論は、『崇高と美の探究』のうちに、暗黙裡のジェンダー論的な差別化（「崇高」は男性性、「美」は女性性）、人種論的な差別化（「闇／黒」の不快、「光／透明」の快）を読み取るもの。バーク美学に対するジェンダー論的解釈は、『エンサイクロペディア・オブ・エステティクス』第四巻（一九九八）における「崇高／

女性的崇高」の項（Freeman［1998］）などでもなされており、一九九〇年代以降はある程度市民権を得ている。このほか、日本におけるジェンダー論的解釈の事例として、水田［一九九四］、長野［一九九九］なども挙げることができる。

(6) ただし、バークは次のようにも言っていることは注意してよい。「しかし、想像力（imagination）による諸作業の多くは、可感的諸対象の再現表象（the presentation of sensible objects）だけに限定されるわけではない。また、諸感情（passions）に対する尽力だけにも限定されない。むしろそれらは、人間の習俗・性格・行為・意図、さらに人間の関係性・人間の善悪（the manners, the characters, the actions, the designs of men, their relations and their virtues and vices）にまで及んでくる。したがって、想像力の諸作業は、判断力の領野（the province of the judgment）にまで入ってくるのだ。なお、判断力とは、注意力（attention）ならびに理性的推論の習慣（the habit of reasoning）によって改善される（improved）ものである」（W.S.I 206=『崇高と美の探究』序論）。ここには、「趣味」の洗練的高度化、すなわち歴史的・経験的な文化後天的な可塑性への指摘もある（後年のバークの「偏見」「時効」の重視との関連）。

(7) 佐々木［一九八七］、小西［一九九二］（特に、二〇四頁）、小田部［一九九五］などを参照。

(8) バークにおいて、「表象」という語は、認識作用にかかわる被形成イメージのことだが、心のなかに惹起される「観念（idea）」「心像（image）」とほとんど同義的に使われるばあいが多い。

(9) 『スペクテイター』第四〇九号（一七一二年六月一九日）ならびに第四一一号～第四二一号（一七一二年六月二一日～七月三日）。Bond ed.［1987］. なお、第四一一号冒頭には、「われわれの視覚（sight）は、あらゆる感覚のうちでもっとも完全で（perfect）、もっとも喜ばしい（delightful）ものである」（Bond ed.［1987］535）との記述がある。ただし、その直後に、視覚は「いっそう繊細で拡散的な種類の触覚（a more delicate and diffusive kind of Touch）」（Bond ed.［1987］535）と見なしてもよい、と述べていることにも注目する必要がある。

(10) 桑島［一九九八a］。

(11) Hutcheson［1971］. ハッチソン美学（ならびに、同じく「モラルセンス学派」の属するシャフツベリ美学）にかんする研究書としては、濱下［一九九三］第二章・第三章を参照。なお、最新のバーク研究必携の『ケンブリッジ・バーク・コンパニオン』（Dwan and Insole eds.［2012］）所収の「バークの美学的心理学」と題された論考（Bullard［2012］）のなかで、P・バラードは『崇高と美の探究』が、シャフツベリ美学を論敵として書かれたと指摘している。

(12) バーク美学に直接的影響を与えたわけではないが、ここで、ジョージ・バークリが『視覚新論』（一七〇九）の段階でしめした「視覚」と「触覚」の区別を参照しておこう。バークリによれば、厳密な「触覚」の対象は距離・外在的延長・形態であり、それらは身体運動によって測られるものだった。したがって「触覚的延長」は「実在的延長」とほぼ同一のものといえる。なお、彼の議論では、「視覚」に混入した「触覚」が、「触覚的延長」と区別して「視覚的延長」と呼ばれ、その役割を生命危機の予示に見ている。バークリは、ここに「視覚」固有の意義さえ見いだす。

(13) 『崇高と美の探究』第五部の詳細な分析（「詩画比較論」の考察）は、桑島［一九九八b］を参照。

(14) このようなバークの崇高美学のなかに、文化的な《中心＝対＝周縁》の価値転倒の契機を読み取ってもよいだろう。バークは、次のようにいう。「とても洗練された諸言語（very polished languages）、そしてそのすぐれた明晰さと明快さ（superior clearness）によって称賛されるような諸言語は、一般に強さ（strength）において劣っている。フランス語は、その完璧さゆえに、そのような欠点ももっている。いっぽう、東洋のことば（the oriental tongues）、また、一般にほとんど洗練されていない（unpolished）人々の諸言語は、偉大な力と表現のエネルギーをもっている」（*WS*, I, 319＝『崇高と美の探究』第五部第七節）。

(15) 日本における「バーク美学」受容プロセスの「二重のバイアス」については、以下の文献に詳しい。桑島［二〇〇二］、ならびにKuwajima [2004]。

(16) 一七四〇年代～六〇年代に執筆された一群の初期著作群。たとえば、在アイルランド期のトリニティ・カレッジ文芸討論クラブの「議事録」、コッターの印刷所で印刷しディックズ・コーヒーハウスで販売の週刊新聞『改革者』、さらに、一七五〇年春のロンドン渡航後、『崇高と美の探究』に続く『年鑑（アニュアル・レジスター）』、演劇論草稿など。

(17) 宇野［二〇一六］二三～三四。

# 第5章

# アイリッシュ・コネクション

桑島秀樹

## 第1節 「崇高」の根としてのアイルランド

一七五〇年春の渡英後、バークの教養文人としての才能の煌きが、ロンドンの文化人たちに知れ渡るようになったきっかけは、一七五七年四月一〇日（第二版は一七五九年二月）、ロンドン・パルマルの有名書肆ドッズリから上梓された『崇高と美の探究』(1)の成功によるといってよい（図1）。

図1　ジェイズム・バリー《『崇高と美の探究』を説く書斎のバーク》
1771年頃、油彩、キャンバス、ダブリン・トリニティ・カレッジ所蔵（Dunne ed.［2005］97）

バークは本書により、美的カテゴリーとしての「崇高」の近代最初の理論家となったわけだが、その導出プロセスは、人間の「自己保存」本能にかかわる「苦」や「恐怖」に由来する、強い情動的な反応を積極的に評価するものであった。いわば「痛苦反転」という、マイナスからプラスへの転換がここには認められた。位相をずらして文化論的にいえば、《中心＝対＝周縁》すなわち《文明＝対＝野蛮》の価値転倒の発想を、ここに読み取ることもできるかもしれない。

そうであるならば、一八世紀アイルランド人の大ブリテン帝国による抑圧の「痛み」の表象が、その背後に潜んでいるとは言えまいか。もっといえば、大ブリテンに渡り、結果的にそこでエスタブリッシュメントたらんとした「アイルランド人」バークの精神的軋轢《あつれき》の様が、彼の「崇高」概念の深奥に刻まれてはいまいか、ということである。[2] バークによる「痛苦反転」の美学としての崇高論は、その根に一八世紀アイルランド人バークの大ブリテンに生きる悲しみを――もしかするとはっきりと本人に知られないまま――宿していたかもしれない。

こうした「悲しみ」の前提となる一八世紀アイルランドに生きたことが、バークの思想形成においていかに重要であったか、これをバークの「人肌」に即してその温もりとともにしめすのが本章のねらいである。具体的には、バークのアイルランドでの生育環境の変化に照応するかたちで形成された段階的な「アイリッシュ・コネクション」を、初期バーク研究の主要な論点としてまず概括的に提示する。そのうえで、そうした「アイリッシュ・コネクション」のひとつを事例として、それがながい伝記形成の歴史のなかどんな変容ないし改竄《かいざん》の弊を被ってきたかを、具体的な伝記記述の比較を通じて明らかにしてみたい。

## 第2節　渡英後の出逢い――岳父ニュージェントと秘蔵っ子画家バリー

ロンドンへは、父親リチャード（Richard Burke/Bourke, d. 1761）の勧めもあり、法科大学院ミドル・テンプルに入学するためにやってきた（登録は一七四七年四月二三日だが、じっさいの入学は一七五〇年五月二日）。ロンドンでの身許引受人は、「いとこ（正確な血縁関係は不明）」ウィリアム・バーク（William Burke, 1728-98）の父で弁護士のジョン（John Burke, d. 1764）であった。「いとこ」ウィリアムとは、その後公私にわたり、ロンドンでの生活をともにすることになる。

しかしながら、けっきょくバークは、道なかばで、ミドル・テンプルでの実務的な勉強を放棄したようである。ミドル・テンプル在学期から『崇高と美の探究』（じっさいには、前年一七五六年出版の『自然社会の擁護』）刊行頃までの期間は、ほとんど彼の生活を知るための史的資料が残っておらず、バークの「空白期」（D・ウェクター）あるいは「最も不明瞭な時期」（トマス・W・コープランド）[3]といわれている。

この「空白期」を知る手がかりは、親友のクエーカー教徒リチャード・シャクルトン（Richard Shackleton, 1726-1792）ほか数名に宛てられた伝存書簡数通のみである。このシャクルトンは、バークが中等教育を受けたアイルランド島中央部の肥沃な田園地帯キルデア州バリトアにあったクエーカー寄宿学校の校長エイブラハム・シャクルトン（Abraham Shackleton, 1696-1771）の息子であり、終生バークと親交を結ぶことになった。

一七五二年九月二八日付のR・シャクルトン宛書簡[4]では、イングランド南西部を放浪している様子が綴られている。「空白期」の書簡数通のほとんどがこの親友クエーカー宛だが、そのなかに同年九月付とされる、バースの内科医クリストファー・ニュージェント博士（Christopher Nugent, 1698-1775）に宛てた、いわば頌歌ともいうべき韻文書簡[5]も混《ま》じっている。当時バースは、英国随一のリゾート地で、ニュージェント博士は、そこで開業する著名な内科医であり、バークの持病だった「胸の痛み（小児ぜんそく）」の主治医を務めたとみられている。

このニュージェント博士こそ、後のバークの妻ジェーン（Jane Burke, 1734-1812）の実父であり（一七五七年三月一二日に結婚）、ロンドンでのバークの生活を公私にわたり支えた人物だったといえよう。ニュージェントは、フランスで医学を修めたアイリッシュ・カトリック[6]であったが、一七六二年にロンドンで創設されたサミュエル・ジョンソン博士の主宰する「文芸クラブ」の創設メンバーであり、ロンドンの文化サークルの一員だった。

推測するに、ニュージェントのところに治療のため出入りしたバークは、アイリッシュ・カトリックの博識

図2　ジェイムズ・バリー《ニュージェント医学博士》
1772年、油彩、キャンバス、バース・ヴィクトリア美術館〔ノース＆イースト・サマーセット・カウンシル委託〕所蔵（Dunne ed.［2005］103）

医師として彼に共感と敬意を抱き、そのうちに博士の娘ジェーンとも恋仲になった。そして結婚に前後して、その岳父の有する「ロンドン・コネクション」が、彼の文筆家としての成功、すなわち世界都市ロンドンの文芸サロンにおけるデビューを強力に後押ししたと思われる。

　ニュージェント博士を描いた美しい小品の油彩肖像画が残っている。バークの故地コーク出身の――じつは岳父ニュージェントや「いとこ」ウィリアムを含むロンドンのバーク一家全員が彼のパトロンだったともいえる――カトリック画家ジェイムズ・バリー（James Barry, 1741-1806）[7]による作品《ニュージェント医学博士》[8]である（図2）。

　バークの秘蔵っ子画家バリーが描いたこのニュージェント像は、あたかも古代のメダイヨンのレリーフのごとく、うつむき加減に沈思黙考する端正な横顔を見せている。まるで哲学者のようだ。バリーの肖像画としてはきわめて秀逸な部類に属するこの作品に接したとき、われわれは二つのことに気づかされよう。ひとつは、モチーフとなったこの老紳士が裡に秘めた思慮深さ・慈しみである。もうひとつは、バリーがこの老紳士――すなわちバーク岳父――と結ぶ深い絆の存在である。じっさい、バークらの財政支援による大陸（主にイタリア）での画家修業期にバークとの齟齬が生じた折には、むしろこの岳父ニュージェントが慈愛的な態度で若き芸術家の心に寄り添っていた様子も幾つかの書簡資料[9]からうかがわれる。このようなニュージェント博士や画家バリーとの関係をみても、バーク周辺にあった、いわば「家族的な」アイリッシュ・コネクションの存在を、けっして看過するわけにはいかないだろう。

## 第3節　三つの「アイリッシュ・コネクション」――コーク・バリトア・ダブリン

以下、故地アイルランドでのバーク思想形成における三つの「アイリッシュ・コネクション」の存在を指摘しておきたい。それは、①「コーク＝カトリック・コネクション」、②「バリトア＝クエーカー・コネクション」、③「ダブリン＝カレッジ・コネクション」である。

これらコネクションそれぞれの内実をいっそう詳細に記せば、以下のようになろう。①幼少期に、コーク州ブラックウォーター渓谷（Blackwater Valley, Co. Cork）において形成された、バーク母方ネーグル一族（the Nagles）との関係としての「コーク＝カトリック（＝ネーグル）・コネクション」。②中等教育期（クエーカー学校在籍期間は一七四一年五月～四四年四月）に、キルデア州バリトアの有力クエーカー一族シャクルトン父子ならびに彼らが経営する寄宿学校の同窓生らとの関係としての「バリトア＝クエーカー（＝シャクルトン）・コネクション」。③大学在学期（トリニティ・カレッジ在籍期間は一七四四年四月～四八年一月）に、ダブリン・トリニティ・カレッジおよび首都ダブリンで形成をみた青年文士たちとの関係としての「ダブリン＝カレッジ（＝青年文士）・コネクション」である。

つまり、バークにおける三つの「アイリッシュ・コネクション」[10]とは、若きバークの在アイルランド期における三つの生育環境に照応した人的交遊・交流関係から形成されたものなのであり、それらは、バークの成長とともに、重点を移しながら幾重にも複層化し、彼の生涯に影響を与え続けたといえるのである。

さて、以下では、ひとつの「アイリッシュ・コネクション」に焦点をしぼり、具体的に論じてみたい。取りあげるのは、バーク最初期の「コーク＝カトリック（＝ネーグル）・コネクション」である。この第一段階のコネクションは、まちがいなく生涯を貫く思索の具体的バックグラウンドとなっていたにもかかわらず、近年まで等閑視の——悪くすれば作為的な「隠蔽」ともいえるような——憂き目に遭ってきたものである。

方法としては、一九世紀の「決定版」伝記と近年の新たな傾向の伝記を詳しく比較・検討していく。結果として、ここでは、バーク・イメージをめぐる近年の伝記研究において提出された、ひとつの「読み直し」の視座を具体的なかたちで示すことができればと思っている。

## 第4節　隠されたアイリッシュ・バックグラウンド——初期伝記の比較

ショーン・パトリック・ドンランが、その編著『エドマンド・バークのアイリッシュ・アイデンティティズ』(Donlan ed.［2006］)の序論[11]でいみじくも述べるように、一九世紀までのバークへの言及では、彼のアイルランドとのかかわりを指摘するものは驚くほどすくなかった。そのような一九世紀的状況のなかにあって、ドンランが指摘するよう、例外的に早い一八八一年の段階で『バーク選集・アイリッシュ・アフェアーズ』（ロンドン、マクミラン社）[12]を編み、バークにおける「アイルランド問題」の重要性を指摘したのが、文芸批評家マシュー・アーノルド（Matthew Arnold, 1822-1888）であった。ここには、一七六〇年代に執筆された未完草稿『カトリック刑罰法論』から晩年一七九〇年代の「サー・ハーキュリーズ・ラングリッシへの手紙」が含まれている。アーノルドは、アイルランドを論じるときこそバークがもっとも輝きを放つ、という。

さて以下では、ドンランが言及する一八二〇年代のJ・プライアのバーク伝『メモワール』と、一九九〇年代のC・C・オブライアンのバーク伝『グレート・メロディ』を比較していく。結論を先取りすれば、一九世紀前半のプライアの伝記では、バークのもっていた「アイリッシュ・コネクション」がかなり隠蔽されているという事態が浮き彫りとなるはずである。これは、バーク伝の編纂プロセスに潜むある種のバイアスの考察にもなろう。

## 第5節　プライアによる伝記（一八二四年）——最初の幼年期バークの叙述

バーク没後の彼に対する評価は、岸本広司[13]も指摘するとおり、ウィッグ史学が全盛を誇ったヴィクトリア時代に定まった感がある。ヴィクトリア期の自由主義者たちは、フランス革命期のバークよりもアメリカ革命期のバークに注目し、バークを「功利主義的な自由主義者」「議会制を唱える穏健な改良主義者」「イギリス憲政の擁護者」として称賛した。

このようなヴィクトリア期の気運のなか、バークの全生涯を見晴るかすような大部の伝記『メモワール』*Memoir of the Life and Character of the Right Honourable Edmund Burke: With Specimens of his Poetry and Letter and Estimate of his Genius and Talents*, compared with his Great Contemporaries（ロンドン、ボールドウィン・クラドック&ジョイ社、初版一八二四年）が、ジェイムズ・プライア（James Prior, c.1790-1869）によって出版される[14]。この伝記の登場は、バークの父母の系譜および彼の幼年期をめぐる学術的観点からの伝記研究の端緒となったといえる。

プライアの伝記ではまず、バーク一族の祖先の系譜が、「伝承」のかたちで説き起こされる。以下、プライア（一九六八年版）の記述にしたがい、父母の家系、生誕から初等教育期までのバークの経歴をまず概観したい。

父方バーク家の祖先は、ヘンリー二世の治世に将軍「ストロングボウ」にしたがってアイルランド島に侵攻し、島西岸ゴールウェイに入植したノルマン人 de Burghs 一族[15]であった。その後、エドマンド直系の祖先は、アイルランド島西南岸リムリックに移住し、一六四六年にはリムリックで市長をも輩出した。(*MLC*, 32-3)

時代がくだり、エドマンドの祖父にかんする記述あたりから、プライアの記述は具体性を増す。

彼の祖父は、アイルランド南部コーク州に「幾許かの土地[16]」を所有していたため、晩年には、大河ブラックウォーター(Blackwater)中流域に位置する「キャッスルタウンローチ(Castletownroche)近郊」に移住した。バーク家によるこの土地の所有はエドマンドの時代にまで及び、兄ギャレット(Garret)の死に際し、エドマンドに権利移譲される。一七九二年もしくは九三年に、エドマンド自身により四〇〇〇ポンドで売却されるまで、年間七〇〇ポンドにのぼるひじょうに高い収益をあげた。(*MLC*, 34-5)

エドマンドの父は、リチャード・バーク(Richard Burke)といい、「プロテスタント」すなわち英国国教徒で、弁護士(attorney)だった。父リチャードは、ある時期リムリックに住んだが、後にダブリン市内リフィ(Liffey)河畔の「ファッショナブルな場所のひとつ」「アラン埠頭(Arran Quay)」に移住し、そこに居を構える(*MLC.*, 35)。彼はすぐ首都ダブリンで法律家として頭角をあらわし、市内でも一流の法律家となった(*MLC*, 35)。母メアリ(Mary)とのあいだに、エドマンドがもうけられたのは、このダブリン時代のことである。

父リチャードと母メアリとの出会いは、二人の幼少期にまで遡れる。母メアリは、「キャッスルタウンローチ村近郊のバリドフ(Ballyduff)村」の「名門ネーグル(Nagle)家」に生を享けた。このネーグル一族の祖先は、ジェイムズ二世の法務大臣(Attorney General)も務めていた(*MLC*, 35)。

父リチャードと母メアリとは、一七二五年もしくは二六年に、キャッスルタウンローチから南に五、六マイルはなれた町マロー（Mallow）で結婚し、[17] 一四、五人の子どもをもうけたらしい。しかし、当時のアイルランドの世相を反映して、成人したのは、兄ギャレット、エドマンド、弟リチャード（Richard）、そして姉のジュリアナ（Juliana）の三男一女だけだった。そして、「正式なかたちで」母の信仰だったローマン・カトリックに基づいて育てられたのは、唯一の女児、姉ジュリアナだけだった。[18]

そして、プライアの記述するバークの誕生と、幼少時の生育環境の記述は次のようなものであった。

エドマンドは、ダブリンの「アラン埠頭」の家で、旧暦ユリウス暦で一九三〇年一月一日（新暦グレゴリオ暦で一七二九年一月一二日）[19] に生を享けた（*MLC*, 38）。幼年期の事実として知られているのは、彼が「肺病」を患っていたため、つねに「脇腹」に痛みがあり、「虚弱体質」だったことだ。弟リチャードによる回想（他の二人の兄弟とちがい、いつもソファで読書していた）から、虚弱体質がかえってエドマンドの知性を強靭にするきっかけになったという（*MLC*, 39）。こうした幼年期の体調不良もあり、父の庇護以上に、「陶冶された知性をもつ」母と「近隣に住んでいた」老女の手によって、それぞれ「読書」および「英語」の教育をほどこされたらしい（*MLC*, 39）。

けっきょく、「虚弱な」エドマンドの健康を気遣い、転地療養のため空気のよい田園の地「キャッスルタウンローチの祖父の家」（*MLC*, 39）へと転居した。そして、そこで最初の学校教育を受けることになる。ここでの教師は、オハロラン（O'Halloran）という人物で、ラテン語文法教育はこの時期にすでになされていたという。エドマンドのキャッスルタウンローチ滞在は、五年間にも及んだ（*MLC*, 40-1）。

## 第6節　プライアによる伝記の決定版化と一九二〇年代の補強

バークの血筋と彼の生誕から学齢期までの経歴の概略は、プライアによるこの最初の——大部の「決定版」ともいうべき——バーク伝『メモワール』（一八二四）が登場をみたことで世に知られるようになった。結果、プライア以後の伝記作家たちは、この決定版伝記の大枠を維持したまま、新資料の提示によってそれをさらに敷衍・補強するか、あるいは細部にかんする記述にわずかな修正・訂正をくわえるか、そのどちらかとなった。

こうした作業の気運は、一九二〇年代から三〇年代に訪れた。この時期に集中して刊行された幾つかのバーク伝は、プライアの「決定版」伝記に対する補足あるいは訂正をおこなうのに貢献したといってよい。

一九二〇年代～三〇年代にかけて世に問われたバーク伝とその著者にかんしては、先のドンランがすでにその編著（Donlan ed. [2006]）で言及したものも含め、以下のものが代表として挙げられよう。A・P・I・サミュエルズ（Arthur P. I. Sammuels, *The Early Life, Correspondence and Writings of the Right Honourable Edmund Burke*, 1923）、W・オブライアン（William O'Brien, *Edmund Burke as an Irishman*, 1924）、B・ニューマン（Bertram Newman, *Edmund Burke*, 1927）、R・H・マーレイ（Robert H. Murray, *Edmund Burke: A Biography*, 1931）、そして、P・マグナス（Philip Magnus, *Edmund Burke*: A Life, 1939）である。

なかでも、サミュエルズ、マーレイ、マグナス、これら三者の研究はそれぞれ、フィッツウィリアム家の所有したバーク関連資料の公開にともなって、その新たな資料の研究成果を盛り込んだものとして評価できる。[20] これらは、バークの父母の系譜をいっそう詳細に知る手がかりを与えてくれた。またこの時期は、ちょうどアイルランドがイギリスからの独立に向け積極的に活動した時期だった。一九二二年の「アイルランド自由国」直後、バークの故地マロー出身のウィリアム・オブライアンによる伝記が登場したことは、特にここに銘記しておいてもよいかもしれない。W・オブライアンによる伝記は、唯一アイルランド（ダブリン、M・H・ジル&サン社）国内で刊行されたもので、「アイルランド人」としてのバークを——やや過剰なまでに——強調するものだった。

これ以降、数々のバーク伝が書かれるに至っている。しかしながら、最初期の伝記研究——わけても「決定版」たるプライアによる伝記——が引いた太いラインを決定的に書き改めるほどインパクトあるものは、一九九〇年代に至るまで登場をみなかったと言ってもよいだろう。(21)

## 第7節　C・C・オブライアン『グレート・メロディ』（一九九二年）

プライアによる伝記から約七〇年を経て、ようやく幼年期のバーク像を塗り替えるきわめて画期的なものが、一九九二年に刊行された。それは、政治家で歴史叙述家のコナー・クルーズ・オブライアン（Conor Cruise O'Brien, 1917-2008）による『グレート・メロディ』*The Great Melody: A Thematic Biography and Commented Anthology of Edmund Burke*(22)である。

この著作は、C・C・オブライアン自身による一九九一年および九二年の二回の夏期コーク州現地調査に基づいて書かれたもので、ブラックウォーター中流域（通称「ブラックウォーター渓谷（Blackwater Valley）」）での幼きバークの精神形成の様相を、旧来のプライアの伝記ではほとんど強調されなかった——むしろ「隠蔽された」さえといえる——母方ネーグル一族との深い関係を軸に綴った労作である。ネーグル家は、歴史家L・M・カレン（Cullen [1993]）も説くように、「カトリック刑罰法」によるカトリック弾圧下にあって、アイルランド島南部マンスター地方一円（特にコーク州ブラックウォーター中流域）に土地をもった名門氏族で、厳格なローマン・カトリックの一

図３　ナノ・ネーグル頭部石膏像
コーク州ブラックウォーター渓谷「ナノ・ネーグル・センター」所蔵、2008年春・筆者撮影。

族だった[23]。

C・C・オブライアンの『グレート・メロディ』にみられる母方ネーグル一族への注目は、このカトリック・ジェントリ一族のもつ系譜や家風の研究へと必然的に向かわせるだろう。したがって、ここで、一九五九年に出版をみた母方ネーグル一族とその系譜を語る際に重要な著作を、バークの伝記研究の更なる主要資料として挙げておく。それは、バークの十歳ほど年長の従姉オノラ・「ナノ」・ネーグル（Honora 'Nano' Nagle, 1718-1784）一族の歴史と彼女の慈善活動をめぐる詳細な伝記研究書、『ナノ・ネーグルとプレゼンテーション・シスターズ』T. J. Walsh, *Nano Nagle and the Presentation Sisters* である。

母方従姉のオノラ・「ナノ」・ネーグル（Honora 'Nano' Nagle, 1718-1784[24]、図３）は、やはりブラックウォーター中流域のバリグリフィン（Ballygriffin）にあった「もっとも裕福なネーグル家」の生まれであり、後にカトリック系団体「プレゼンテーション・シスターズ（the Presentation Order of Nuns）」の創始者となった宗教的・慈善的人物である。幼少期にブラックウォーター渓谷で過ごしたバークにとって、この十歳ほど年上の従姉ナノもまた、その精神形成のうえで強い影響を与えた親族のひとりであったと思われる。

それでは、以下、T・J・ウォルシュによる『ナノ・ネーグルとプレゼンテーション・シスターズ』を補助線に用いながら、C・C・オブライアン『グレート・メロディ』による初期バーク伝の「読み直し」作業を進めてみたい。

## 第8節 『グレート・メロディ』からの読み直し――生誕地・信仰・教育

いったいJ・プライアによる伝記とC・C・オブライアンによるそれは、いかなる点で、また、いかなる理由のため、そこに相違が存するのか。以下、具体的な項目を挙げてそのひとつひとつに検討をくわえていこう。検討項目は、①生誕地、②信仰、③教育という三点である。なお、以下の説明では、プライアの説をPと、オブライアンの説をOBと略記して、対比的に見てみよう。[25]

### 生誕地

P　首都ダブリン・アラン埠頭の父リチャードの家（*MLC*, 38）。

OB　アイルランド南部・コーク州ブラックウォーター渓谷・バリウォーター（Ballywater）の集落シャンバリモア（Shanballymore）の「伯父」ジェイムズ・ネーグル（James Nagle）の家（*GM*, 14, 19）。[26]

P説とOB説を比較した場合、首都ダブリンか、南部コーク州か、という明らかな違いがある。オブライアンによれば、ダブリン・トリニティ・カレッジ入学許可登録簿には「ダブリン生まれ」とあるが、これは処世のための公称にすぎないという。一八世紀、トリニティ・カレッジへの入学は、何例かの例外はあるものの、非国教徒には厳しく制限されていた。OB説の根拠として、オブライアンは、当時のコーク周辺女性にしばしば見られた慣習をあげている。当地出身の女性が子どもを産むばあい、その女性の多くは生まれ育った土地に帰って、そこで親類縁者に囲まれて臨月を迎えるというものである。いわゆる里帰り出産である。これは第一子の出産の場合はほぼ「義務」であったし、第二子以下の出産の場合も頻繁になされる選択であったという。

一八世紀初頭、「カトリック刑罰法」がますます強化された折、南部マンスター地方の内陸深奥部であるコーク州ブラックウォーター中流域の村落は、カトリック教徒たちの「巣窟」のような土地であった。ダブリンにいた父リチャードがすでに成功した「国教徒」であったとはいえ、厳格なローマン・カトリックであった母方ネーグル一族との深いつながり——アイルランド（ゲール）語で'shan-'は「古い」、'bally'は、「町／集落」を意味するいかにも「ゲーリック・カトリック」な響きをもつ故地——は、バークが世に立ちゆくためには、あまり公にしたくない地名であったことは想像に難くない。

オブライアンの『グレート・メロディ』（一九九二）の意義を考えつつ、「生誕地」の問題にひとまずの解答を与えておきたい。ここでわれわれが求めるべきは、正確な生誕の位置・場所ではなく、むしろ若きバークの精神文化に影響を与えた風土のほうである。ＯＢ説の登場は、Ｐ説の段階ではまったく前景化していなかった初期バークの生育状況を——ブラックウォーター渓谷での現地調査に基づき——いっそう明らかにしてくれた。

すなわち、幼きバークの精神形成において、母方「カトリック・ジェントリ」ネーグル一族の影響がきわめて大きかったことが、具体的な「手触り」ないしは「温もり」のもと、鮮明化したといえよう。いまやわれわれは、Ｐ説のなかで強調されたバーク家の祖父伝来の土地「キャッスルタウンローチ」以上に、ブラックウォーター南岸に広がる「ネーグル山地」を、幼きバークの精神形成にかかわった場所として記憶すべきなのである。

## 信　仰

Ｐ　父リチャードと同じ国教徒（*MLC*, 36）。
ＯＢ　父リチャードは正真正銘の国教徒というより、国教徒でもカトリック教徒でもない「新改宗国教徒」

（Recent converts）というハイブリッド・グループ層に属した（GM, 3, 7, 11）。バークは、表向きには父の公的信仰たる国教を引き継いだが、幼少期のブラックウォーター渓谷での母方ネーグル一族との共同生活を通じて――定期的なミサへの参加などもあり――ゲーリック・カトリック色の濃い生活を送った（GM, 19-22）。

仮にじっさいの生誕地がダブリンであったとしても、幼きバークのコーク州への滞在は、プライアが述べたような「父方の祖父の土地」への帰還ではなかったのである。むしろ母方一族に囲まれての、母胎回帰的な療養生活あるいはゲーリック・カトリック信仰に根ざす修養生活がそこにあったと見るべきだろう。

したがって、C・C・オブライアンが歴史的背景（T・P・パワー、B・オコンネル、K・フィーレン、L・M・カレンなどのアイルランド史家たちの史料にもとづく綿密な研究成果）を考慮しながら述べるように、幼少年期のバークの「信仰」については、以下のように考えるのが適切だろう。父の「改宗」はおそらく、法律家として身を立てていくためになされた、きわめて便宜性の高い形式的な改宗だった。だから、OB説にいう、リチャードの「新規改宗組」という考えは当たっている。じっさいリチャードも、公的改宗登録の前後でさえ、ブラックウォーター渓谷、つまり彼と彼の妻の故地に住まうカトリック・ジェントリたちと浅からぬ関係を持っていた。[27] こうしたことも、近年のアイルランド地域史・郷土史の研究からずいぶん明らかになっている。

以下、「風景」と「歴史」を交錯させて、一八世紀前半の「ブラックウォーター渓谷」に生きたバークの父祖たちの姿を想い描いてみよう。バークの父母のブラックウォーター渓谷での出逢いを、その風景描写を交えつつ、それぞれの一族の特徴から概観すれば、以下のようになろうか（図4）。

図４　「モナニミィ・キャッスル（現代再建）」屋上より臨むネーグル山地とブラックウォーター渓谷　2001 年秋・筆者撮影

プライアがバーク家の祖父の故地としたキャッスルタウンローチの対岸、すなわちブラックウォーター川の南岸に、低く横長に連なるのがネーグル山地である。山麓からブラックウォーター渓谷一帯にひろがるネーグル一族所有の沃野は、島西岸の港湾都市リムリックから移り住んだ老バーク——エドマンドの祖父——にとっては、ほとんど「妖精女王」の住まう理想郷のように思われたであろう。川向こうの「城館（キャッスル）」に住まう由緒あるネーグルたちと懇ろな親族関係を結びたいという衝動は、思うに、この渓谷の新参ジェントリたるバーク一族の者たちには当然のものであった。

いっぽう、一七世紀にジェイムズ二世の法務大臣サー・リチャード・ネーグルを輩出し、大詩人エドマンド・スペンサー——バークのファーストネームの由来とも——の息子シルヴェイナスとも血縁関係のある名門カトリック氏族のほうでも、「刑罰法」による弾圧が厳しくなるなか、おそらく一八世紀という新しい苦難の時代に対応するために体質改善のごときものを必要としていた。「血の入れ換え」なしには一族の没落をみるだけだ、という危機感である。

バーク一族のほうは、父リチャードおよびエドマンド兄弟の職業選択を見ても、由緒ある「名家」でありながら、どちらかといえば、実務家肌で土着的な傾向に薄いことに気づく。これは、当地におけるネーグル一族の家系的な記録の多さに比して、明らかにバーク一族の記録が少ないことからも分かる。

一八世紀になって台頭してきたブルジョワ的な新社会秩序、すなわち商業主義社会の影に対応しうるのは、「土着地主型」のネーグル家の身の処し方より、むしろ「機動実務型」のバーク家のそれであったとみてもよい。あるいは、旧来の生活様式にこだわる「農業型」より、臨機応変に生活様式と職業を変えることのできる「商業型」が当時の時代気運に適っていた、と言ってもよかろう。一八世紀前半、「カトリック刑罰法」強化政策のなか、土地を減じたカトリック地主たちのなかには「商業」に生きるようになる者もいたが、(28) ブラックウォーター渓谷に根づくネーグル家のばあい、時流に乗って法務家として成功をおさめているバーク家と手を結ぶことで、みずからは強《したた》かに、従来どおりの生活スタイルを維持するという道を選んだとみることができる。

父リチャードの「改宗」は、こうしたバーク家の家風にも影響されているように思われる。ブラックウォーターの向こう側とこちら側に住んだ「旧家」同士の思惑が一致し、結果、エドマンドが誕生した。これは、一八世紀前半のアイルランド社会、わけても南部マンスター地方のカトリック王国における必然の産物であったと言ってもよいかもしれない。

## 教育

P　まず首都ダブリンで、母から「読書」を、近隣の老女から「英語」を、それぞれ教授された（*MLC*, 39）。コーク州ブラックウォーター河畔に移ってからは、「村の校長」オハロランの主催する「ヘッジスクール」でラテン語文法を教授された（*MLC*, 40）。

ＯＢ　当時コーク州ブラックウォーター渓谷一帯ではアイルランド（ゲール）語の使用が一般的だったので、ネーグル一族の日常言語もおそらくゲール語だった。幼きエドマンドも、当然アイルランド（ゲール）語を聞いて育った。同時にまた、ネーグル一族は、英語も、おそらくフランス語も解することができた。モナニミィ・キャッスル跡でオハロラン校長の主催したカトリック教徒の「ヘッジスクール」で、イエズス会ではなく、ドミニコ会もしくはフランシスコ会の「托鉢修道士（itinerant friar）」により教育を施された[29]（*GM*, 21-3）。

幼年期バークの「教育」という点については、Ｐ説もＯＢ説も、どちらの説も正しいと思われる。ただし、幼年期のバークは、ダブリン・アラン埠頭の家で長期にわたって過ごすことは少なかったであろう。だから、ＯＢ説にきわめて近い、Ｐ説とＯＢ説の折衷的状態が、幼きバークの教育環境であったとするのが妥当だ。当時のバークがすでにフランス語まで解せたか否かは議論の余地があるとしても[30]、Ｐ説が強調するようなダブリンでの「英語」一色の言語世界でなく、幼少期から、ＯＢ説にみるような多様な言語世界[31]を、すなわち、ゲーリック・カトリック的文化風土を背景とする多様な生活世界を、経験していたであろう。

こうしたバークであったからこそ、後の人生において、たんに構築的かつ強硬な思想体系ではなく、ある種の「感性」「信念」を核に伝統文化の厚みを尊重しつつ、臨機応変に現実の状況に対応する実践的思考を展開できたといえるかもしれない。むろん、彼のもっていた宗教的・民族的な寛容主義・平等主義の根もここにあると見てもよいだろう（第二ステップの「バリトア＝クエーカー（＝シャクルトン）・コネクション」からの影響としてのクエーカリズムが、このような思考をいっそう強化したといえる）。

## 第9節　アイリッシュゆえにアイルランドを越えて

C・C・オブライアン『グレート・メロディ』という画期的なバーク伝の登場は、バーク・イメージを「読み直す」きっかけとして大きなインパクトをもった。コーク州の有力カトリック・ジェントリたる母方ネーグル一族とバークとの強い結びつきが示された。ネーグル一族との関係は、思想形成の最初期の段階にかかわるもので、「コーク＝カトリック（＝ネーグル）・コネクション」の素地をなすものだったといえよう。[32]その結果、父母の故地ブラックウォーター渓谷に根づく精神風土との関係から、新たなバーク像が立ち現れてきたといえる。それは、おそらく初期バークを基点として、バークの人生すべてを読み直す視座にもつながっていく。

ここでの考察は、第一段階の「コーク＝カトリック（＝ネーグル）・コネクション」に注目するにとどまっている。しかしながら、ダブリン・トリニティ・カレッジ入学直後から卒業前後までのバリトアの親友シャクルトン宛書簡群（トマス・W・コープランド編『バーク書簡集』第一巻では一七四四年四月一四日付から一七四八年五月付まで計六二通が確認可能[33]）をつぶさに検討すれば、この第一段階の「コーク＝カトリック（＝ネーグル）・コネクション」が次第に重心を移行させ、第二段階の「バリトア＝クエーカー（＝シャクルトン）・コネクション」へと転じる——あるいは重なっていく——プロセスも見えてくる。

さらに、カレッジ期も終盤にいたると、首都ダブリン——「無気力の帝国（the Empire of Dulness[sic]）」としての憂鬱なアイルランドの縮図——に対する愛憎こもごもとした想いを背景に、第三段階の「ダブリン＝カレッジ（＝青年文士）・コネクション」の影響が前景化してくる。この第三段階の「カレッジ・コネクション」を後盾に、バークは社会変革の具体策の模索と実践的な行動へと駆り立てられていく。このとき、「趣味」と「演劇」が彼の社会変革の武器となった。バークは、カレッジ卒業に前後して「趣味の改革＝道徳の改革」（バークが主筆で編集した週刊新聞『改革者』全一三号、一七四八年一月〜四月）[34]への想いを強くし、さらに社会変革や芸術・産業振興策への関心を強めていく。まさにここまでが、渡英以前の「アイリッシュ・コネクション」といってよい。

ここで論じた三つの「アイリッシュ・コネクション」は、一七五〇年の渡英後も相互に絡みあい、その濃淡の度合いを変じながら、バークの人生行路とその思索に多大な影響を与えていったといえよう。おそらくそれは、渡英後に生じる「ロンドン・ジョンソン文芸クラブ（＝ニュージェント）・コネクション」「ロンドン・ロッキンガム＝ウィッグ派・コネクション」などが織りなす、大ブリテンの帝国運営ネットワークに参入してからも——表向きは影を潜めながら——バークの精神の奥底ではまったく普遍のまま存在し続けたとみて間違いない。

一八世紀後半の大ブリテン帝国における弁に長けた下院議員として、バークが次のように熱く語りだすとき、その根底には、「ブラックウォーター渓谷」を故地とするアイルランド人としての想いがある。その想いは、たとえばインドでの東インド会社の横暴なふるまいに対し、全身全霊を賭けて糾弾する彼の姿勢（ヘイスティングス弾劾）として現れている。

……アイルランドは、わが国〔英国〕と同一の風土（the same climate）にある、そして同じ自然の諸気質と諸生産力（the same natural qualities and productions）をもつ国（country）である。……そうですとも、イングランドとアイルランドはともに繁栄しうるのだ。両国にとって、世界はじゅうぶんに広くあるのだから」。（「ブリストル市在住の紳士への手紙二通—アイルランド貿易に関して議会に上程された法案について」サミュエル・スパン氏宛、一七七八年四月二三日）（*WS*, IX, 509-10＝『論集』二九一）。

たとえわれわれがインドをうまく統治する何らかの方法を案出し得ないとしても、そもそも統治法の案出が大ブリテンをうまく統治する必要不可欠な手段では必ずしもないだろうから、両国の永久分裂（their eternal separation）の基礎が敷かれるだけである。われわれの〔英国の〕国制（our constitution）のために、その国〔インド〕の人民を犠牲にするいかなる理由も存在しない。しかしながら、私はこの両国の利益が両立し得ないという事態を想像できない。逆に私は、インドを圧制から保護するのに有効などの手段も、ブリテンの国制（the British constitution）をそのもっとも悪しき腐敗（corruption）から保護する番兵になると思う。……」（『フォックスのインド法案演説』、一七八三年一二月一日）（*WS*, V, 383=『論集』四六〇）。

アイルランドの民にイングランド人と同等の気質・能力を認めること、それは、インドの民にイングランド人と同等のそれらを認めることに等しい。むろんここでの気質・能力とは、一種の「文明（社会）」の基盤をなすものと読み替えてもよかろう。[35] バークの眼は、彼が一八世紀アイリッシュであったがゆえに、やさしく温かくインドの民へと差し向けられているのである。

注

（1）『崇高と美の探究』の詳細な分析は、桑島が本書の第四章（前章）でおこなっている。
（2）バークの「崇高」概念を、抑圧されたアイルランドの表象（一種の「植民地的崇高」）とみる研究に以下のものがある。Gibbons [2003]. このギボンズは、特にバークがパトロンした同郷コーク出身のカトリック画家ジェイムズ・バリーの絵画を例に挙げ、そこにバーク崇高美学の受肉を読み取る。
（3）岸本［一九八九］九八～九を参照。
（4）*Corr*, I, 112-4.
（5）*Corr*, I, 115-8.
（6）バークが渡英後すぐになぜニュージェントを主治医にできたのか。それは、アイリッシュ・カトリックの成功者であったニュージェント博士は、コーク州を根拠地とするアイルランドの有力カトリック氏族コッター一族（特にJames Cotterを通じてバークの父母と深く関係）と縁戚関係にあったかもしれない。Hogan and Ó Buachalla［1963］を参照。

(7) バリーは、後にロンドン・ロイヤル・アカデミーの絵画教授にまで登りつめたが、現在では美術史上で「忘れられたアイリッシュ・カトリック画家」といえる。二人の出逢いは、一七六一年、バークが、アイルランド総督の第一秘書W・G・ハミルトンの私設秘書として、アイルランド議会でのロビー活動を期待され、約十年ぶりに故国の土を踏んだ時にまで遡れる。バークは、この同郷の若き芸術家を、いったんロンドン（一七六四年）へ、そしてパリおよびイタリア各地（一七六五～七一年）へと画家修業の旅に赴かせた。バークと画家バリーの関係の詳細は、桑島［二〇一二］を参照。

(8) バリーがロンドン・ロイヤル・アカデミー正会員となって初めての一七七三年のロイヤル・アカデミー展出品作。当時のロンドンで『英伊辞典』（一七六〇）の著者として有名だったイタリア人学者の肖像《ジュゼッペ・バレッティ》（一七七三年頃、油彩、キャンバス、私蔵品）と対にして出品された。どちらの作品も、「知的エネルギー」の視覚化をねらうバリーの肖像画の特徴をよく示している。Dunne ed.［2005］101-3を参照。

(9) バークならびにその親族（岳父ニュージェント博士を含む）との往復書簡を収めた、画家バリーの書簡集は、以下の『バリー著作集』第一巻に収められている。Fryer ed.［1809］. 特に、バークのカントリーハウス「グレゴリーズ」（英国ベーコンズフィールド）に滞在したニュージェント博士からバリーに宛てられた書簡（日付なし。おそらく一七六七／六八年）（Fryer ed.［1809］145-6）などを参照。

(10) この三つの「アイリッシュ・コネクション」の規定は、桑島による。以下の桑島論考のなかで、「バリトア＝クエーカー（＝シャクルトン）・コネクション」を詳述する前提として整理を試みたものである。桑島［二〇一四］を参照。なお、コーク州ブラックウォーター渓谷の現地調査に基づき、「ブラックウォーター渓谷」の「カトリック・ジェントリ」ネーグル一族との強い結びつきを示した伝記研究に以下のコナー・クルーズ・オブライアンによるものがある。O'Brien［1992］. このC・C・オブライアンの研究に影響を受けたものが、ダブリン・ユニヴァーシティ・カレッジのキャサリン・オドネルによる研究である。オドネル［二〇一二］を参照。また、ネーグルを含むコーク州の有力カトリック・ジェントリたちの濃密なコネクションを説く研究に以下のものがある。Cullen［1993］.

(11) Donlan ed.［2006］1-15. 編者ドンランによる「序論」には、一九二〇年代から二〇〇〇年代初頭までのさまざまな「バークとアイルランド」のかかわりを論じた研究の概観もある。そこで挙げられる代表的著作は以下。Samuels [1923] (=*LC*); O'Brien [1924]; Mahoney [1960]; O'Brien [1992]; Cullen [1997]; Gibbons [2003]; Deane [2005]. なお、ドンランの編著の第二章には、K・オドネルによる論考（O'Dounnell [2006]）も収録され、そこでは特にC・C・オブライアン、L・ギボンズ、S・ディーンの研究への好意的な言及がある（ちなみに、L・M・カレンは、C・C・オブライアンによる伝記の一部仮説依拠性に批判的である。また、バークを「ジャコバイト」と見るのにも慎重な態度をとっている）。なお、K・オドネルの研究とならび、アイルランドのゲーリック・カトリック文化の影響をバークの履歴のなかに読み込む最新の研究として、ロンドン大学クィーンメアリ・カレッジのリチャード・バークによる以下のものもある。Bourke [2015].

（12） Arnold ed. [1881]. なお、C・C・オブライアンが新たに序論を付したM・アーノルド編集版がある。O'Brien [1997] を参照。

（13） 岸本［一九八九］七を参照。このほかバークの伝記にかんする日本語文献としては、バーク関連文献の積極的な紹介者である以下二人の著作が挙げられよう。中野［一九七七］および水田［一九八〇］。しかし、どちらの文献にも在アイルランド期の幼年バークをめぐる記述はすくない。なお、中野の著作には、巻末の「参考文献一覧」に、プライア（James Prior）による伝記（一八二四）からコーン（Carl B. Cone）によるそれ（一九五七）に至るバーク伝が概観され、各伝記記述への寸評が付されている。

（14） Prior [1968], I. なお、このプライアのバーク伝テキストからの引用箇所は、（　）内にまず *MLC* と表記し、頁数を明記した。

（15） 一般に、一二世紀後半に侵攻したイングランド東部サフォーク州 Burgh のノルマン人騎士 William Fitz Adelm de Burgo が、アイルランド島におけるバーク一族の始祖といわれる。この始祖は、島北部一帯アルスター地方の伯爵位を授けられ、島西部一帯コナハト地方に広い領地を与えられ、子孫たちは「ケルト」の習俗をよく身につけたという。波多野の記述によれば、この元ノルマン貴族のド・ブルゴウ／ド・バーグ一族は「コナートのバークス」と呼ばれるほど「アイルランド人以上にアイルランド的な」氏族となり、きわめて土着化を遂げたことを指摘する。波多野［一九九四］を参照。バーク一族のコナハト入植の精神風景に触れた、桑島の近著に桑島［二〇一六］がある。なお、バーク直系の父方一族の詳細な伝記については、母方ネーグルの血を引く書誌研究家バジル・オコンネルによる以下の一九五〇年代〜六〇年代の研究が信頼できる。O' Connell [1955] [1956] [1968].

（16） プライアは一切触れないが、父方バーク家の所有した「キャッスルタウンローチ近郊」の幾許かの所有地については、母方ネーグル家との深い関係が存在する。Magnus［1939］を参照。このマグナスの研究を紹介しつつ、岸本［一九八九］四七、注（18）もまた、バーク家伝来の土地が、母方「カトリック」ネーグル家所有のものを含んでいたことに言及する。「刑罰法」の影響で「プロテスタント」バーク家に権利委譲があったようだ。一七〇四年の段階で、カトリックの「遺産相続権」と「借地権」は大幅に制限され、バーク生年の一七二九年には、カトリックの「選挙権」まで剥奪された。なお、父方バーク一族への「権利委譲」は――プライアも触れているが――ネーグル一族がたんなるカトリック氏族ではなく、ジェイムズ二世に仕えた「ジャコバイト」の家柄であったことが要因かもしれない。

(17) クロイン管区マロー教会（チャーチ・オブ・アイルランド）にかつて伝存した「結婚許可証」〔父リチャードの故地は「シャンバリダフ（Shanballyduff）とある〕では、父母の婚姻日は一七二四年一〇月二一日とある（*LC*. 2）。なお、このマローには、アイルランドでは珍しく温泉（鉱泉）があって、一七二四年の「効能の発見」で小型リゾートタウンの観を呈していた。湯治場としての人気は一七三〇年から一八一〇年まで続いた。マロー自治体刊行のリーフレット *Mallow Spa The Irish Bath. Past and Present.*, produced and published by the Industrial Tourism Sub-Committee of Mallow Urban District Council in conjunction with a F. A. S. Community Employment Scheme を参照。

(18) 姉ジュリアナは、後にゴールウェイ州ロフレア（Loghrea）の有力カトリック氏族フレンチ（French）家に嫁ぎ、バークの直接の血統を後代まで残した。なお、兄ギャレットは、ダブリンで父リチャードとともに弁護士職に就くが、一七六五年に未婚のまま没した。弟リチャード（Richard Burke, 1733-1794）は、ロンドンでも長らくエドマンドと生活をともにし、つねに黒子としてエドマンドを助けていたが、エドマンドに先んじてやはり未婚のまま一七九四年に没する。エドマンド自身、ジェーンとのあいだに二人の息子をもうけたが、長男リチャード（Richard Burke Jr. , 1758-1794）は、父エドマンドに先んじて一七九四年に没。次男クリストファー（Christopher Burke, d. 1758）にいたっては、すでに幼年期に亡くなっている。岸本［一九八九］三三、ならびに四八、注（20）を参照。

(19) 新暦グレゴリオ暦では、一七二九年一月一二日。イギリスでは、一七五二年に新暦に切り替えられた。なお、バークの生誕年をめぐっては、近年、F・P・ロック『エドマンド・バーク 第一巻・一七三〇―一七八四年』（初版一九九八）における圧巻な伝記研究において――ダブリンのセント・ジェイムジズ・チャーチにあったバーク家墓地の独自調査を通じて――「一七三〇年」という新説の登場をみた。これ以降、生年を「一七三〇年」と書く傾向が見られる（Bromwich［2014］や

Bourke［2015］など）。Lock［1998］16-7を参照。ただし、本章では、F・P・ロック――『ケンブリッジ・バーク・コンパニオン』（Dwan and Insole eds.［2012］）の「バークの生涯」章の執筆者でもある――によるこの新説の根拠をまだ不確定なものとみて、従来のほとんどの研究書の通り、「一七二九年」として記述する方針をとった。

（20）中野［一九七七］、xv頁を参照。中野は、これら三人の研究は、それぞれの視点から新資料を渉猟した最初の成果であって意義深いが、いまだ「過渡的な」研究だと評している。

（21）たとえば、比較的新しい一九八〇年代刊行のバーク伝の代表例として、Fasel［1983］およびAyling［1988］などが挙げられよう。これらを見ても、幼少年期のバークについては、ほとんど言及されないか、あるいは、それまでの伝記作家の記述を簡単になぞるにすぎない。

（22）O'Brien［1992］. なお、この著作の普及抄版として、*Edmund Burke*, abridged by Jim McCue, Dublin: New Island Books, 1997. もある。以下、使用テキストO'Brien［1992］の第二版からの引用箇所は、（ ）内にまず*GM*と表記し、頁数を明記した。なお、このオブライアンによる伝記について、岸本［二〇〇〇］一六〜七、注（11）は、次のように評する。オブライアンの伝記は、アイルランド・アメリカ・インド・フランスを意識的に取りあげた「テーマ的な伝記」であるため、ひじょうに刺激的であり、「リベラルな」バーク像を描き出している。しかしいっぽうで、アイルランドに拘泥しすぎているため、バークを「小さく」してしまう向きもある、と。

（23）ネーグル一族もまた、「ゲーリック・カトリック」色の濃い固有の慣習に則って生活していたと考えられる。彼らはおそらくイングランド的なコモン・ローとは違った法体系「ブレホン法」のもとに生きていた。そこでは、土地は、「家」単位の家長の所有でなく、一族の「族長」の財産であった。各氏族は、その「族長」の采配下で土地を分配された。「ブレホン法」にしたがう土地の「譲渡と再受封」については、山本［二〇〇二］三三〜四、六三〜四を参照。なお、ネーグルの祖先も、「ストロングボウ」指揮の下、アイルランドにやってきたJocelyn de Anguloの末裔という。このde Angulo一族は、まずアイルランド島東岸ドロヘダ近郊Navanに土地を与えられ、その地のArdbraccanに居を構えたらしい。子孫は、西に移動しコナハト、南下してリムリック、さらに南部内陸部のティッペラリへと移住。そこ頃には土着化し、名前もde Nongleあるいはde Nangleと綴るようになったという。一四世紀半ばより、ファーモイ卿de Roupe（またはde Roche）から譲渡されたブラックウォーター両岸の広大な土地に暮らした。この頃から、NangleもしくはNagleと名乗るようになり、サー・デイヴィッド・

ナングル（Sir David Nangle）という族長が、「モナニミィ（Monanimy）」の地に城館を構えることになったという。コーク州のネーグル一族に言及する日本語文献は――一八世紀後半～一九世紀とややあつかう時代は下るが――唯一以下のものが存在する。勝田［二〇〇九］。

(24) この従姉オノラ・「ナノ」・ネーグルは、一八世紀のネーグル一族のなかでもっとも裕福な傍系一族の出身で、刑罰法下に渡仏遊学している。一七四〇年代半ば、アイルランド帰国後は、一時母とともに、当時のバーク家にもほど近いダブリン市街リフィ河畔バッチェラーズ・ウォークに住み、慈善事業を手伝った。そしてナノは、母の死後、一七四九年頃に弟夫婦の住むコーク市街に移り、「プレゼンテーション・シスターズ」創設につながる修道院生活を本格的に開始する。

(25) 本章でのC・C・オブライアンとJ・プライア両者の伝記比較を通じた幼少期バーク伝の再検証は、桑島による博士学位論文（調査地図付き）において、二〇〇一年秋のコーク州ブラックウォーター渓谷での現地調査に基づき詳細におこなった成果である。桑島［二〇〇四］、特に第一章「バーク美学揺籃地としての一八世紀アイルランド：母なるネーグル山残照―生誕から幼少年期をめぐる伝記的検証から―」を参照。ここでは、C・C・オブライアン説とまた異なる見解として桑島説（K説）の提起も試みている。なお、『グレート・メロディ』の「謝辞」には、桑島による二〇〇一年秋の調査時に直接取材できた、ネーグル族長の居館跡「モナニミィ・キャッスル」（Monanimy Castle）の住人（当時、現故人）で移民ドイツ人郷土史家クラウス・リヒター（Klaus Richter）、ネーグル山地北麓の伝バーク生家跡の隣家「バリダフ・ロッジ」（Ballyduff Lodge）の住人（当時、現故人）マリード・バリー（Maread Barry）、バリグリフィンの従姉ナノの生家跡に創設された修道院兼記念館ナノ・ネーグル・センターの名も登場する。

(26) オブライアンの説は、「マロー・フィールド・クラブ」での郷土史家Seán O'Reilly（故人）の講演（一九八八年）に基づき、一九九一年・九二年に別の郷土史家Seámus CrowleyとFather Fordeとともに現地調査した結果とされる。だが、ウォルシュによるネーグル伝（Walsh［1980］）では、ジェイムズ（James）は、正確には「大叔父」である。'uncle'（「伯父」もしくは「叔父」）という語に固執するなら、母メアリには、ナノの父である長兄ギャレット（Garret）のほか、ジョゼフ（Joseph）という兄弟もいたので、このジョゼフのことと考えることもできる。ジョゼフは法律家で、ネーグル一族の土地処理・管理に辣腕を揮っていた。ジョゼフについては、（Walsh［1980］28-9）を参照。なお、桑島［二〇〇四］は、二〇〇一年秋の第一回現地調査――ブラックウォーター渓谷在住のクラウス・リヒター（モナニミィ・キャッスル）とマリード・バリー（バリダフ・ロッジ）

に取材――に基づき、生誕地K説として、「ネーグル山地北麓キラヴァレン（Killavullen）村バリダフ（Ballyduff）の「バリダフ・ロッジ」（Ballyduff Lodge）に隣接する伯父パトリック・ネーグル（Patrick Nagle）の家」（桑島は、「マロー・フィールド・クラブ」の郷土史家Dan Doolanらとともに二〇〇九年春の第二回現地調査を行い、廃屋として一部現存を再認している。なお、オドネル［二〇一二］にも、この廃屋調査記事が見える）を提起している。この伯父パトリックについて、後に、彼の息子ギャレット宛一七六八年三月六日付書簡（*Corr.* I. 346）で、深い敬愛の情を込めてその名が言及される（ただし、Walsh［1980］の家系図には名前が登場せず）。またそれ以前にも、パトリック本人宛の一七五七年一〇月一一日付書簡も認められる（*Corr.* I. 134-6）。

（27）オブライアン（*GM.* 3. 7）によれば、父リチャードの名は、一七二二年の「改宗者名簿」にあるという。また、一七二〇年に処刑されたコーク州の有力カトリック・ジェントリであったジェイムズ・コッター（一七一八年拘束）の弁護士が、父リチャードであった（一七一八・一九年に、法的アドヴァイスを求めるリチャード宛のコッター書簡が残る）。なお、J・コッターは、バリグリフィンのネーグル家とも姻戚関係にあった。

（28）バークとも親交のあった、ブラックウォーター渓谷を根拠地とするヘネシー家（後にコニャック／ブランデー産業で有名）の例を典型に考えてもよかろう。なお、ウォルシュ（Walsh［1980］28-31）によれば、バークの母方祖父デイヴィッド（David）も、母方伯父ギャレット（Garret）も、農業経営ばかりでなく、商業（外国貿易）にも手を出していたようだ。しかし、一四世紀以来ブラックウォーター渓谷の大地主であるネーグル一族には、やはり新参地主のバーク家ほどの「機動性」は感じられない。

（29）オブライアンは、エディンバラ大学のOwen Dudley Edwardsというカトリック教育の専門家の言を引き、このように述べている。また、この箇所の注記（*GM.* 22）において、当地の伝承では、幼きバークが、アウグスティヌス派の聖職者Father William Inglis（1709-1778）により教育を施されたとの説があることも指摘されている。

（30）波多野［一九九四］五九、七二～四によれば、ノルマン人の入植によって、特に一三世紀頃、上流階級に属する人々のあいだには、書き言葉としての「ノルマン・フレンチ」や、フランス的な騎士道精神および宮廷の風習が持ち込まれたという。したがって、そうしたアイルランドにおけるフランス文化の流入が、ゲーリック・カトリック的な独自文化傾向をいっそう豊かにし、一八世紀前半までブラックウォーター渓谷の土着氏族の生活のなかにいまだ残存していたと考えることもできる。

(31) 大野［一九九八］一一一によれば、当時の「ヘッジスクール」では、ギリシャ語の聖書を使用するのが一般的で、そこでの使用原語は、アイルランド（ゲール）語・ギリシャ語・ラテン語であったという。

(32) すくなくともカレッジ前半期（一七四四年〜四六年頃）のバークは、夏季休暇中のR・シャクルトン宛書簡から察するに、毎夏ネーグルの親族のもとに赴いて、コーク周辺の文化的・政治的な空気を肌で感じながら、北コークの中心都市兼リゾート温泉地マローで競馬や舞踏会などを愉しんでいたようだ。一七四五年八月一六日付 'Ballidufle' 発書簡（*Corr.* I, 54）、一七四六年七月二五日および三一日付 'Caranatta' 発書簡（*Corr.* I, 68-70）を参照。

(33) *Corr.* I, 1-102を参照。なお、これらの現存書簡群は、バークからR・シャクルトン（ならびに同封のかたちで、エイブラハム校長などバリトア寄宿学校の友人たち）へ宛てた書簡であるが、この時期シャクルトンがバークへと送った書簡（返信）は伝存していない。この理由は、一七七〇年四月の『ロンドン・イヴニング・ポスト』紙に、バークのアイリッシュ・カトリック背景暴露記事（一七六六年頃のR・シャクルトンの報告が情報源）が掲載された事件と関係していると推測できる。すでに大ブリテンの国会議員であったバークが保身のためおこなった私的文書の隠滅行為が想定されるわけだ。ちなみに、シャクルトンがバーク個人の家庭的・宗教的背景などの情報を他言しているという情報は、Richard Brocklesby（1722-1797）というコーク出身の内科医で、バリトア寄宿学校の同窓からの示唆で明らかとなる。このブロックレズビーは、ロンドンで後にJ・ウィルクスやS・ジョンソンの主治医だった人物である。さらにブロックレズビーは、一七七四年には、バークの肖像画を、同じく同郷のJ・バリーに委託注文している（桑島［二〇一二］）。このように、「コーク＝カトリック・コネクション」は、「バリトア＝クエーカー・コネクション」に接続していく。なお、R・シャクルトンは、バークより二歳ほど年長であったが、クエーカーであったため、トリニティ・カレッジ入学の正式許可は遅れた（許可されたが聴講学生の身分で学位取得は不可だった）。しかし、「ダブリン＝カレッジ・コネクション」には参入し、バークとともに、「文芸クラブ」での討論や週刊新聞『改革者』刊行にも寄与している。おそらくシャクルトンを介した「クエーカー・コネクション」は、一七七〇年代後半の英国ブリストルからの国会議員選出にまでつながっていた。すでにロッキンガム・ウィッグ穏健派の下院議員として名を知られたバークが、一七七四年秋、最終的に「英国第二の都市」ブリストルで議席獲得できたのは、当地の若きクエーカーで北米貿易商兼陶器製造業者であったリチャード・チャンピオン（Richard Champion, 1743-1791）ら地元商人の支持があったからである（当選後のバークのブリストル「不在」「不訪」も、このチャンピオンが「影武者」となって埋めていた）。一七七〇年代のブリストルにおけるチャンピオンとバークの関係は、桑島［二〇一七］を参照。

（34）『改革者（*The Reformer*）』は、ダブリン・スキナー小路のディックズ・コーヒーハウス（印刷は同じ建物にあったジョゼフ・コッター印刷所）で毎週木曜日に発刊・販売。ちなみに、印刷所のジョゼフの妹サラ／サリーはバークの友人で、後に印刷所を引き継ぎ、一七六六年には合冊本のかたちでバークの『崇高と美の探究』ダブリン版を出している。彼も「ダブリン・カレッジ（＝青年文士）・コネクション」に属していた（*Corr.* I, 94-5）。一七四八年一月二八日付『改革者』第一号（*WS*, I, 66-71）の発刊趣旨説明では、いまこそ「無気力の帝国」の打破の時機だとして「趣味の堕落＝道徳の堕落」を説き、まずダブリンの「演劇／劇場の改革」から始めねばならないとした（背景に、トマス・シェリダンによるダブリン・スモックアレイ劇場の演劇改革がある）。また、二月一八日付『改革者』第四号（*WS*, I, 83-7）ならびに三月三日付『改革者』第六号（*WS*, I, 91-6）では、アイルランドでの芸術・産業健全育成のための「美徳（Virtue）」「公共精神（Public-Spirit）」に富むパトロンの登場や「ダブリン芸術産業振興会（the Dublin Society）」の役割への期待の主張もあった。

（35）商業文明帝国たる大ブリテンの首尾よき運営法の模索（帝国主義的経営法の模索）が、「属国」「植民地」としてのアイルランドやインドとの共存共栄というバークの主張を導いたとの解釈も可能かもしれない。だがむしろ、彼の視線は、アイルランドの民やインドの民へと向けられた――ひじょうにフラットな普遍的文明社会論をも可能とする――温かなまなざしで貫かれていたといえよう。

# 第6章

# 歴史叙述

佐藤　空

## 第1節　歴史叙述という問題

バークの歴史観や歴史思想といった場合、まず想起されるのは、その著名なフランス革命批判に内在する言説であり、その「保守的」な政治思想であろう。実際、バークが「保守主義の祖」と呼ばれるようになった要因として、『フランス革命の省察』の前半部分に存在する伝統的なブリテン国制の擁護やヨーロッパ文明の基盤を形成したとされる騎士道精神に関する議論が後世に与えた影響は小さくない。しかしながら、以下でみるように、バークは『省察』を執筆するはるか以前から歴史叙述と密接に、そして意識的に関わっていたのであり、その意義を確認することなしに、バークの歴史観の全体像を把握することはできない。本章は、主に政界進出前のバークに焦点を当て、彼自身の活動とそれに影響を与えた歴史的、思想史的文脈を考察しながら、歴史あるいは歴史叙述に対する初期バークの関わり方を明らかにしようとする。第二節では、アイルランドに在住していた学生時代から『植民地概説』の公刊に至る時期を検討する。つづく第三節では主に、初期バークの代表的な歴史叙述である『イングランド史略』と『断片――イングランド法の歴史に向けての試論』について検討する。そして、第四節では、バーク自らが編集・執筆した定期刊行雑誌『年鑑』とアイルランド史叙述への初期バークの関わりをみる。第五節では、以上の内容をまとめるとともに、政界進出後のバークの歴史叙述に対する関係性の変化についても言及することにしたい。

## 第2節　バリトア寄宿学校時代から『植民地概説』まで

バークはバリトアの寄宿舎学校で三年間過ごし、ラテン語、ギリシャ語の韻文のほか、歴史や数学なども学んだ（岸本［一九八九］四二〜三：Bourke［2015］48）。その後、入学したトリニティ・カレッジ・ダブリンでは、論理学、倫理学、形而上学、天文学、地理学、物理学を含む多様な科目を受講しているが、トリニティでの教育は、バリトアでうけた教育とは異なり、心から享受できるものではなかった。それでもギリシャ、ラテンの古典的著作を読解したことは、バークの歴史観の形成にとって重要だったことは疑い得ない。バークは数多くの文献に接したが、とりわけ好んだのはウェルギリウスだったという。また、倫理学の文献として、プーフェンドルフの『自然法に基づく人間と市民の義務について』を読んでおり、この点も看過できない（岸本［一九八九］五六〜七：Lock［1998］36-7: Bourke［2015］51）。これらの著作や人物は、同時代の知識人には馴染み深いものだったといってよいが、このような学生時代の学習はのちに『自然社会の擁護』や『イングランド史略』のなかで古代世界を描写する際に活かされることになり、その影響は生涯を通して継続したものと思われる。また、バークはトリニティ時代に自主的にアイルランド史について研究し（*Corr.* I, 68）、学友たちとも議論を重ねていた。さらに、一七五〇年にロンドンに移住したあとは、ミドル・テンプルでの法学研究において、コモン・ロー思想に内在する「人為的理性」の観念とともにその歴史思想についても認識を深めたものと思われる（Bourke［2015］76-9）。

バークはこの時期、人間の理性の役割について、すでに思索を深めていたのであり、迷信的な盲目も過度な理性主義も両方、批判する立場を採った。一七五六年五月にドッズリによって匿名で出版された『自然社会の擁護』はそのような思索の産物である。『擁護』の目的は、故ボリングブルック卿の理神論を風刺し、それを論駁することにあった。F・P・ロックによれば、バークがとりわけ標的としたのはボリングブルックが一七五二年に出版した『歴史の研究と使用に関する書簡』であったという。この作品は、一七五四年に出版されたボリングブルックの全集版でも再録されていた（Lock［1998］82-3）。『歴史の研究と使用に関する書簡』において、ボリングブルックは自らの歴史哲学を語るとともに、後半部分では一六世紀以後のヨーロッパ史を論じるなどしているが、『擁護』との関係で興味深いのは、旧約聖書の真実性を議論した部分である。その「第三書簡」では、旧約聖書の全てが歴史的な真実ではないと推測しながらも、その宗教的権威は揺るがないとしている（Bolingbroke［1972］41-2）。『歴史の研究と使用に関する書簡』および『擁護』執筆の背景には、キリスト教と理神論および社会との関係をめぐる一八世紀ブリテンの論争が存在し、これは旧約聖書の歴史性や歴史における神意の役割等を理性がどう判断できるかという議論を含んでいた。バークは、自然宗教への回帰を主張するボリングブルックの理神論的立場を批判的に捉え、自らの論敵を装った文体で、このような主張は結局のところ、無政府主義に陥り、社会を解体へと導く言説であるということを『擁護』の中で示そうとした。

さらに、『擁護』刊行の翌年一七五七年には『崇高と美のわれわれの観念の起原をめぐる哲学的探究』が出版されるが、バークの歴史叙述との関連でより重要なのは同年に公刊された『植民地概説』である。この『植民地概説』をめぐっては、執筆におけるバークの貢献度に関する問題が残っており、注意を要する。バーク自身は生前、『植民地概説』を執筆したのは、「友人」であるとはっきりと認めた上で「私はそれを改訂した（I revised it）」と述べている。(1) この証言を信じるならば、バークは『植民地概説』の主たる執筆者でなかったことになるが、問題は「改訂」が何を意味するかである。これが具体的にどのような性質のものであるか特定するのは困難だが、少なくともバークが出版前にその作成に関わり、その原稿を読んだ上で、何かしらの貢献をしたことが示唆されているといえる。

研究史においては、近年まで『植民地概説』は主として「友人」であったウィリアム・バークによって執筆されたものと考えられてきたこともあり、長らく研究の対象とされてこなかった。しかしながら、近年、F・P・ロックがその伝記的な研究で、『植民地概説』にある一般化された言明はバークのものである可能性が高いとし、内容的にも後年のバーク思想と繋がるものが多いとして、準バーク作品として扱うことを提唱して以来、この著作をバークのものとして取り上げる研究者が増えている。『植民地概説』の中の一般化された言説やモンテスキュー的な分析の展開がバーク自身の筆であるというロックの仮説（Lock［1998］127, 130）は、完全に証明されうるものではないが、これを支持すると思われる証拠がないわけではない。というのも『植民地概説』には描写的な記述のあとに、やや唐突に一般的もしくは抽象的な言明が「挿入されている」箇所があり、そのような箇所がバークのいう「改訂」にあたるのではないかと思わせるためである。例えば、第二巻第五部第二章では、フランス領ヒスパニオラ島について述べた箇所で、フランスの貿易が近年の戦争によってダメージを被り、その植民地もその影響を受けつつも、ヒスパニオラ島の貿易が着実に増大してきた事実が告げられる。そして、改行後、「フランスとイングランドのように気概と勤勉さで溢れた国家は戦争の全ての損失を容易に回復する」と話題が転回し始める。これはさらに、「どこであれ、肝要な原理が充分な活力とともに存在するところでは、傷はすぐに癒える。混乱そのものがある種の治療である。……そのような損失は勤勉と冒険の精神を更新し、物事をその第一原理へと還元する。運動を活発なものに維持し、貿易業者の欲求を鋭利で熱心なものにする」などと続く（*Account*. II. 16-17）。これは、それ以前の記述と比較するならば、より高度に一般化された言説といえるが、注目すべきはこのあとの箇所であろう。引用文のあとには、戦争後、活力を取り戻したフランスとは対照的にユトレヒト条約後の平和の下で停滞したオランダの経済状態が言及されているが、段落を改めた次のパラグラフでは、「ヒスパニオラのフランス領における最大の都市は、ケープ・フランソワーズであり、これは非常に立派な港にある島の北部に位置する」と上記の引用文以前の記述内容と整合的な文章が短く続き、第五部第二章が終えられてしまう。

以上のような記述は、編集の過程で引用文にあるような一般化された記述が挿入された可能性を示唆しており、それはバークだった可能性があると推測することもできよう。なぜなら、F・P・ロックによれば、このように高度に一般化された言明は、バーク自身の著作で散見される一方で、ウィリアム・バークの著作ではあまり看取することができないためである。もっとも、このような仮説は推測の域を出ず、完全な証明にはならない。しかし、バークの後年の発言を信じるならば、バークが『植民地概説』の執筆に携わり、改訂作業を行なったことは確かである。また、内容的にも、歴史における摂理の役割、啓蒙主義的社会観、政治経済学、アメリカ論などバークの初期および後期の思想と密接に関連し、相重なる見解が多数みられることから、歴史観を含めバーク思想を考察する上で『植民地概説』を無視することは不可能である。

『植民地概説』は主にヨーロッパ人のアメリカ大陸入植の歴史を主題とする二巻本の著作で、まずコロンブスらによる「新世界」への進出を描写するところから始まる。つづいて、原住民であるインディアンについての概説、さらにスペイン人とポルトガル人の入植地に関する概説となって第一巻が終了する。さらに、第二巻では、フランスの入植地の歴史が描かれ、さらにオランダの入植地について説明される。最後は、イングランド（およびブリテン）による入植の歴史についてであり、分量としてはこの部分が最も多くなっている。

『植民地概説』は、冒頭でブリテンのような貿易国にとってアメリカ入植史が興味深い分析対象である点に言及し、また、ポルトガルの入植史に関する記述においてジョン・ハリス（1666?-1719）の著作に依拠していると述べる一方で、同作はイングランドやフランスの入植地の説明に関しては欠点があると述べる（*Account*, I, preface; Lock［1998］128）。また、アメリカ大陸の原住民であるインディアンに関して論じた第二部の冒頭では、インディアンについて学ぶことは、ある程度、全ての国家の古代の風習（antiquities）について研究することであり、この点で成功したのがラフィトー（Joseph François Lafitau, 1681-1740）であるとして、その作品を賞賛している（*Account*, I, 161）。さらに『植民地概説』の執筆にあたっては、すでに進行中だった七年戦争という時代状況があったことが重要であり、作品の序文においても「現在の戦争」として言及されている（*Account*, I, preface）。『植民地概説』は究極的には、現在のブリテンの覇権争いと植民地政策の議論に貢献することを意図していたといえるが、バークらは盲目的にブリテン側を支援し、正当化しようとするのではなく、敵国であるフランスやその他のヨーロッパ諸国の利点を評価する一方で、欠点についても的確に指摘するという態度を取っている。

また、第三部で論じたスペインのアメリカ入植史についても、同時代の思想的文脈を考慮して読解する必要がある。すなわち、バークらは基本的に、入植地でのスペイン人の強欲と破壊的な行為を批判しており、一八世紀後半の啓蒙思想家たちとこの点で一致している。だが、バークらの批判は、被征服民を尊重することなしには征服は成功しないという彼らの帝国論の中心的な思想と密接に関連するものであり、イギリス等が学ぶべき教訓を与えようとするものであった。バークらによれば、スペインは、原住民を抹殺する以外に自らの征服を維持する方法を持たなかったのであり、貿易を振興したり悪習を改革しようとはしなかった。そのような状況の中で、国は発展するどころか、むしろ衰退していた。アメリカから獲得した富が国を豊かにすることもなく、その統治は専制的で、宗教的には頑迷であり、貿易は独占的であった（*Account*, I, 285-6）。バークらの考える文明社会はその逆であり、より自由で寛容な社会だった。しかしながら、バークらは、スペイン人やその他のヨーロッパ人を当初、駆り立てた強欲が存在しなければ、その後のアメリカ植民地の発展はなかったと言い、その意図せざる効果を認めている（*Account*, I, 46-8）。また、バークらはイエズス会士たちが熱心に布教活動を行ない、原住民らの文明化に寄与しているとしてその行動を是認しているが、これはスペイン人の野蛮さをイエズス会士らの中にも見出そうとする多くの同時代人への反論であった（*Account*, I, 124-5, 273-6）[(2)]。このようなイエズス会擁護はキリスト教をひろく文明化の原動力とみなすバークの思想とも合致しており注目に値する。

## 第3節 『イングランド史略』

初期バークの著作を取り巻く時代背景としては、すでに言及した七年戦争が重要だが、バークが直面し、考察した政治・社会状況はむろんそれだけではない。一七五〇年代、バークとウィリアム・バークは未公刊の試論を幾つも執筆しているが[(3)]、そこには彼らがいかなる政治的・思想的文脈と向き合っていたかを示すヒントが残されている。とりわけ、近年、公刊された四つのバークの未公刊原稿（Bourke［2012］）は歴史的な叙述を多く含んでおり重要である。このうちアイルランドについて論じた原稿（Bourke［2012］642-4）を除けば、主題となっているのはブリテン政治と国制に関してであり、特に議会、政党、民兵のありかたが議論されている。例えば、政党の役割をめぐる議論は一七三〇年代以来の論争の流れの中で、バークが依然として重要事項として考え、検討したものである。

ボリングブルックは『愛国王についての観念』（1738）の中で「政党は政治的悪であり、党派は全ての政党の中で最悪のものである」（Bolingbroke［1997］257）と述べたが[(4)]、バークにとって、何の原則も持たない党派（faction）の存在は有害でしかなくとも、原理・原則の下に人々が集った政党（party）は政治にとって必要不可欠だった。かつてのビザンツ帝国やローマの民主制、あるいはバラ戦争期のブリテン君主政の場合のように、国制が単純で非混合である場合には、党派は存在しても、政党は存在しえない。バークによれば、一七五〇年代後半のブリテンにも政党と呼べるようなものが存在しなくなっていた（Bourke［2012］644-7, 632-3）。

さらに、バークは「民兵に関する考察」（一七五七年三月）という覚書において、名誉革命以来続いてきた急進的ウィッグやカントリ派の民兵再建論を退け、常備軍を擁護した。バークは民兵を封建時代の残滓として捉え、それを一八世紀後半のブリテンで再興させることに断固として反対したのだった。バークの見解では、民兵は確かに粗野な時代においては有用であった。しかしながら、今や文明国となったブリテンにとってそれは不要である。もし、都市市民に武器をもたせれば、パリやヘント、コンスタンティノープルの歴史が示すように、市民たちは暴動を起こし、政府の脅威となりうる（Bourke［2012］647-52, 636）。このようなバークの議論は、その思考様式が歴史性を有するものであったことを示す一方で、ブリテン国制に関する見解はその近代性を重視したものであった。以下でもみる、『イングランド史略』の中で展開される古来の国制批判は、すでにこれらの未公刊原稿の中で表明されているということもできる。

バークは一七五七年二月にドッズリと古代からアン女王治世までのイングランド史を一巻本で執筆する契約を結んだ。『自然社会の擁護』の刊行によって一定の評価を得たバークはすでに著述家として知られており、ドッズリがバークの筆才を認めた上での契約だったと思われる。バークとドッズリは初版で一五〇〇部刷り、三〇〇ポンドがバークに支払われることで同意していたという。『史略』は最終的に未完に終わるが、一七六〇年ごろに一部が入稿され印刷に廻された。バークは少なくとも一七六三年三月ごろまでは『史略』執筆の意欲を保持していたようであるが、結局のところ実際に執筆されたのはマグナ・カルタが成立した一三世紀前半までの記述で、それ以降の時代の記述は完成されなかった。そして、この未完の作品はバークの生前には公刊されず、一八一二年になって初めて出版されることとなった（Lock［1998］142-4）。『史略』執筆の直接的な背景は以上のものであるが、それをさらに深く理解するためには、一八世紀ブリテンにおける歴史叙述の状況についてより詳細に知る必要がある。

一八世紀前半において、イングランドの歴史叙述がその質・量ともにフランスなどの大陸諸国のそれと比較して貧困なものであったことは、イングランドの知識人たちによく認識されていた。一七六二年版の『年鑑』では、ヒュームの『イングランド史』の書評の中で、「我々の著者たちは通常、歴史において非常に不得手であったのであり、非常に長い間、イタリア人たち、さらにはフランス人たちでさえ、我々より優越していることが認められてきた」と述べられている（*AR* for 1761, 301）。ヒュームの『イングランド史』以前にイングランド史に関する歴史叙述の中で最も優れているとされたのは、フランス人の移民ラパンによって執筆された『イングランド史』（*Histoire d'Angleterre*, 1724-36）であった。これはニコラス・ティンダルによって英語に翻訳され、幾度も増刷された。さらに一八世紀半ばには、トマス・カートの『イングランド史概説』（*General History of England*, 1747-55）が四巻本で、トビアス・スモーレットの『イングランド全史』（*Complete History of England*, 1757-8）が同じく四巻本で出版されている。しかしながら、イングランドに優れた歴史叙述が存在しないという汚名を覆し、ブリテンの歴史叙述に決定的な転換をもたらしたのは、ヒュームのイングランド史叙述であった。ヒュームは、一七五二年にエディンバラの法曹協会図書館長に選出されたのち、一七五四年から一七六一年のあいだに計六巻ものイングランド史叙述を公刊した（Lock［1998］141-3）。その第一巻は、ジェイムズ一世とチャールズ一世の治世を扱った近代史であった。チャールズ一世の死から名誉革命までを扱った第二巻は一七五六年に公刊され、さらに、一七五九年にはチューダー王朝期を扱った二巻本が『チューダー朝におけるイングランド史』という題名で公刊されている。そして、ヒュームのイングランド史は、カエサルによる侵略からヘンリー七世の治世までを扱った二巻本が一七六二年（実際の刊行は、一七六一年中）に出版されて完結した（Robertson［2004］）。バークが『史略』を構想し、執筆したのも一七五〇年代後半から一七六〇年前後までの時期であり、バークは同時代の歴史叙述の状況について相当程度、把握していたはずである。

『史略』を執筆するにあたってバークが依拠した文献については、同作品の現代版の編者やF・P・ロックなどによってすでにその多くが明らかにされている。ロックによれば、バークは自らの蔵書だけでなく、中世イングランド史の文献が豊富なロンドンのミドル・テンプルの図書館を使用することができたという。古代についての記述を構成するにあたっては、カエサル、タキトゥス、キケロらの著作を参照し、サクソン期以降の叙述のためには、ベーダや『アングロ・サクソン年代記』等を読解した（Lock［1998］145-6）。むろん、既述のように、古代ローマの著作はバークが学生時代から親しんだ文献であった。

このような『史略』、および同時期に執筆された『断片』[5]を考える上で、重要となる思想的文脈の一つは、近世ブリテンの政治思想と歴史叙述のなかに存在した古来の国制主義であり、二つの作品はこれを批判することを目的の一つとしていたように思われる。古来の国制主義の起源は、ジョン・フォーテスキューの言説などに辿ることができるが、バークがより直接的に念頭に置いていたのは、エドワード・コーク以来のイングランド法の不変性を主張する言説である。しかしながら、『史略』で直接的に批判の対象となっているのは、ウィリアム・ランバートやナサニエル・ベーコン、あるいはマシュー・ヘイルといった一六、一七世紀の論者であり、同じ一七世紀の論者でもコークや一八世紀の知識人への言及はない。サクソン期からの連続性を主張した一八世紀の歴史家としては、ラパンやボリングブルックなどがおり、バークは『史略』の中で前者の執筆した歴史叙述を別の論点で批判しているし（WS. I. 510）、『自然社会の擁護』の著者として後者のイングランド史叙述にも精通していたはずであるが、どちらの人物も『史略』・『断片』において古来の国制主義の文脈では批判されていない。『史略』が名前を挙げて批判したランバードは、サクソン時代に平民がのちの時代と同様、州（shire）やバラ（borough）

から代表されて議会に加わっていたと主張したが、バークにとっては、サクソン人たちの統治概念の単純さや商業や技芸を軽視する国民性からこれはあり得なかった（WS, I, 441）[6]。

　また、『断片』においてバークは党派精神が様々な歴史的事実を歪めてきたことを指摘しながら、トーリーとウィッグの両方の立場を批判している。すなわち、トーリーはノルマン征服の帰結として、国民の権利と自由は君主から授与されたものであり、君主の意志によって破棄されうると主張するのに対して、ウィッグらは国民の特権や法は太古の昔から存在していたものとする（WS, I, 324）。バークによれば、これらの主張はいずれも、歴史的事実としては不正確なものであるが、それ以上に歴史を歪曲してきた論者も存在し、その一人がナサニエル・ベーコンであった。ベーコンは『イングランドの法と統治についての歴史的・政治的講話』（1647-51）の中で君主への抵抗権を正当化する形態の古来の国制主義を前面に押し出したが（Burgess［1993］96-8）、バークの見解では、これは「自らの共和政的システムを確立するために、自分がつくりだした全ての証拠を非常に歪めてしまった」のだった（WS, I, 325）。

　バークの古来の国制主義批判は、ノルマン征服などによるイングランド法と国制の変革を認める点で一七世紀の封建法学者の見解に接近したものであるが、外国との交流が法や生活様式の変化を生み出すことを強調し、一八世紀後半に至るイングランドの文明化の過程を視野に入れている点で封建法学者たちとは異なる。[7]『史略』・『断片』は、様々な要因による社会変化という視点を有するが、この点でバークに洞察を与えたのは、おそらくはモンテスキューの『法の精神』をはじめとする同時代の文献と思想潮流であったように思われる。研究史においては、初期のバークがモンテスキューの分析手法に影響されていたことはC・P・コートニーを初めとする研究者たちによって指摘されているが、実際、『史略』においてモンテスキューは「この時代を啓蒙した最も偉大な天才」として言及されている（WS, I, 445）。

しかしながら、バークの歴史思想はモンテスキューのそれと幾つかの点で異なっていることも明らかであり、バークはその思想を無批判的に受容したのではなかった。例えば、バークは明示的に歴史における神意の役割を認めており、それにほとんど言及しなかったモンテスキューとは異なる（Courtney［1963］54）。『史略』において、バークはサクソン期のイングランドへのキリスト教の導入について語りながら、「非常にふさわしい目的のために、神意が時折、直接的に介入したかもしれないというのは全く不可能ではない」という（*WS*, I, 393）。また、別の箇所においては「神意は、人類の絶えざる交流を意図していたようにみえる」といい、そのような交流は移民、征服、強欲、知識欲、そして聖地巡礼という形態を取るとする（*WS*, I, 399）。バークの歴史叙述においては、社会は多様な要因によって形成されるのであり、神意はその要因の一つに過ぎない。(8) しかし、時折現れる神の御業は歴史の大きな流れをつくり、決定的な方向付けを行なうものとされる。さらに、バークはゲルマン民族の国制とイングランドの国制の関係に関するモンテスキューの説明にも違和感を持った可能性がある。『史略』は古代ゲルマン民族について描写した部分において、以下のように述べる。

それゆえ、それ以来、非常に高貴に着飾り、非常に高度に完成させられた我々の国制のかすかで、不正確な外観が描かれた。この見事な体系はその森の中で発明されたとモンテスキューはいう。しかし、それが森の中に留まっているあいだ、長い期間、見事な体系からは程遠い状態にあった。それは、実際のところ非常に不完全な統治の試みに過ぎなかったのであり、粗野で野蛮な人々が自らを野蛮の中に維持しておくように計算された体系であった。（*WS*, I, 430）

モンテスキューの力点がイングランドの自由の国制の起源をゲルマン民族の国制の中に見出すことにあったとすれば、バークのそれは、一八世紀の国制がその起源からはるかに遠い地点にまで進化した史実を伝えることにあった。バークの古来の国制主義批判は今や、モンテスキューの歴史解釈にもその矛先を向けつつあった[9]。バークは伝統的な歴史叙述と新しい社会理論の両方に学びながらも、自らの歴史思想を提示して、自らが生きる時代の思想的潮流を変革しようという意欲を持っていたといえよう。

## 第４節　『年鑑』およびアイルランド史叙述

一七五〇年代後半のバークの文芸活動は活発であり、バークは『イングランド史略』執筆の約一年後の一七五八年四月にドッズリと新たな出版物の契約を交わしている。それは『年鑑』と題された定期刊行雑誌の執筆と編集であり、一巻ごとに一〇〇ポンドの印税がバークに支払われるというものであった。バークが新たな契約を結んだ背景には自らの財政的な事情があったという。また、この『年鑑』は一八世紀の多くの定期刊行物と同様、匿名での出版となった（Lock［1998］165-6）。

『年鑑』は例年、短い冒頭の序文のあとに「現在の戦争の歴史（The History of the Present War）」という数十頁の記事が掲載された。この冒頭記事は七年戦争が終結に向かう状況をみて、一七六三年版からは「ヨーロッパの歴史（The History of Europe）」という題名に変更される。いずれも「歴史」と称されているが、内容的には刊行の前年に起こったブリテンおよびヨーロッパ内外の政治の動向を紹介することを主眼とした報告記事であった。したがって、ほぼ時局論といえるが、バーク自身は明確に歴史を執筆したものとして理解しているから、「同時代史」として把握することもできる。『年鑑』の創刊号である一七五八年版は七年戦争の最中に出版されており、「現在の戦争の歴史」は戦争が勃発する以前の時期から一七五八年までを省察しているが、戦争がほぼ終結を迎える一七六二年版まではその戦争の動向を追うことが主要な内容となっていた。だが、同時にブリテンの内政について取り上げることもあれば、ロシアを含むヨーロッパ各国の政治と社会について、時に歴史を遡りながら論じることもあり、その内容は幅広かった。とりわけブリテンの国内政治を叙述する際に党派によらない中立性(neutrality)を維持することが歴史家には必要であるとしている点は重要である(*AR* for 1763, 'Preface')[(10)]。

さらに歴史叙述との関係で重要なのは、例年、『年鑑』の最後を飾り、該当年に出版された文献の書評と抜粋で構成された「文献の解説」(An Account of Books)である。そこでは歴史叙述に関連した数多くの文献が挙げられており、バーク自身の読書傾向と関心を推察する上でも重要といえよう。一七五八年版の書評・抜粋欄の最初を飾ったのは、ジョン・ブラウンの『諸時代の生活様式と原理についての評価』で、これは、この時期の一大ベストセラーとして記録されている文献であり、ブリテン人の習俗が過度な奢侈とともに腐敗しているというテーゼとともに大きな影響力を誇った書物でもある。評者は、現代に否定的な評価を与えるブラウンの議論を「古代・近代論争」の復活としてみる(*AR* for 1758, 445)。人間は、現在に不満を抱き、過ぎ去った過去を悼む傾向にあり、世界は絶えず退化しているという意見まで現れる。しかし、対照的に、過去が現在よりも優れていることはないと考え、もし世界が堕落を続けているなら、今日まで人間社会が存続していることは不可解であるという意見を持つ哲学者もいる。このような見解の人々は、人類は時代を越えて常に同様であったと結論づける。評者によれば、『評価』は前者の見解に傾いており、優雅で的を射た論評であるが、時に細部にこだわり過ぎ、また内容を誇張しているところがあるという。興味深いのは、評者がこのような批評をしながら、自らの歴史認識を語っている部分であり、それは世界の継続的な衰退を主張する見解も、時代を越えた同一性を主張する見解もともに退ける。すなわち、国家はある時期繁栄しても、衰退しうるものであり、一時期の社会状態に囚われるべきではない。また、国家の繁栄と衰退の仕方は国によって様々であり決して一様ではないのである(*AR* for 1758, 445-6)。バークは最晩年、類似した歴史観を表明しているが(*WS*. IX, 189-90)、ここでの評者がバークならば、彼は初期においてすでに同様の見解を展開していたことになる。

さらに、一七五八年版の『年鑑』においてブラウンの『評価』の次に紹介されたのが、ウィリアム・ブラックストーンの『法研究についての講話』である。評者は『講話』を「堅固で、賢明かつ優雅な話法」だと評価している（*AR* for 1758, 453）。しかしながら、その抜粋部分において、バークは著者の「コモン・ローと呼ばれる、書かれざる格言と慣習のその古来の収集は、どれほど混成であっても、あるいはどのような源泉に由来していても、この王国において太古の昔から存続してきた。そして、いくらか諸時代の暴力によって変更させられ、損傷されても、ノルマン征服の粗野な衝撃に大部分が耐えたのである」という一節を引用している（*AR* for 1758, 454）。この箇所で、ブラックストーンはノルマン征服の前後での連続性を強調する古来の国制主義を展開しているのだが、これは『史略』・『断片』の中でバークが批判した類の思想であった。この書評の論点は、法学研究の大学教育での軽視や偏狭さ等に向けられており（*AR* for 1758, 454, 458）、古来の国制論そのものが批評の対象となっているわけではないが、『史略』の執筆を続けていたと思われるこの時期にブラックストーンの国制史が言及されている事実は興味深い。

翌一七五九年版の書評の中で注目されるのは、ウィリアム・ロバートスンの『スコットランド史』に対する評価である。書評は冒頭で同書を高く評価しているが、とりわけ評価しているのがその叙述スタイルである。宗教改革やジェイムズ一世の戴冠以前のスコットランド史は、非常に詳細にも叙述しうるが、著者のロバートスンは重要な歴史事象に関連した事柄を説明するほかは、「その全てを傍らに投げ捨てた」のだった（*AR* for 1759, 489-90）。バークが歴史叙述の冗長さを嫌い、その簡潔さと明断さを重要視していたことは『年鑑』の中で時折、表明されたことであり（*AR* for 1758, 464; *AR* for 1759, 464）、また、『史略』が簡潔な歴史叙述を目指していたこととも通底した志向だといえよう。しかしながら、ロバートスン『スコットランド史』の書評において注目すべき点はこれだけではない。評者は、同書の簡潔かつ明晰な執筆スタイルの一例として封建制を叙述した箇所を取り上げて、数頁にわたって抜粋しているが、その抜粋箇所の内容は一瞥に値するものである。すなわち、ロバートスンは同箇所において、ローマ衰退後のヨーロッパ社会が封建制下で野蛮と未開さに溢れている点に注目し、強力な貴族勢力の下で王権が制限されていること、軍事的である一方で商業をはじめとする技芸が未発達である点などを指摘している。評者は、華麗な執筆スタイルの一例として、同箇所を抜粋しているが、その基本的な内容について同意し受け入れていることは間違いないであろう（*AR* for 1759, 490-4）。バーク自身、『史略』の中で、封建制下のヨーロッパ社会の混乱に着目して、類似した叙述を行なっており（*WS*, I, 456-7）、中世ヨーロッパに関する評価はロバートスン同様、極めて低かったということができる。初期バークが封建制下のヨーロッパの社会状態について基本的な評価を確立していたという事実はそれ自体重要だが、『年鑑』の書評はその歴史叙述からバークが早くから影響を受けていたという可能性も示唆する。(11)

また、これとも関連して重要なのは、一七六一年版に掲載されたヒューム『イングランド史』に対する評価である。評者は、「ヒューム氏が初めて出版した歴史作品は我々の国をこの不名誉から解放した」といいながら、この作品がブリテンにおける歴史叙述の汚名を払しょくしたものとして高く評価するとともに、『イングランド史』全体の原理は「私が呼ぶところの我々の現在の国制の成長の観念」だとしている（*AR* for 1761, 301, second pagination）。そして、今回出版された、古代からチューダー朝の成立までを描いたイングランド史が学究者にとって興味深いものであることを語りながら、「我々が今、賞賛している国制が長い時間をかけて、自由と専制、無秩序と秩序の何と奇妙な混沌から上昇してきたかを観察することは興味深いだろう」と述べる。さらには、ヒュームの、ヘンリー二世とトマス・ベケットとの論争の描写をほとんどの歴史家がまだ到達していない「偏見のない愛好（unprejudiced partiality）」の一例だとして、該当箇所を引用する（*AR* for 1761, 302, second pagination）。

もし同書の評者がバークならば、国制の進歩を認めるとともに歴史叙述の中立性を重視している点は、初期バークらしい記述だといえよう。これらの重要性を認める点でバークは、ヒュームに同意したことになる。しかしながら、ヒューム『イングランド史』のすぐあとに書評・抜粋されたウィリアム・タイトラーの作品[12]においては、ロバートスンとヒュームはスコットランドのメアリ女王の評価に関して公平でなかったとされ、評者もその意見に同意している（*AR* for 1761, 305, second pagination）。バークとヒュームは、一六四一年のアイルランドにおける反乱事件の評価をめぐって対立していたが、メアリ女王に対するヒュームの評価にもバークは賛同しなかった可能性がある（Bisset［1800］II, 426-7; Lock［1998］187-8）。

バークの編集した『年鑑』としては最終巻であるともされる一七六四年版には、アダム・アンダースンの『商業の起源に関する歴史的および年代記的推論』とロバート・オーム『一七四五年以降のインドスタンにおけるブリテン国の軍事業務の歴史』が含まれている。前者に関しては、その書評の冒頭部分において、「貿易は、政策や統治と非常に密接に結合しているだけでなく、人類の習俗によって非常に影響を受けるため、それは諸国民の富と繁栄を前進させるためだけでなく、異なる時代と国々における人間精神の歴史にとって有益な示唆を与えうる」（*AR* for 1764, 250）とコメントしている点が興味深い。評者にとって、商業は単純に経済的な現象ではなく人間の生活様式と精神を映し出すものであり、「哲学的」な考察の対象となりうるものであった。また、後者に関して、評者はブリテン人はこれまで常に商業を中心としてインドに関わってきたが、近年では彼の地で征服者として振る舞っている点に言及しながら、インドに対するブリテン人の関心が高まっていると指摘する。そして、この作品の叙述スタイルを詳細でありながらも、冗長ではなく、また偏見に囚われず公平な叙述になっているとして評価する（*AR* for 1764, 256）。

以上のような書評・抜粋の内容から判断できることは、初期のバークがすでに古代から現代に至る様々な歴史叙述、それも帝国や商業が発展した時代的背景の下、グローバルな視野を持つ歴史叙述に接していたという事実であり、また、一八世紀に存在した国家の盛衰や進歩と連続性といった抽象的で、理論的な歴史思想にも触れ、自らも能動的に思考することで同時代の歴史叙述と歴史思想に応答していた可能性が存在するということである。さらに、『年鑑』の記述からは、バークが簡潔で公平な歴史叙述を是認し、冗長で党派性に満ちたこれまでの歴史叙述のありかたを問題視していたこともわかる。初期のバークはすでに、文人としての活動を通して、あるべき歴史叙述の姿を構想し、かつ自らの歴史観を相当程度、形成していたということができよう。しかしながら、「歴史家」としてのバークの活動は、これに留まらない。『年鑑』の編集とは全く別の文脈の中で、同時代のアイルランド史叙述の転換と修正を目論んだ活動に取り組んでいたからである。

バークがトリニティ時代にアイルランド史の研究を自ら遂行していたことはすでに言及したが、一七五〇年にイングランドに渡った後の時期においても祖国に対する彼の関心は持続していた。一七六〇年版の『年鑑』では、『古来の詩歌の断片』が、一七六一年版では、ジェイムズ・マクファースンの『フィンガル』が書評されているが、そこでは作品の真偽に一定の留保を与えながらも詩歌の卓越性など古代アイルランドの知られざる真実が発見されたと信じて、これらの書物の刊行を祝福している（*AR* for 1760, 253-6, second pagination; *AR* for 1761, 276-86, second pagination）[13]。さらに、バークは一七六一年にイングランド人でアイルランド史家のフェルディナンド・ワーナーと出会い[14]、その後、チャールズ・オコナーやジョン・カリといったアイルランドのカトリック協会の創設者たちと知り合って、彼らと交流しながらアイルランド史叙述の問題に向き合おうとしていた。

アイルランド史に関するオコナーやカリらの関心は、第一に、古代アイルランドにおける文明の発展を証明することによって、アイルランド人は古代以来、未開であったとするヒュームらの歴史解釈を覆すことにあった。そして、それ以上に重要だったのは、一六四一年のアイルランドの大反乱についてのイングランド側の解釈の誤りを証明することであった。この一六四一年の反乱は一八世紀におけるアイルランドにおけるカトリック教徒の財産没収や迫害を正当化する根拠として利用されており、現実的な問題と密接に関連していた。バークは、一七六四年頃に一六四一年の大反乱についてカリに問い合わせるとともに、カリが一七五八年に出版した『アイルランドの反乱についての歴史的な回顧録』（*Historical Memoirs of the Irish Rebellion*, 1758）を改善するための「優れたヒント」を与えたといわれる。そして、バークは『回顧録』をイングランドに持ち帰り、ロンドンでの改訂版を出版するために校正作業に入ろうとしていた。しかしながら、バークは一七六五年にブリテンの下院議員に選出され、カトリック教徒との関係に慎重にならざるを得なくなり、その結果、カリの著書を改訂するといった作業も行なわれなかったようである（Weston［1962］397-9; Love［1962］182）。

バークが一七六五年以前にアイルランドの歴史家たちのアイルランド史叙述の改訂作業を支援したという経緯は、バークのアイルランド政治と歴史に対する熱意を示す証拠として重要だが、バーク自身も一度ならず、祖国の歴史について断片的ながら書き残しており、注目に値する。例えば、『史略』によれば、七、八世紀のアイルランドでは、学問が栄えたが、デーン人の侵略によって国は壊滅的な被害を受け、その後も学問や平和が回復することはなかった。一二世紀には、ヘンリー二世による征服を受け、アイルランドの首長たちはこの王に服従した（*WS*, I, 511-3）。一七五〇年代に執筆された未公刊原稿では、バークはより明確にこの服従がヘンリー二世に対するもので、イングランド国民に対するものでなかったとしている（Bourke［2012］626, 642-4）。そして、このような見解は、明らかにウィリアム・モリヌーの同様の見解をバークが受容した結果のようにも思われる（Bourke［2012］626-7; Bourke［2015］211）。すなわち、モリヌーは一六九八年に初めて公刊した『アイルランドの実情』において、ヘンリー二世の征服はイングランド議会がアイルランドに対して権力を行使することを可能にするものではなかったと主張していた（Molyneux［1773］10, 23）。一八世紀においても、このモリヌーの主張は、イングランドによる不当なアイルランド支配に抵抗する人びとを支える議論の支柱となっていたのであり、[15] バークも自らの見解を発展させるための土台とした。モリヌーが『アイルランドの実情』を出版した一六九八年は、カトリック信者の非武装を定めた一六九五年のカトリック刑罰法の制定直後にあたり、この時期から一八世紀前半にかけて制定された一連のカトリック刑罰法が、アイルランド史に関するバークの重要な分析対象となる。バークが一七六四年に執筆した、カトリック教徒の苦境を訴える短い原稿の中でとりわけ問題としたのは、アン女王治世の一七〇四年に制定された刑罰法と、それに追加規定を定めた一七〇九年の刑罰法であった（WS, IX, 429-34, esp. 430; Bourke［2015］218）。この一七〇四年のカトリック刑罰法は、「カトリック教徒のさらなる増大を予防する法案」という名称で、カトリック教徒がプロテスタント教徒から土地財産の継承や購入をするのを禁じ、借地に関してもその期間を制限するものであった。また、カトリック教徒の財産は長子相続ではなく、財産を均分するガヴェルカインドと実施することも定めていた。バークは同時期に執筆した『カトリック刑罰法論』においても、一七〇四年の刑罰法およびその他の刑罰法について言及し、アイルランド社会の発展を妨げるものとして強く非難している（WS, IX, 435-52, 480-1）。バークがアイルランドの社会的状況を改善させたいと強く願いながら、現在の苦境の原因となった歴史を鋭く注視し、分析しているのは明らかであり、そこには、他の歴史を叙述する彼自身からもほぼ独立した「アイルランド史家」バークの姿がある。[16]

## 第5節　バーク歴史叙述の展開

以上の分析から政界に進出する以前のバークと歴史、歴史叙述との関係が明らかになったように思われる。アイルランド人として生まれたバークにとって、同時代のアイルランド社会の状況がアイルランドとイングランドの歴史的関係の産物であることは明らかであったし、バリトア寄宿舎学校、トリニティ・カレッジおよびミドル・テンプルでの教育は、しばしば副次的なかたちではあったが、歴史的知識や歴史思想をバークに教え込んだ。また、初期バークが取り組んだ理神論批判にしても、そこには旧約聖書の記述の真実性をめぐる議論が関係していたし、『年鑑』その他で同時代のブリテンの政治状況を分析する際にも、そのような作業が名誉革命やそれ以前のブリテン史の意味を考察するようにバークを導いたことはごく自然なことであった。

初期バークの歴史、歴史叙述への関わりは多様な形態をとり、様々な目的と手段を介していたのであり、アイルランド人としての一個人、あるいは文人としての活動が歴史と歴史叙述に関する考察を常に主たる目的としていたわけではない。むしろ、バークの歴史との関わりかたは、副次的なものである場合も多かった。だが、同時にこの時期のバークが自発的、能動的に歴史を考察し活用しようとしていたことも明らかである。すなわち、本章でみたように、バークはイングランドの伝統的な歴史思想であった古来の国制主義を『史略』、『断片』の中で批判し、外国との相互作用を含む様々な要因とともに変化し進歩したイングランド国制と社会の歴史を構想していた。『年鑑』では自らブリテンとヨーロッパに関する「同時代史」を執筆し、また、筆者として、あるいは、少なくとも編集者として、同時代に出版された多数の歴史叙述の紹介と評論を試みた。バークは、スコットランド啓蒙やその他の知識人による歴史叙述の発展を同時代的に把握するとともに、簡潔かつ公平な歴史叙述のありかたを評価する立場を明確にしていたのであって、すでにあるべき歴史叙述の姿を自らの中で構築していたということができる。

歴史に対するこのような関係性は、一七六五年以降の政界進出とともに変化することになる。バークは今や文人ではなく、政治家となったのであり、『植民地概説』や『史略』のような歴史書を執筆することはもはやなかった。ロッキンガム派のスポークスマンとして、議会で活発に演説を繰り返し、党の立場を擁護し、政敵を論駁するための政治的パンフレットを執筆していくことがバークの新たな生業となった。だが、このことは、バークが歴史と歴史叙述から完全に離れていったことを意味するものではない。バークは、自らの政治的立場を擁護するために、しばしば歴史に訴えかけた。それは、ときに歴史をレトリックとして使用することでもあった。また、統計資料を駆使しながら、近年のブリテン経済の堅調を論証することによって政敵を批判したり、『省察』や『新ウィッグから旧ウィッグへの上訴』の場合のように、自らが考える正しい名誉革命解釈を提示しようと意図することもあった。バークは今や、政治家として時に歴史を利用し、より直接的にブリテンを取り巻く政治・社会状況と向き合う中で、歴史を解釈しなければならなかった。本章の冒頭でも言及した『省察』におけるブリテン国制の古来性の議論や騎士道精神がヨーロッパ文明に果たした役割の強調は、そのような後期バークの歴史との関わり合いの一例である。初期バークの歴史叙述について研究することは、それ自体固有の価値を有し、また、バークの歴史思想全体の構造を明らかにするためには不可欠な作業であるが、同時に後期バークとの連続性と相違を明らかにすることで、政界進出後のバークの歴史叙述を理解する一助ともなりうるだろう。

注

(1) これはボズウェルの報告による。"James Boswell to the Reverend William Temple (3 May 1779)", in *Letters of James Boswell*, II, 285; "James Boswell to the Reverend William Temple (28 November 1789)", in *Letters of James Boswell*, II, 387. 邦訳は筆者。以下、特に参照のない場合の邦訳は筆者による。なお、バークの作品名については岸本［一九八九］などを参考にした。
(2) この点については、Smitten［1985］も参照されたい。
(3) *NB* を参照のこと。ここには、「ヴォルテール」と題された原稿があり、ヴォルテールの歴史叙述が批判されているが、バークの筆によるかは定かでないという（*NB*, 9, 118-20）。
(4) また、Bolingbroke［1997］3-6 も参照されたい。ただしボリングブルックは失政を正すカントリ・パーティの役割を承認した。この点に関してはさしあたり、岸本・松園［一九九九］二六一～九：Bourke［2012］628を参照せよ。

（5）一八一二年に『史略』が刊行された際に『断片』はその第三部第九章として公刊されたが、現在では異なる作品と考えられている（*WS*, I, 321; Lock［1998］150n）。

（6）本段落の内容については、佐藤［二〇一六a］五七、六〇～一も参照されたい。

（7）初期バークの古来の国制主義批判および国際的な交流による文明化論に関するより詳細な議論については、佐藤［二〇一六a］を参照されたい。

（8）ハリスは『史略』における神意、キリスト教、ヒエラルキーの作用に注目し、それらが『省察』など後期の見解と同様であるとみなす（Harris［1993］xxv-xxviii）。また、日本における『史略』の先駆的な研究である半澤［一九六五］二一六～二二二はバークの歴史論に「因果連関的関係」＝「必然の体系」を見出す（半澤［一九六五］二一六）。

（9）モンテスキューのゲルマン人の政体に対する評価については、押村［一九九六］二四三～七二、二九二～三：川出［一九九六］二一三～四を参照されたい。

（10）これ以前に、バークはすでに党派的な歴史叙述を批判していた（*AR* for 1758, 256-7）。

（11）ロバートスンは、おそらく同時代の歴史家の中でバークが最も評価していた人物である。このことは後年の発言から明らかである（*Corr*, III, 350-2; *Corr*, VII, 502）。

（12）William Tytler, *An historical and critical enquiry into the evidence produced by the Earls of Murray and Morton, against Mary Queen of Scots*, 1760.

（13）しかしながら、『フィンガル』は後にマクファースンによる捏造である疑いが強まり、一七七〇年代前半にはバークも評価を修正している。Lock［1999］639-40.

（14）一七六三年版の『年鑑』ではワーナーの『アイルランド史』を高く評価しながらも、それがアイルランドの族長後継者選定制タニストリー（tanistry）などについて、より詳細に説明すれば良かったと記している〔*AR* for 1763, 258, second pagination〕。バークは『史略』においても、これらについて言及しており、アイルランド古来の社会制度について関心を寄せていたことがわかる。*WS*, I, 511-2.

（15）一八世紀アイルランドにおけるモリヌー受容については、Kelly［1988］などを参照のこと。

(16) 以上の内容も含めてバークのアイルランド史観の詳細については、Sato［2015］を参照されたい。

第Ⅲ部

# バーク経済思想の基本問題

背景図版：ブリストル市民に語りかける1780年のバークのブロンズ像〔ジェイムズ・H・トーマス、1922年（初鋳造1894年）〕〔2016年3月 桑島撮影〕
下段図版：教皇の顔をもつロバに騎りペンの剣で革命に突進するドン・キホーテとしてのバークの風刺画：フレデリック・ジョージ・バイロン帰属（着色銅版画：ウィリアム・ホランド）、1790年、大英博物館（BM 7678）所蔵

第7章

# 経済思想（1）――制度と秩序の政治経済学

佐藤 空

## 第1節 研究史概観

研究史において、バークの美学論やフランス革命批判、および後者に関連して、その保守主義的政治思想などは、早期から注目され、現代に至るまでバーク研究の中心もしくは基本的論点を形成している。これらと比較するならばバークの経済思想は、はるかに低い注目しか集めてこなかったことは間違いない。しかしながら、それは無視されてきたとも言えず、一九世紀以来の解釈史が存在する。バークは、少なくとも一九世紀後半以来、自由市場論者とみなされてきたのであり（Edgeworth［1894-99］I, 194-5）、「スミス的」という評価を受けることも多かった。同様の解釈は二〇世紀後半に至っても依然として支持されたのであり（Barrington［1954］; Petrella［1963-4］; Petrella［1965］; Kramnick［1977］158-9 ; Macpherson［1980］, especially, 51-70 ; Gandy and Stanlis［1983］213 ; Canavan［1995］especially, 116-46; Barry［1997］）、マルクス派の政治思想史家C・B・マクファースンは一九八〇年に公刊した著書の中で、「リベラルな市場社会の支持者」としてのバークと「階級的秩序の擁護者」としてのバークはいかにして両立しうるかという問いを投げかけている（Macpherson［1980］4）[1]。

一般に、近年のバーク研究はその思想の現代的意義やイデオロギー的側面よりも歴史的文脈を重視しながらより厳密な解釈を追求する傾向にあるが、バークの経済思想に関する分析では、ドナルド・ウィンチの研究がそのような解釈を提示しようとしたものとして重要である。ウィンチは、バークを一八世紀の思想史的文脈の中に位置づけることの重要性を指摘した上で、バークとスミスが賃金交渉や貧困、相続権をめぐって異なる見解を展開させていたことを指摘している（Winch［1985］236-7, 243-5）[2]。これは、バークとスミスに「ブルジョア」等のレッテルを貼り、両者の思想の表面的な類似を指摘することに終始することの多かった従来の研究を批判したものだった（Winch［1985］234-5, 245）。また、F・P・ロックは、その伝記的研究の中で、バークが必ずしも自由市場を擁護しなかった点を指摘して、従来の研究に批判的な見解を取った（Lock［1998］, 133-4, 322, 360-1, 362-3, 388, 515）。一九八二年のポーコックの著名な論文はバークのフランス革命論の中心にアシニア紙幣批判が存在することを指摘するとともに、「商業ヒューマニスト」としてのバーク像を明らかにすることを通して、バークの経済思想の新たな側面を発掘した（Pocock［1985］ch.10. 初出は一九八二年）。さらに、日本では、犬塚元が『穀物不足に関する思索と詳論』（『不足論』）に存在するバークの経済思想が社会秩序に対する独特な見解に基づいていることを指摘し（犬塚［一九九七］）、中澤信彦がバーク経済思想における財政論の重要性や「存在の連鎖」論との関係性を指摘するなどして研究に広がりを与えてきた（中澤［二〇〇九］; Nakazawa［2010］）[3]。

このような近年の研究によって[4]、バーク経済思想がより正確に理解されるようになったことは間違いない。しかしながら、その研究の進展によって、バーク＝自由市場論者という単純な構図が否定されつつあり、バーク経済思想の様々な側面が見えてきた一方で、それが全体としてどのような特徴を持つのかという点に関しては必ずしも明確になっていないように思われる。以下において本稿は、初期の諸著作（第二節）、帝国論（第三節）、フランス革命論、『不足論』、対仏戦争論（第四節）などに散在するバークの経済思想を年代順に議論しながら、犬塚や中澤などによって指摘された社会秩序に関する議論のなかでバークの経済思想を把握する解釈をさらに発展させ、バークの経済思想は全体として、広い意味での「社会秩序」あるいは「制度」という枠組みで把握可能であることを示そうとする。これはそのような主張とともに、バークの経済思想の特徴をもう一度、全体として把握しようとする試みである。(5)

## 第2節　初期の著作から

バリトア寄宿舎学校やトリニティ・カレッジでバークが受けた教育に、政治経済学などの科目が含まれていたわけではない。それにもかかわらず、バークが学生時代から経済に関わる問題に関心を寄せていたことは残された著述から明らかである。バークとその学友たちにとって問題だったのは、主に自国アイルランドの貧困や経済の停滞の問題であった。そして、この問題の原因の一つには、大衆の怠惰とともに、貴族・ジェントリ層の怠惰という問題があり、その解決に向けては貿易と学問の奨励が必要だと考えられたのだった（*LC*, 270: *WS*, I, 96-101）。

バークは一七五〇年にロンドンに移住し、ミドル・テンプルで法学を修めることになるのだが、依然として祖国の政治情勢と社会経済状況に関心を寄せていた。しかしながら、アイルランドの場合を除いても、一八世紀後半を生きたバークにとって、商業や国家財政などの政治経済学（ポリティカル・エコノミー）の問題に興味を持つことは当然ありうることであった。(6) 処女作である『自然社会の擁護』（一七五六）では、故ボリングブルックの仮面を被ったバークは政治社会が生み出す害悪について詳細に述べている。そして、この害悪には、富者と貧者の間に存在する埋まることのない経済格差が含まれていた。圧倒的多数の貧者が懸命に労働することで、「労働を全くしない」富者を支える。『擁護』はこれを「表現することができないほどに奇妙でかつばかげた」ものごとの構造とするが（WS, I, 177）[7]、バーク自身の本来の見解は、後年の著作でも語られるように、このような構造を基本的に是認するものであった。また、『イングランド史略』におけるバークは、古代、中世のイングランドやヨーロッパの状態を基本的には「野蛮」として捉えていたが、これは、近代におけるヨーロッパ社会の発展を前提とした認識であった。一方で、古代、中世では人びとは狩猟、採集、牧畜を営みながら暮らしていたのであり、商業活動は通常、無視あるいは軽蔑されていた。他方、近代ヨーロッパにおいては、商業は世界各地を繋ぎ、国際的な交流を促進する一手段であって、その活動は活発化していた（WS, I, 399）。バークが近代社会における商業の発展を肯定的に捉えていたことは明らかであり、その評価は基本的には生涯を通じて変わらなかった。

初期バークの経済思想を分析する上で欠かせない作品の一つは、ウィリアム・バークとの合作『植民地概説』（1757）[8]である。この作品の主な内容はコロンブス以来のヨーロッパ諸国のアメリカ大陸進出と植民地建設の歴史の概説であるが、七年戦争中に執筆されたもので、植民地政策に影響を与えることを意図していたといわれる（Lock［1998］131）。バークらによれば、コロンブスの時代は、宗教改革や火薬の発明などヨーロッパ社会に大きな変革が起こった時代であった。しかしながら、その社会は依然として、野蛮と混乱に満ちており、商業は未発達だった。わずかにイタリアのジェノバとベネチアだけが、「商業国家（trading powers）」だったのであり、この二つは互いに競争心と嫉妬心に駆られて戦争を繰り返していたという（*Account*, I, 6）。『植民地概説』において、コロンブスはこのように依然として不完全な世界に現れた啓蒙的偉人として描写されている。すなわち、コロンブスは金塊に対する強欲に取りつかれたスペイン人たちに対して、真の富は労働から生成されると説き（*Account*, I, 24）、勇敢な精神と科学的な理性とでもって、アメリカ進出を成功に導いた。バークらがスペイン人たちの貪欲と残虐さに対して批判的であったことは明らかであり、結局のところ、彼らのアメリカ入植は原住民たちの社会を破壊に導く一方で、母国スペインを発展に導くこともなかったとされる。スペインのみならず、他の多くのヨーロッパの国々が抱いた金塊への渇望が後の時代における商業と植民地発展の要因となったことをバークらは認めているが（*Account*, I, 46-8）[9]、これはコロンブスによるアメリカ発見後、直ちに生じた事象ではなかった。バークらによれば、一六世紀までのヨーロッパでは、一般的に商業や政治経済学の重要性が認識されておらず、ようやくその重要性が認識されたのは一七世紀以降のことであった。バークらは、ウォルター・ローリーのようなイングランド人だけでなく、リシュリューやコルベールといったフランスの政治家も、自国の植民地発展に貢献した人物として高く評価している。英仏の植民地開拓は、一七世紀以降これらの有能な統治者たちの指導によって大いに前進したのであった。

こうして商業が一七世紀以降発展し、植民地との貿易も活発化していくことになるのだが、『植民地概説』にある貿易論はバークの貿易論との関係を考察する上でも興味深い。例えば、バークらは貿易独占会社であったハドソン湾会社を批判する一方で、フリードリヒ五世が独占貿易会社の株を買い上げ、広く自国民に貿易を開放したことを賞賛している。しかしながら、独占会社も「外国の野蛮な王たち」が支配している遠方の会社と貿易する場合や未発達な貿易を育成するためには有用であるとする（*Account*, II, 8）。また、ブリテン植民地貿易の管理について述べた箇所では、それぞれの植民地はその特産物に生産を特化すべきこと、生産物が外国と競合する場合には、植民地が外国市場に直接輸出することが許可されるべきであり、反対に外国市場から直接輸入されるべきでないことなどが説かれる（*Account*, II, 176）。

このような貿易論は、近代ヨーロッパ諸国の国際的な覇権争いという政治的状況を多分に踏まえたものであり、このことを見落とすならばバークらの言説を理解することは到底できなくなる。『植民地概説』第二巻第五部では、フランス植民地の歴史と現状について議論されているが、一八世紀のブリテンにとってフランスが政治・経済の最大の好敵手であることは自明といってよかった。バークらは、イングランドは「一世紀以上ものあいだ、軍事、政治、学問、商業における優越をめぐってフランスとの高貴な論争に従事してきた」と述べるが（*Account*. II. 47）、この「論争」は両国の国力を高めるための競争（emulation）の過程であり、必ずしも悪質なものではなかった。バークらは、ブリテン人のフランスに対する感情に鑑みながら、ライバル国の国力や成果に「嫉妬」するのではなく、むしろ、冷静になって分析し、その優れた通商評議会や高価だが保持するに値する植民地経営への姿勢から学ぶべきだという（*Account*. II. 38-48, 110-1）。ここで、イングランドとフランスの「高貴な論争」の中に、「軍事」と「商業」が入っていることは重要である。バークらにとって、両者は必ずしも互いに相反するものではなかった。近代のヨーロッパ諸国にとって、軍事力と経済力は、その国際的な競争の二大構成要素であり、植民地争奪戦は、商業的覇権をめぐる軍事的衝突という側面が大きかったのである。

すなわち、『植民地概説』出版後に、バークが編集・執筆を担当した『年鑑』という定期刊行雑誌の中で彼自身が述べているように、「貿易が我々［ブリテン］の自然な業務（natural employment）であるように、我々の自然な強みは海軍力」であり、「これらは常に連携しなければならないし、互いに支援し合う」ものであった（*AR* for 1758, 12）。そして、七年戦争はそのような国際的な覇権争いの頂点を為したのであり、バークは『年鑑』の中で、その戦争の進行状況を毎年報告している。七年戦争は「商業に関する戦争」であったのであり、戦線はすぐに拡大したのだった（*AR* for 1763, 1）。バークはのちに大ピット（William Pitt, 1st Earl of Chatham, 1708-1778）に対する追悼文の中で、七年戦争において「初めて戦争と結びつき、それによって繁栄するようになった商業」によって国が栄えたと述べている（Peters［1980］vi; Colley［1992］71, 391）。戦争は損失が大きければ、国力を損なう原因になる。しかしながら、戦争は国をより発展させようとする旺盛な国民精神の現れでもあった。そのような国民精神の下、近代ヨーロッパ諸国、とりわけブリテンとフランスは商業と軍事力をともに堅固なものとしてきた。問題なのは、国民精神の活力が維持されるかどうか、そして、その精神を形作る土台となる国制や国民の習俗の状態である。このような戦争と商業、国民精神との関係性をめぐる議論は、後期の作品においても散見され、バークの経済思想を考察する上での一つの手掛かりを提供する。(10)

## 第3節　帝国の体制と商業

『植民地概説』や『年鑑』で得たブリテン帝国の歴史と近年の動向に関する知識は、政界進出後も役立つことになる。一七六五年末に下院議員に選出されたバークは、すぐさまロッキンガム派の一員としてアメリカ植民地問題に取り組んだ。そして、この問題が商業や課税、国家財政の問題を含んでいたことはいうまでもない。一七六八年に、ウィリアム・ノックスは『現在の国情』を出版し、その中でブリテン国家の危機を訴えた。すなわち、ブリテンは七年戦争に勝利して、アメリカの広大な領土を手に入れたものの、債務の累積や植民地防衛のための費用、あるいは貿易の衰退などのために今や危機に瀕しているというのだった（e.g. Knox［1768］13, 23-30, 37）。ノックスの議論がロッキンガム政権に対する批判となっていたこともあり、バークは『「現在の国情」論』（一七六九）を執筆して直ちに論駁に乗り出した。すなわち、より正確な統計によれば、一七五四年〜六一年にかけて、ブリテンの貿易は拡大しており、また、製造業と歳入も同時期に増大しているのだった（Knox［1768］28-9; *WS*, II, 122-4, 140-2）。さらに、ブリテンは年間一二〇〇万ポンドもの借入を行なっているのだが、バークによれば、これはブリテンの強靭な国力と優れた財政システムの結果であった。逆に、フランスでは政府に対する信用が不足しており、借入の際に法外な利率を課せられていた（*WS*, II, 148-9）。このようにバークは『「現在の国情」論』

において、フランスに対するブリテン経済と財政の優越を語っており、そのような評価は基本的には晩年まで維持されたように思われる。

このような論争の際に、バークの脳裏にあったのは、ブリテンの国制に対する信頼とそれを転覆させようとする者たちへの強い警戒感であった。バークは、アメリカ植民地の急速な発展を歴史的に類を見ないものとして理解しているが、そのような発展の背後にはブリテンの優れた国制と政策が存在し、有効に機能してきたことを認めている。例えば、バークは航海法が「独占の体制」であり、「通商上の隷属」をもたらす法律であるとしながらも、植民地政策の「要石」となって漁業、農業、造船業などの産業の発展に寄与してきたことを認めている。すなわち、王政復古以後の植民地の急速な発展は、「完全な自由」の下で達成されたのではなく、「幸福で自由な条件」において達成されたのであった（WS, II, 426-9=『論集』一一〇〜四;WS, III, 137-8=『論集』二〇二〜三）。バークは、一七七〇年代にノース内閣の高圧的な植民地政策を批判し続けるが[11]、その際に求めたのが、植民地との関係を一七六五年の印紙法制定以前の状態に戻すことであった。バークは一七六五年以前に存在していた商業を中心とした関係の下で、植民地の社会経済が大きく発展したと考え、その歴史的過程を重視した。バークはブリテン政府の植民地に対する威圧的な政策を批判したが、タッカーやスミスといった同時代人とは異なって、植民地がブリテンから独立することに何ら肯定的な要素を見出さなかった。むしろ、独立は植民地社会を混乱に陥れる可能性があるとして、植民地人に警告する（WS, III, 283）。ブリテン政府の権威は、帝国の中心にあって、植民地の政治的な安定に寄与してきた。そして、そのような政治的な安定の下で、植民地社会の発展が達成された。既述のように、バークが航海法を「独占の体制」あるいは「通商上の隷属」の法律として言及するとき、それによってより自由な貿易の形成が妨げられていることを認識していたといって良いだろう。しかしながら、バークにとって、航海法の廃止は一七世紀以来、有効に機能してきた帝国の通商システムの崩壊を意味した。そして、そのようなシステムの崩壊は、帝国全体に危機をもたらしうるものだった。

　このようなブリテン国制と帝国システムへの見解は、バークのアイルランド論でも重要な役割を果たしている。バークのアイルランド経済に関する関心は、すでに述べたように、政界進出のはるか前にまで遡るが、バークは下院議員に選出直後の一七六六年に、ロッキンガム政権による帝国の通商制度の改定作業に携わっており、バーク自身はアイルランドがこのシステムの修正に適切に組み入れられることを望んでいた（*Corr*, I, 240; Bourke [2015] 234）。結局のところ、この希望がただちに実現されることはなかったが、重要なことは、バークがこの時点ですでにアイルランドの社会経済と帝国との関係修正に強い関心を抱いていたという事実である。すなわち、バークにとってアイルランドは帝国の一部を構成しながらも、貿易規制などによって帝国のシステムの中に適切に統合されていなかった。そして、これがアイルランドの社会経済が停滞している一因となっているというのがバークの見解であった。

　約一〇年後の一七七五年には、ブリテンとアメリカ植民地との間で戦争が勃発した。そして、アイルランドではアメリカへの輸出禁止措置によって経済が混乱し、ブリテン政府への憤慨が高まった。このような状況に鑑みて、ウェストミンスター議会は対策に乗り出した。アメリカが独立を宣言したあと、アイルランドまでもがブリテンに反乱を企てるならば、新たな危機に帝国が直面するからである。一七七八年四月、ニュージェント伯の働きかけにより、下院はアイルランド貿易規制改定のための委員会を設置したが、このような動きは、ブリテンにおける商業利害を不安にさせ、サミュエル・スパン、ジョゼフ・ハーフォード、ウィリアム・コールズの三名はバークに書簡を送り、アイルランドに譲歩して貿易規制を緩和する議会案に反対する旨を伝えた。これに対し、バークは『アイルランド貿易に関する二通の書簡』を執筆して応答した。バークによれば、貿易規制の緩和、すなわち、ブリテンとアイルランドにおけるより自由な交易は、帝国のさらなる崩壊を防ぐために必要である。そして、自由な商業の確立は、ブリテンとアイルランド双方に利益をもたらすのだった（*WS*, IX, 504; *WS*, IX, 506-17）。

このような見解は、バークが自由貿易論者であることを示す証左としてしばしば参照されてきたが、問題はここでいう自由な交易とは何かという点である。そもそも、バークがここで問題としているのはアイルランドとブリテン、およびブリテン植民地との貿易であり、そこにおいてより自由な交易のありかたを追求したからといって、バークが自由貿易の確立を一般原則として希求していたことにはならない。既述のように、バークは航海法の意義、すなわち、ブリテン帝国の貿易における外国の排除を是認しており、また、必ずしも本意でないにせよ、東インド会社によるインド貿易の独占を認めていた（*WS*, V, 132-4）。バークの自由貿易論とは、せいぜい帝国内自由貿易であり（坂本［二〇〇四］二九、五〇、二〇二、二五六～七）、帝国外も含めた国際貿易の完全な自由化を求めたという事実は存在しない。帝国外も含めた自由貿易の構築が各国の経済発展に寄与しうると理念的にバークが考えていたという可能性は排除できないものの、少なくともバークはそれが現実的に可能だとは考えていなかった。

アイルランドの貿易に関して、バークの念頭にあったのは、むしろ貿易規制を除去することでアイルランドを適切に帝国の枠組みに統合させることだったように思われる。反対に、もしこのような試みを行なわず、アイルランドがアメリカの例に倣って、独立への動きを加速させるならば、ブリテン帝国は一層、崩壊への道を進み、ブリテンとアイルランドはともに大きな損害を被るだろう。とりわけ、アイルランド社会が受けるダメージは計り知れないものがあるとバークは考えていた（*WS*, IX, 591; *Corr*, IX, 113; *Corr*, IX, 257-8）。

バークによれば、貧困、怠惰、抑圧に苦しんできたアイルランド社会は一八世紀後半までにかなりの程度改善されてきたものの、その発展は未だ十分なものとはいえないものであった（Prior 1826, I, 507-8）。その大きな原因が貿易規制とカトリック教徒に対する迫害だった。貿易規制が廃止されて、アイルランドとブリテン帝国の市場がより統合されれば、アイルランドはより発展できるとバークは考えていた。そして、それはブリテンにとっても望ましい帰結をもたらすものであった。すなわち、貿易規制が緩和されることによってアイルランド人の勤労の精神が蘇り、その経済活動が活発化することによってアイルランドのみならずブリテンまでもが利益を得るのだった。これは「神が彼ら［アイルランド人］と、全人類に与えた自然的能力」を行使することを許容するだけのことである（WS. IX. 509）。

カトリック刑罰法にしてもアイルランド人の自然な勤労意欲をそぐことで、国の発展を阻害している点では貿易規制と同様である。『カトリック刑罰法論』において、バークはこの点を一般化しながら語っている。つまり、国家は勤労、知識、技能、道徳、正義の行使、勇気、そして、「これらの諸力を一点に向かわせ、それらを公益に集中させる国家的統合」によって繁栄するのだが、刑罰法は土地財産を一部の人々にしか認めないことで、自然がアイルランド人に与えた様々な能力を行使させないようにした。ここで、勤労とは「賞賛すべき強欲」であり、これは「賢明な全ての国家がその偉大さの第一原理の一つとして重視してきた」ものであった（WS. IX. 476-7）[12]。

バークの商業論がその帝国論および文明論の一部を為していることは明らかであるが、このことをより一層明確に示すのは、インド社会・経済に関するバークの議論である。インド問題に関するバークの演説・著作は、膨大な数と分量に上るが、経済思想に関連した作品で重要なのは、『特別委員会の第九報告書（*Ninth Report of Select Committee*）』と呼ばれる作品である[13]。この作品は、インド経済について詳述したものであると同時に、晩年の『不足論』と同様、バークの自由市場論が表出した著作であるとみなされることが多かった（WS. V. 195［編者序文］）。そのような解釈は、誤りとは言えないものの、それがバークの社会思想全体との関連を考慮せず、自由主義的な経済思想とみることに終始してしまうならば、バーク思想のあまりにも浅薄な解釈となってしまうだろう。『第九報告書』において、バークは確かに東インド会社による商業の独占を強く非難し、「原住民の手に交易を回復することが絶対的に必要である」という（WS, V, 269）。これは部分的には、自由な市場のありかたに好意的なバークの経済思想と関連しているといってよいものの、それがインド社会の歴史的展開に関するバーク自身の見解を強く反映していることを認識しなければ、極めてミスリーディングである。すなわち、バークの見方では、インド社会は「古来の国制」の下で、太古の昔より商業が繁栄した国だったのであり、また、一七世紀以降の東インド会社の商業を中心とした政策も近年までは有効に機能していたのだった。東インド会社は鉛や毛織物を含む様々な商品を、そしてインドの財に対するヨーロッパ側の需要が十分でない場合には、銀を中心とした貨幣を輸出していたのだが、その貿易は「商業の共通の原理」に則って実行されていたのだった。これはインドと貿易する他のヨーロッパの特許会社も同じであり、ヨーロッパ諸国が互いに競合することによって、インドに貨幣が流入し、それは勤勉を促すとともに生産を刺激した。ヨーロッパでは大量の銀が輸出されることに対して、不満と不安の感情が掻き立てられ、インドとの貿易に懐疑的な向きもあったが、商業の需要は確かなものであり、そのような懐疑を打ち消した。このような貿易からイングランド東インド会社は繁栄し、国もその貿易から大きな便益を得ていた（WS, V, 222-3, 226）。

しかしながら、一七六五年に会社がベンガル地方における徴税権を獲得したあと、貿易のあり方が大きく変化したのだった（WS, V, 223）。貿易の多くは東インド会社が独占し、原住民は排除されるようになった。また、インドから多額の貨幣が流出するようになった。商業を中心に運営されてきた東インド会社の活動は、今や征服的行為へと変質したのであった。バークはアメリカの場合と同様、インドと会社の関係が古来の状態に戻ることを望んだ。貿易は「商業の正しい原理」の上に復帰されなければならず、原住民が商業を営む環境を再興することが必要であった。『第九報告書』は確かに独占に対する批判が顕著に見られる著作であるが、これは自由主義的な経済論としてのみ把握するのでは十分でなく、インド国内と東インド会社による帝国の「自然な秩序（their natural Order)」（WS, V, 221）の回復を求めたバーク独特の思想として捉える必要がある。また、被征服者とその社会を尊重しつつも、決してブリテンの撤退をしないバークの帝国論はアメリカ論やアイルランド論と同様、ここでも展開されているといえる。

## 第４節　文明社会の制度と商業社会の危機

名誉革命後のイングランドにおいては、下院が予算に関して大きな権限を獲得したことが原因となって議会会期が長期化するとともに、フランスとの相次ぐ戦争とともに財政規模の拡大が続いていた。実際、一八世紀のブリテンは政府支出の大部分が軍事支出であり、公債を大量に発行することによって資金調達をするという構造を持つ「財政軍事国家」であった（松園［一九九九］六三〜四）[14]。また、歳入法案の審議過程の精緻化、軍予算の公開など、一八世紀後半までに財政に関わるシステムと認識の進歩がみられた（松園［一九九九］六六、七〇）。一七七二年にバークは下院で名誉革命直後の政治家たちは、財政について深く理解していなかったと発言しているが（Cobbett (ed.)［1966］XVII, 550）、おそらくバークはウェストミンスターにおける財政状況と制度の発展について、よく認識していたであろう。帝国と戦争の拡大に起因する財政問題は政治家・知識人たちが広く認識する政治問題であったのだが、『史略』を執筆していた頃からバークはすでにこの問題の重要性をよく認識しており[15]、政界に進出してからも、政治家として眼下で進行する問題に直面しながらさらに認識を深化させたように思われる。

バークにとって内政における大きな問題の一つは国王の影響力の増大であったが、有名な『経済改革演説』もそれとの関係で理解されなければならない[16]。バークの「経済改革」案は、閑職の廃止などを盛り込んだ内容であったが、その目的は財政の効率化というよりも、国王の影響力の減少であり、純粋に財政問題を解決しようとしたものではなかった。しかしながら、バークがそのような政治問題に取り組む過程で、ブリテンの財政事情を熟知するようになったことは疑い得ない。また、『経済改革演説』の中で、バークがフランスにおけるネッケルの財政改革に着目し、それを評価していることは重要であろう（WS, III, 487-9=『論集』三〇七～九）。バークにとって、財政の問題とそれを分析する学問は主に近代になって現れたのであり、特に歳入管理は国の徳を表わすものであるとバークは『省察』の中で述べている（WS, VIII, 274=『省察』二八八）。国家の歳入と歳出を管理する「財政学」は、啓蒙社会の産物であった。

しかしながら、そのような文明社会は、フランス革命によって根本から崩壊する危機に直面する。バークによれば、文明社会を象徴する社会の発展、とりわけ、学問や商業、製造業は「紳士の精神と宗教の精神」、すなわち、騎士道の原理やキリスト教の原理と制度を基盤として発展したものであり、革命がこれらの基盤を破壊してしまえば、学問と商業の発展は望めなかった（WS, VIII, 130=『省察』九九～一〇一）。革命の勃発によって、今やフランスの「産業は活力を失い、通商は途絶し、歳入は納められないにも拘らず民衆は貧困化し」ていたのである（WS, VIII, 89=『省察』五〇）。

バークは、革命以前も、すでにフランスにおける財政問題に注目しており、ネッケルらの改革を評価しつつも、フランスに対するブリテン経済と財政の優位を確信していた。そして、一七八九年以後は、革命政府によるアシニア紙幣発行を『省察』などにおいて激しく非難した。バークによれば、教会の土地を没収してそれを担保に発行されたアシニア紙幣は、教会やキリスト教といったフランスにある古来の秩序への攻撃を意味し、また、そのような社会的混乱の中で発行された紙幣が有効に機能するはずはなかった。革命フランスとは対照的に、ブリテンでは、紙幣は経済社会の繁栄の下で発行されてきた（WS, VIII, 278=『省察』二九四～五）。バークは、教会と聖職者を攻撃した革命が社会の秩序を破壊し、経済システムを崩壊させたことを次のように説明している。

すべて繁栄している共同社会においては、生産者の生活を直接支えるに足る以上の幾分かが生産されています。この剰余は土地資本家の所得となっています。それは労働することの無い所有者によって費消される訳ですが、しかし、この怠惰はそれ自身労働の源泉であり、この休息はそれ自身勤勉に対する拍車なのです。国家にとって唯一の関心事は、土地から地代として取られた資本が、その出発点たる勤勉に再び還ることであり、またその費消が、費消する人々及びその還流先たる民衆の道徳性をできるだけ損なわないことです。(WS, VIII, 209=『省察』二〇一)

バークはここで社会の階層的秩序とその秩序が生み出す「事物の自然の成り行き(natural course of things)」の効用について語っている(WS, VIII, 209 =『省察』二〇二)。修道士たちは、下層の労働者たちのように身を粉にして働くことをしない。しかしながら、彼らはその消費活動を通じて、経済活動の重要な一部を構成していた。

このような階層的秩序への着目は、一七九五年に執筆された『穀物不足に関する思索と詳論』においても存在する。『不足論』は、長年、バークの経済思想の集大成とみなされ、その中ではとりわけスミス的な自由市場論が展開されているといわれてきた。しかしながら、近年ではこのような評価は変化しつつある。すなわち、この作品は、まずもって一七九五年のブリテンの政治的、社会的状況に応答した時事論として理解されるべきであり、バークの経済思想を体系的にまとめた著書ではなく、その内容もいわゆる通説的なレッセフェール論ではないという指摘がなされているのである。

『不足論』執筆の直接的な背景は、一七九五年のイングランドにおける収穫不良とそれにともなう穀物価格の上昇によって引き起こされた危機に対する意見をバークがヘンリー・ダンダスから求められた経緯にある。そのような食糧難によって貧民は苦境に立たされ、イングランドでは暴動も発生した。バークは、ピットに向けた覚書を作成し、また、「アーサー・ヤングへの書簡」と題された作品の草稿を執筆する作業を続けてきた。この「ヤングへの書簡」は、サミュエル・ウィットブレッドが提出し、フォックスも賛同した賃金規制のための法案に対する下院での討議に応答したものであったという。しかしながら、この法案が退けられたこともあり、「ヤングへの書簡」は完成せず、刊行もされなかった。現在、『不足論』と名づけられた作品は、ピットへの覚書と「ヤングへの書簡」となるはずだった三つの草稿が組み合わされ、編集されてバークの死後、一八〇〇年になって出版されたものである（McDowell［1991］26; Lock［2006］513-5）。

『不足論』の基本的な主張は、穀物市場と労働市場における国家介入への批判である。バークによれば、飢饉にあたって政府が穀物市場に介入し、食糧を国民に供給できると考えるのは誤りであり、むしろ、上位の階級に属する富者が貧民の労働によって支えられているという事実が確認されなければならない。富者は貧民の受託者であり「非常にわずかな手数料と割引額を差し引いて」残りの生産物は全て、貧民のもとに返ってくるのであった。それでも、貧民の生活が豊かでないのは数が多すぎるからであり、この状況はたとえすべての富者を殺害したとしても改善されるものではない。否、むしろ、そのようなことを夢想する前に、過去五〇〜六〇年の間に、貧民の生活状況が格段に改善されたことがまずは確認されるべきである（WS, IX, 121-2）。賃金も大きく改善されており、これ以上の水準に強制的に引き上げようとすれば、状況は却って悪化するだろう。つづいて、バークは農業者（farmer）と労働者（labourer）からなる労働市場が慣習的な取り決めによって機能しており、政府はそこに介入すべきでないと力説する。[17] すなわち、雇用主である農業者と被雇用者である労働者は、暗黙の契約（implied contract）を結んでいるのであり、賃金はこの契約によって慣習的に決定されていた（WS, IX, 123）。両者の利害が対立すると考えるのは誤りであり、その自由な契約（free contracts）の下では農業者と労働者の利害は必ず一致するとバークは主張する（WS, IX, 124-5）。政治家が理解しなければならないのは、賃金決定などが慣習的な取り決めの下で適切に設定されるものであり、法によって定められるものではないという点である。いいかえれば、「法（Laws）に属することがらと、習俗（manners）のみが規制できることがら」を区別することであった（WS,

IX, 144)。

　また、バークによれば「農業全体は自然で正当な秩序のなかにある」のであり、それはモノとヒト、ヒトとヒトのあいだに独特な階層的関係性を有するものであった。「家畜はすきと荷馬車に対して、生命を吹き込む本源として、労働者は家畜に対する理性として、農業者は労働者に対する、思考し統轄する本源としてある」とバークは述べる。そして、「この従属の鎖をどの部分にせよ壊そうとする試みは等しく不合理である」（WS, IX, 125）。資本家（農業者）、労働者、家畜、農具と続く階層的秩序＝「従属の鎖」の下で、農業は有効に機能する。そのような自然の秩序を破壊すれば、社会は改善するどころか、よりいっそう困窮へと向かうだろう。ここでのバークの主張は『省察』におけるフランス革命批判と軌を一にするが、それは経済が自生的で、慣習的な社会秩序と制度の下で機能しているという彼自身の思想をいま一度提示するものであった。政府は宗教の「外部制度」、官僚機構、歳入、軍事など真に公共的な事柄にその活動を制限すべきだと述べられるが、これは以上のような習俗論と秩序観の下で主張されていることが理解されなければならない（WS, IX, 143）[18]。

　このようなバークの「レッセフェール（自由放任）」論が一般に経済学に関連していわれる概念や同時代人であったスミスの自由主義的言説と異なることは明らかである。一方でスミスがしばしば、個人の行動の自由を問題にしたのに対して、バークが問題としたのは、人間同士の関係性も含めて、自生的に形成される社会秩序への干渉であった。例えば、長子相続や限嗣相続といった封建制下でうまれた制度に関しても、スミスがそれらを個人が土地を自由に取引できず、開墾が進まなかった原因として批判しているのに対して、バークは政治と社会の安定のための装置として評価する。そして、そのような安定的な社会秩序の下で経済が成長するといったヴィジョンをバークは重視していたように思われる。バークの世界観の中では、人間はいつの時代も、究極的には摂理によって社会における各々の役割を付与されて行動し、秩序を形成するエージェントだったのであり、経済もそのような秩序の中で機能するものであった。政治家に必要なのは、そのような社会秩序のありかたを正しく認識する「思慮」だったのである。

最晩年に執筆された『国王弑逆の総裁政府との講和についての第三書簡』においても、『不足論』と同様の貧困や政府の役割に関する言及が存在するが（WS, IX, 355）、同『第三書簡』において興味深いのはかつての『「現在の国情」論』をおもわせる構成で戦争と通商の関係性を分析している点である。すなわち、ブリテンは一七九三年三月より革命フランスとの戦争に突入していたが、バークはこの戦争を支持し、のちに和平交渉に入ろうとする政府の動きを批判することになる。ブリテンによる干渉戦争の正当性を立証するために、バークが勢力均衡論、習俗論、ローマ法に関する議論などに訴えかけたことは周知の事実である。しかしながら、バークが最晩年に通商との関係で、この戦争の継続を訴えたことはこれまであまり注目されてこなかった。

『第三書簡』の後半において、バークは革命フランスとの戦争が経済的な繁栄を阻害してこなかった点を長々と論じている。すなわち、煉瓦、食料雑貨、茶、コーヒー、砂糖、ビール、ワインなどいずれの財の状況を調査しても、経済活動はむしろ一七九三年以降より活発化しているのだった（WS, IX, 362-8）。そして、このように戦争によってブリテン経済が衰退するといったことは一八世紀を通してなかったことだという。すなわち、一七〇二年からのアン女王の戦争、一七三九年以降のオーストリア継承戦争、一七五七年からの七年戦争、一七七五年以降のアメリカ独立戦争、そして、一七九三年以降の対仏戦争のうち、アメリカ独立戦争を除く全ての場合において、ブリテンの輸出は当初、減退するのだが、ある時点を境に増加に転じ、それ以降、直近の平時の水準に勝る水準に達したのだった（WS, IX, 382-3）。バークはこのように論じながら、対仏戦争の継続が経済状況の悪化を懸念する同時代の言説を論破しようとした。ブリテン社会の危機を予期する悲観論は長年存在してきたものであり、バーク自身、『「現在の国情」論』でノックスの描く陰鬱な国家論に応答して以来、幾度もそのような悲観論を打ち破ろうとしてきた経緯がある（*WS*, IX, 371; Bourke［2015］909）。

実証的な観点から戦争が経済に悪影響を与えてこなかったとするバークのここでの議論は『「現在の国情」論』のそれを思わせるが、その言説は全体として国制と習俗、そしてそれらと密接に関係する国民精神の状態が社会経済の状況を大きく左右するものと想定する従来の立場を継承したものにみえる。戦争遂行のための国債の発行は、それが相手に与える影響というよりも、ブリテンの「古来の精神が依然として存在することを」示すものであった。また、「我々の物理的な福利、我々の道徳的な真価、我々の社会的な幸福、我々の政治的な静寂といったすべてのことは…我々の欲求と情念の制御に依存する」のであり、過度な「平和は戦争よりもその点［人口の増大］において彼ら［人々］にとって有害でありうる」（*WS*, IX, 359）とするバークの主張は、すでにみた『植民地概説』や『省察』での議論を想起させるものである。[19] フランス革命に直面して、バークはブリテンとヨーロッパの既存の秩序と体制の崩壊を懸念した。しかしながら、バークは以前から国や地域に適合した国制と習俗、およびそのような制度と秩序の下で活発に機能する人びとの精神の役割を重視し、良き制度と秩序を破壊しようとする様々な脅威に注目していたのであり、フランス革命に対する警戒にも同様の思考様式を見出すことが可能である。

## 第5節　制度と秩序の政治経済学

本章では、『植民地概説』などの初期の作品から『不足論』、『第三書簡』といった最晩年の著作に至る過程を年代順に追いながら、バークの経済思想を分析した。バークは、自らの経済思想を体系的に語ることがなかったのであり、したがって彼の経済論を分析する上では個々の状況下でバークがどのような立場で、いかに論敵に応答し、どのような思想を展開したかを知ることが重要である。しかしながら、それはバークの経済論が全体として何の特徴も有しないということを意味するものではない。

その経済論全体を概観してそれをとりわけ特徴づけているのは、通説的なレッセフェールの経済思想というよりも、むしろ、国・地域に様々なかたちで存在する「制度」に対するバークの注目である。バークによれば、ヨーロッパでは、キリスト教や騎士道精神とともに、教会制度や貴族制度、あるいは国制が発達し、それらが基盤となって学問や商業の発展があったとされる。ブリテンでは、優れた国制が商業の発展を支えていた。バークは、国の財政に精通し、「経済改革」に取り組んだが、それは主に国王の影響力が国制を変質させる可能性を懸念してのことであった。そして、商業の発展は、帝国の発展を意味した。

すなわち、ヨーロッパ諸国はとりわけ一七世紀以降、重商主義帝国の拡大のために互いに競争し、数多くの国際的な戦争を経験することになった。バークは、植民地拡大と植民地争奪戦争を根本的に批判することはなかったが、ヨーロッパの帝国が「新世界」やインドの社会を破壊しようとする行為を非難した。ブリテン帝国の場合では、バークはアメリカ植民地社会の発展がブリテンの優れた国制と、商業を中心とし、航海法などによって規定された本国との関係性に負うと主張した。アイルランドもブリテンの国制の恩恵を受けていたが、さらなる発展のためには刑罰法を取り除き、貿易規制を緩和することで帝国により適切に統合される必要があった。さらに、インドにおいては、ヒンドゥー教とイスラームを中心とした宗教と社会が密接に結び付き、その下で社会・経済が発展したのだが、近年、東インド会社によって社会そのものが崩壊する危機に晒されていた。バークは、インドの「古来の国制」を尊重することを求めたが、これは被征服者の習俗や国制を尊重することなしには、望ましい征服は達成できないと考えたからであった。そして、バークにとって「望ましい征服」とは、征服者と被征服者がともに共存し繁栄するような「征服」だった。そして、制度と秩序を望ましい形態に整備することができれば、その下で人びとは勤労や望ましい強欲を発揮し、活力ある精神によって国に繁栄がもたらされる。

ヨーロッパ諸国が互いに繰り返す戦争にしても、それによって各国の「原理」や「精神」が破壊されなければ、戦争は社会を衰退させる大きな要因にはならないという見解を持っていたように思われる。バークが「原理」や「精神」というとき、それらが何を意味するか必ずしも明確でない場合があるが、これらがキリスト教や騎士道精神に基づいた習俗、あるいは各国ごとの古来の国制と密接に関連していることは疑い得ない。バークは、歴史の中で形成され、各国の国民や社会の性質に合った習俗や国制が適切に機能することで、国家が繁栄すると考えたのであり、戦争などはそれらを根本的に破壊するのでなければ、一時的な錯乱要因に過ぎなかった。ここには、征服や戦争は人間の社会には常に存在するものであり不可避であるというバークの見解が存在している。

以上のようなバークの見解は、各国の伝統的な宗教や国制、習俗を擁護しようとするバークの保守的で、自由主義的でもある政治思想とその経済思想が制度論によって結合していることを示しているといえよう。バークの制度論自体はその政治思想の特徴としてこれまでもしばしば注目されてきたものであり、バークの経済思想にとっても制度論が重要だということは、その経済思想がバークの政治思想の一部であることを示しているともいえる。そして、おそらくは、この各国・地域の特性に着目した制度論こそがバークの重商主義帝国論および、その経済思想を同時代人と比して、特徴あるものとしているといえるだろう。スミスやヒュームが「貿易の嫉妬」とそれに基づいた戦争行為を批判し、平和の中での国際貿易の効用を論じて、「経済学の成立」に向けた言説を構築した一方で、バークは彼らほど重商主義帝国のありかたを批判せず、また理論的な言説を打ち立てることもなかった。しかしながら、バークは近代において曲りなりにもイギリスとヨーロッパに繁栄をもたらしてきた体制が帝国秩序の変化や国内外に存在した急進派の動向によって崩壊してしまうことを恐れたのであり、スミスらとはやや異なった視角から同時代の危機の存在を捉えていたことを認識する必要がある。

## 注

（1）邦訳は筆者。以下、特に参照のない場合の邦訳は筆者による。バークとスミスの思想的類似についてはDunnes［1941］。

（2）また、Winch［1996］も参照されたい。

（3）バークの財政論については、Considine［2002］も参照されたい。

（4）上記以外のバークの経済思想に関連した最近の研究としては、Preece［1980a］; Conniff［1987］; Whatmore［2012］, 80-91; 立川［二〇一四］などがある。貧困概念に着目したバーク経済思想の分析として、Himmelfarb［1984］66-73。

（5）もっとも、ここでいう「秩序」と「制度」の内容は一様ではなく、古来の国制、帝国的秩序、習俗や、社会の階層性など幅広い、多様な形態のものを含んでいる。

（6）晩年、バークは「極めて若い年代から議会生活の最後に近い段階まで一貫して、政治経済学を自己の貧しい研究の対象としてきた」と述べている（WS. IX. 159=『論集』八一八）。

（7）なお、『自然社会の擁護』の邦訳としては水田珠枝訳『自然社会の擁護』（エドマンド・バーク『フランス革命についての省察ほか』水田洋・水田珠枝訳、全二巻、中央公論新社、二〇〇二～三、所収）があり、本稿作成のために参考にしているが、本書の編集の都合上、その訳文の頁を逐一記すことは割愛させていただいた。

（8）『植民地概説』の執筆をめぐる問題については本書第6章、一四四～六頁を参照されたい。以下では、『概説』を実質的な共著とみなし、その著者名を「バークら」と表記する。

（9）この点については、本書第6章、一四七～八頁も参照されたい。

（10）本節の『植民地概説』や『年鑑』に関する議論も含めて、バークの戦争観については佐藤［二〇一六b］を参照されたい。

（11）バークは議会で、植民地との戦争で政府が浪費を続けていると批判し、それをフランスのネッケルによる巧みな財政手腕と比較した（Cobbett（ed.）［1966］XX. 83-4）。

（12）ここでいう「強欲」は新大陸で原住民を苦しめたヨーロッパ人のそれと異なり、基本的に他者を抑圧しない性質のものと想定されているがゆえにバークの肯定の対象となっているのであろう。

（13）『第九報告書』に関する最近の研究としては、苅谷［二〇一六］がある。

(14) バークは、二度にわたって（一七八二年三月と一七八三年四月）陸軍主計総監（Paymaster-General of the Forces）に任命されている。

(15) 『史略』では、ウィリアム征服王の歳入について語る際に、公歳入ほど国民の習俗と政府の形態や権力を明らかにするものはないと述べるなど、すでに政治における財政の重要性を認識している（*W.S.*, I, 466）。

(16) 一七七〇年代後半からの経済改革へのバークの関わりは王室費に対する議会統制の強化を実現した一七八二年の王室費法（Civil List Act, 22 Geo. III, c. 82）に結実する。この点については特に、Reitan［1966a］［1985］を参照されたい。

(17) バークは一七七〇年代前半にはすでに貧困や労働市場、穀物市場に関する同様の見解に、到達していたように思われる。Wentworth Woodhause Muniments, Sheffield Archives, Edmund Burke Papers（WWM BkP）18. 13（貧困と慈善）; British Library, Egerton Manuscripts 253, fo. 64（救貧法に対する反対）; British Library, Egerton Manuscripts 222, fo. 261（穀物の自由取引に対する支持）。

(18) 『不足論』の邦訳としては永井義雄訳『穀物不足にかんする思索と詳論』（エドマンド・バーク『フランス革命についての諸考察・穀物不足に関する思索と詳論』水田洋ほか訳、河出書房、一九五七、所収）があり、本稿の作成のために参考にしているが、本書の編集の都合上、その訳文の頁を逐一記すことは割愛させていただいた。

(19) 『第三書簡』における以上の内容については、佐藤［二〇一六b］八八〜九〇も参照されたい。

第8章

# 経済思想（2）――財産の原理と公信用

立川　潔

## 第1節　バーク公信用論の地平

長い一八世紀に英仏を中心に戦われた戦争は、経済学史や経済思想史の分野では、概ね両国の植民地獲得戦争という性格で語られてきた。しかし、近年の一八世紀帝国史研究は、当時のイギリス人の多くが、強国フランスの世界君主政（universal monarchy）の野望から、名誉革命によって獲得した自由と安全を防衛するための戦争という意識を抱いていたことを明らかにしている。(1) 事実、一八世紀の主要な経済思想家はこの危機意識を共有していた。たとえば、デイヴィッド・ヒュームは、「野心に満ちた国家」フランスの「世界君主政」の脅威を語るとともに、「ブリテンはこの栄光ある闘いの先頭に立ち、今なお、ヨーロッパの全般的自由の守護者、人類の保護者としての地位を保持している」との評価を与えている（Hume［1987］634-5=［二〇一一］二七五）。さらに、これまでもっぱら重商主義的な植民地獲得戦争に対する批判者として論じられてきたアダム・スミスも、公債が名誉革命によって「樹立された政府を支えるために」、そして「大ブリテンだけではなく、帝国の様々な属州の防衛のために起債された」との認識を抱いていた（Smith［1776］944=［二〇〇〇～一］（四）三五四）。

エドマンド・バークもまたフランスの野望に対する防衛戦争との位置づけを与えていた。『国王弑逆の総裁政府との講和』（以下『講和』と略記）第一書簡で、バークは一六八九年の大同盟戦争から一七一三年のスペイン継承戦争終結までの闘いを、フランスの拡張主義に抗してイギリスの自由と秩序およびヨーロッパ諸国の政治的自由、秩序、独立を防衛した戦争と規定している（*WS*, IX, 229-38=『論集』八九五～九〇四）。さらに、フランス革命に遭遇しその経過を洞察した晩年のバークは、革命フランスのジャコバン主義による世界帝国（universal empire）の野望から名誉革命の成果が重大な脅威にさらされているとの強烈な危機意識を抱いていた。

一八世紀のたび重なる戦争は、その膨張した軍事費を賄う効率的な租税制度と公信用を中核とする資金調達能力によって帰趨が決したことは、ブリュアが『財政＝軍事国家の衝撃――戦争・カネ・イギリス国家 1688-1783』で説得的に示したところである。バークはまさに、安定した公信用こそ「真の軍備（the real sinews of war）」（*WS*, III, 396）であるとし、そのためには効率的な行財政運営が不可欠であると洞察していた。

しかし、バークは、公信用が名誉革命体制の防衛に必要だと判断しつつも、状況によっては国制の根幹を震撼させる危険を孕んでいることも認識していた。バークにとって公信用はまさに「偉大ではあるが、しかし曖昧な原理（great but ambiguous principles）」（*WS*, IX, 230=『論集』八九六）であったのである。

本章では、バークが名誉革命体制の根幹をなす「財産の原理」（*WS*, VIII, 90=『省察』五一）と公信用の関係をどのように捉えたかを中心に検討し、バーク政治経済思想の一端を明らかにすることを課題とする。

## 第2節　『経済改革演説』における公信用

一七八〇年に行われた『経済改革演説』の狙いが、パトロネジを用いて議会に浸透してきた宮廷の「腐敗した影響力」を排除することで議会の独立を回復し、他方で、議会改革にまで改革を推進しようとするヨークシャー運動を嚆矢とする社会改革運動を封じ込めることで、名誉革命体制を保守しようとするものであったことは、これまでの研究で明らかにされてきた（Reitan［1966b］; Reitan［1985］; 岸本［二〇〇〇］）。ここで問題としたいのはその射程である。従来の研究ではもっぱら国内の政治状況に焦点が当てられてきたが、すでに述べたように、名誉革命の成果はブルボン絶対王政の野望を挫き国際的な勢力均衡を維持することで保守しうるというのがバークの認識であった。そうであれば、『経済改革演説』で主張された行財政改革もまた国際関係にまでその射程が及んでいるものと想定すべきであろう。事実、この演説は明らかに当時の国際関係を踏まえて提言がなされているのである。本節ではこの点を論証していく。

一七七八年六月にイギリスはフランスと戦争状態に入り、アメリカ独立戦争は七年戦争の再現という様相を呈してきた。七八年一二月一四日の『陸軍予算演説』で、バークはすでに、アメリカの独立はもはや「選択の問題」ではなく「必然の問題」であるとし、独立を承認し、フランスとの戦争だけに国力を集中すべきことを主張していた（*WS*, III, 394-7; Lock［1998］434-5）。しかし、七九年六月にはフランスと結んだスペインもイギリスに宣戦を布告し、アメリカ独立戦争は泥沼化していく。

こうした状況の下で一七八〇年二月『経済改革演説』は行われたが、バークはその冒頭で、改革の目的を宮廷の「腐敗した影響力の削減」においている。留意したいのは、改革の緊要性として現在の政治状況、民衆の要求とともに、「敵の軍事行動」への対応を挙げていることであり、しかもその「敵の軍事行動」をフランスの公信用と同定していることである。

私は、まさに専制的な権力の手で、しかも戦争と混乱の只中において、公信用の正規の秩序だった体系が眼前で生じている事態を、驚きをもって眺めている。……何という事態の変化！　原理、方法、規則性、経済、倹約、個人に対する正義、人民への配慮こそ、フランスが大ブリテンとの戦争を遂行する際の手段なのである。（WS, III, 487＝『論集』三〇七）

バークが驚嘆しているのは、専制君主政の下で通常見られる「恣意的な財政の特徴と精神、破産した権力の大胆な詐欺、困窮時の専制政の激しい苦闘と失墜、すなわち負債の元本の削除、利払いの停止、借款の名を借りた奪取、鋳貨額面の切り上げ、鋳貨の質の改悪」（WS, III, 487＝『論集』三〇六～七）がフランスでは行われず、むしろ「公信用の正規の秩序だった体系」が確立していることである。実はバーク自身、一七六九年に公表した『現在の国情論』では、「フランス公債の減価は、重荷を軽くし負債を減らそうとする国の状態にはない」ことの証左だとし、財政制度全体に「時々刻々異常な痙攣が生じるのを予期せざるをえない」と論じ、フランスの財政破綻を予測していたのである（WS, II, 51-2）。しかし『経済改革演説』では、ブルボン絶対王政下で、財政の効率化と信用への権力の排除が実現し、安定した公信用が軍事的な脅威になっているとの認識を表明している。

私は巨大なフランス陸軍を恐れていない。フランスの勇敢で多数の貴族の雄々しい精神も恐れていない。さらに、極めて奇跡的に作り出された大海軍すら恐れてはいない。これらは残らずルイ一四世の時代にも存在していた。これらの軍備がありながら、フランス君主政は何度も大ブリテンの公信用の下に屈服してきたのである。フランスがその敗北の後、否、その勝利と凱歌からさえ回復する妨げになったのは、その公信用の不足に他ならなかった。フランスの偉大さの全ての基礎を掘り崩したのは、放蕩な宮廷、乱脈を極めた歳入であった。信用は窮乏の腕の中では存在しえない。窮乏は、制限された均衡した統治よりも恣意的な君主政の下で遙かに強力で急激な一撃を与えることを私は認める。しかし、依然として窮乏と信用は生来の仇同士であり、いかなる状況でも長くは両立し得ない。窮乏と腐敗から、自由な国家が信頼の基礎であるあの複雑な国制の精神を失うかもしれないのである。（*WS*, III, 488-9＝『論集』三〇八）

バークは、フランスの軍事的野心を挫いてきたのは、大ブリテンの公信用であったことに注意を喚起している。これまでの治世下で強制的な債務削減、返済条件の変更、さらに債務不履行などが頻繁に繰り返され効率的に大量の資金を調達できなかったフランスに対して、イギリスは自由な国制の信頼の下に安定した公信用によって潤沢な軍事費を調達できたことが、ブルボン王政の巨大な軍事力に対抗しえた鍵であったとバークは鋭く洞察する。しかし、その自由な国制が、財政の窮乏と宮廷の腐敗した影響力によって、危機的状況におかれていると警告しているのである。明らかにバークの行財政改革の射程は、議会の独立を再生し統治の均衡を回復することだけではなく、安定した公信用を回復し名誉革命体制に対する外からの脅威に備えることにも及んでいたのである。バークが改革の標語と原理として「世界との戦争、そして有権者との和平」（*WS*, III, 550＝『論集』三七二）を掲げているのは、より急進的な改革を求めようとする国内の民衆を宥めるとともに、世界との、とりわけフランスとの戦争に対応しうる公信用という「真の軍備」を整えることが改革の課題であったことの証左といえよう。(2)

## 第3節　『フランス革命の省察』における財産の原理と公信用

バークは、『フランス革命の省察』（以下『省察』と略記）において「諸国家は、深く、益々深く、無際限な負債の大洋へ歩み入ろうとしている。国家の負債は、多くの人々に公共の安寧に関心を抱かせることで当初こそ統治にとっての保証ともなっていたが、今や度が過ぎて統治を転覆する手段になりかけている」（*WS*, II, 203-4＝『省察』一九四）と記して、近代国家が抱えている膨大な公債残高の累増が統治を揺るがす危険性を指摘している。(3) 本節では、バークが公信用の拡大が「統治の転覆」を引き起こしかねないと懸念した理由を、名誉革命体制の根幹である「財産の原理」の検討を通じて、明らかにしていきたい。

バークが「財産の原理」という場合、念頭にある財産は、自分自身の財産は自由に処分できるという、現代のわれわれが想定する個人主義的な財産──「祖先から受け取ったものや本来子孫に属すべきものを忘れて、あたかも自分達こそ完全な主人であるかの如くに」(WS, VIII, 145=『省察』一二一)処分できる財産──ではない。むしろ財産が個人主義的に変質してしまうことを恐れたのである。バークが、財産は「獲得および保守という複合的な原理によって形成される」(WS, VIII, 102=『省察』六六)というとき、強調されているのは、自由な処分権ではなく、財産の保守である。それゆえ所有主体も継承者を想定しうる家族や法人が暗黙の前提とされている。そのことは、バークの選挙権に関する主張を一瞥するとよく理解できる。バークは、選挙権が「個人よりも財産に関連していること」、「個人的権利に比較的近い権利でさえ、大抵は法人の権利である」こと、しかもその権利でさえ「何らかの有用な職業での七年間の規制された厳格な教育が要件とされている」ことを大ブリテンの国制の優越性だとし、現実にはこのような原理からの逸脱があることを認識しつつも、権利の主体が個人よりも法人にあることを高く評価している(WS, IX, 634-5=『論集』七八三)。選挙権が個人の財産額によって規制されるというよりも法人に与えられることを望んでいるのである。バークにとって「法人団体がある意味で国家の実質的な素材」(Hampsher-Monk［1992］282)なのである。それゆえバークのいう財産の原理は相続の観念と符合する。

相続という観念は、確実な保守の原理、確実な継承の原理を涵養し、しかも改善の原理をまったく排除しないということを、イングランドの民衆は熟知している。それは、獲得は自由にさせるが、獲得したものを安全に確保する。これらの原則に則って行動する国家によって達成された成果はすべて、一種の家族継承財産設定(family settlement)と同じようにしっかり鍵をかけられ、一種の死手（mortmain）のように永遠に把持される。（WS, VIII, 83-4=『省察』四四）

右の引用はイギリス人の自由に関する言説であるが、イギリス人は自ら獲得した自由を継承すべき財産として保守しているというのが、まさにバークの自由＝財産概念である。獲得と保守の複合原理である財産の原理は、「獲得は自由にさせるが、獲得したものを安全に確保する」という相続の観念と完全に符合している。さらに、アナロジーとして語られている家族継承財産設定とは、同一家族に土地財産の継承を固定する目的で設定されるものであり、死手とは永久に譲渡売却できない法人財産である。バークの念頭にある主要な財産は個人主義的な財産ではなく、継承されるべき団体財産であることは明らかであろう。(4) それゆえ、バークは、この相続の観念を「利己的な気分や視野の偏狭さの結果である」「革新の精神（a spirit of innovation）」と対極的に位置づけているのである（WS, VIII, 83-4=『省察』四四）。革新の精神はまた個人主義的な財産と親和的なのである。

バークが継承される財産として念頭においていたのは明らかに土地財産である。「財産は不活発で消極的で臆病な原理」（WS, VIII, 102=『省察』六五）というとき、貨幣は想定されていない。貨幣は「如何なる新奇さ（novelties）とも自然に合流」（WS, VIII, 159=『省察』一三九）する、換言すれば「革新の精神」に囚われやすい「疑わしい曖昧な不確かな」財産である（WS, VIII, 94=『省察』五六）。それでは継承される財産はどうであろうか。バークは、これもイギリス人の自由と関わらせて次のように述べている。

あたかも列聖された先祖の眼前にでもいるかのように何時も行為していれば、それ自体としては無秩序と過度に導かれがちな自由の精神といえども、畏怖すべき厳粛さでもって抑えられる。賤しからざる家系というこの観念は、我々に対して生まれながらもっている尊厳の感覚を抱かせる。（WS, VIII, 85=『省察』四五）

先祖の眼差し、さらに賎しからざる家系に向けられる他者の眼差しを通して、「尊厳の感覚（sentiments of dignity）」を抱き、「祖先から受け取ったものや本来子孫に属すべきものを忘れて、あたかも自分達こそ完全な主人であるかの如くに行為する」ことを慎む。バークは自由も財産もそれ自体は「無秩序と過度に導かれ」る傾向をもっていると認識している。しかし、相続によって財産所有者の尊厳の感覚が陶冶され利己的な行使が自制されるとともに、財産は「疑わしい曖昧な不確かな」性格を払拭し「安定性」を獲得しうるのである。バークにとって、自由や財産はこのような尊厳の感覚という手綱がなければ暴走する荒馬のような存在なのである。

バークがフランス革命は「古来の習俗」（WS, VIII, 30=『省察』一〇〇）の破壊であるというとき、それはなによりも「あらゆる尊敬の原理の破壊」（WS, VIII, 131=『省察』一〇二）を意味していた。破壊されたのは、君主たちに「社会の評判（social esteem）という柔い首輪を甘受」させ「高慢と権力の荒々しさを屈服させ」た習俗であった。財産所有者に対して「社会の評判」を行動原理とさせるのが古来の習俗であった（WS, VIII, 127=『省察』九七～八）。それゆえ、習俗の破壊と、あらゆる財産が「疑わしい曖昧な不確かな」性格を帯びることとは、尊厳の感覚を欠落させ利己的行動に対する歯止めを喪失させる点で同一である。この習俗は、支配者に自らの利己的情念を抑制させることで、財産の原理の確立に、すなわち「地上のいかなる権力といえども、私の生命、自由、財産に指一本触れることができない」（WS, IV, 224=『論集』四五二）状態の創出に、不可欠であったことをバークは指摘しているのである。そして、イギリスでは財産が侵されることのない「自由な統治」が名誉革命体制として具体化されているということなのである。しかし、注意すべきことは、バークにとって財産の不可侵と財産の個人主義的な処分権とはまったく異なるということである。むしろ財産の不可侵性と財産の利己的な行使の抑制はともに尊厳の感覚から帰結するのであり、密接不可分に結びついているのである。

バークは自由な統治に相応しい統治者として大土地所有者を前提としているが、それは、彼らが統治者能力を体現した「真の自然的貴族」(WS, IV, 448=『論集』六六二)となるための資力と時間をもっているだけではなく、なによりも相続された土地財産が彼らの尊厳の感覚を陶冶するからである。彼らが統治を中核的に担うことで財産の原理は維持され統治は安定する。それに対して、民衆には「名声と評判の感覚(the sense of fame and estimation)という地上最大の抑制力」(WS, VIII, 144=『省察』一一九)が充分に作用しない。バークにとって、民衆は「財産と見れば何でも疑わしい曖昧な不確かなものにしてしまう」のであり、「財産の安定性」に留意することなどありえない(WS, VIII, 94=『省察』五六)。財産と尊厳の感覚が結びつかなければ自己抑制力は働かない。これは、民衆が権力を握れば、権力行使に歯止めが利かないことを意味する。「完全な民衆政とはこの世における破廉恥の極みにほかならない。それはまた、破廉恥の極みであるがゆえに最も怖れを知らぬものである」というとき、それは他者の財産にも容易に手をつける専制政に対する恐怖の表明なのである(WS, VIII, 144=『省察』一一九)(5)。

事実、バークにとって民衆が支配するフランス国民議会が行っていることはまさに財産の原理を否定する専制であった。国民議会は教会財産を国有化した上で、それを売却するという手段によって公債の償還を行おうとしたが、バークはその手段について次のように述べている。

没収した土地を思いのまま切り売りし、紙幣を土地に、土地を紙幣にと断えず変換する過程を進めたりする手段がそれである。我々はこの過程をその結果まで追跡すれば、この体系が発揮せずにはいない凄まじい力を幾分なりとも理解しうるであろう。こうした手段によって、相場と投機の精神(the spirit of money-jobbing and speculation)が大量の土地の中に入り込んで行き、それと一体化する。こうした作用によって、土地財産は(いわば)揮発性を帯び、不自然で奇怪な活動力を帯びるようになり、それによって……個々の金融管理者の手中に、貨幣の代替物の全部とおそらくフランス全土の優に一割の土地が投げ入れられた。そしてフランスの土地は、今や紙幣流通の弊害の中で最悪で最も有害な要素、すなわちおよそ考えられる限り最もひどい価値の不安定性を帯びてしまったのである。（WS, VIII, 238-9=『省察』二四一～二）

相場と投機の精神が入り込むことで、土地財産も「疑わしい曖昧な不確かな」ものになり、社会の安定性は失われる。注意すべきは、バークにとって、投機の精神が入り込み価値が不安定となるのは、土地が市場取引されるからではない。そうではなくて、権力が市場に介入するからである。バークは、フランスでは、農民が穀物を売却して国民議会が発行した紙券（アシニア）を受け取るとその価値は道を横切っただけで七パーセントも下落してしまうと揶揄しているが、そのような価値の不安定性は「財産の原理」の被造物である金銀を国家が権力によって恣意的に紙券に置き換えたことによって生じたのである。

彼ら［フランスの立法者達］は、イングランドが繁栄した状態にあるのは銀行券に負っていると考えてしまい、銀行券のほうが、我が国の商業の繁栄状態や、堅実な公信用や、さらにあらゆる取引から権力のいかなる予感も完全に排除されていることに負っているのだとは考えないのである。（WS, VIII, 278=『省察』二九四）

「あらゆる取引から権力のいかなる予感も完全に排除されている」状態、そしてそれによって担保される価値の安定性こそが、銀行券にその信認を与えるのであり、商業の繁栄を支え公信用を堅実にするのである。「商業は、それが自由に放任される場合に最も繁栄する」というのがバークの一貫した主張である（WS, III, 535-6=『論集』三五七）。

バークはフランス革命の主謀者を、啓蒙思想家と「フランスの膨大な負債によって」「人知れず成長し、巨大な権力を持つようになった」「一大貨幣利害」と推測している（WS, VIII, 162=『省察』一四二：Pocock［1985］200-2=［一九九三］三八二～五）。「貨幣利害はその本性上いかなる冒険にも進んで乗り出し、どんな種類の新企画にもより走り易い」（WS,

VIII, 159=『省察』一三九)。貨幣は「疑わしい曖昧な不確かな」財産であった。それではイギリスはどうであろうか。

イングランドでは、銀行は自発的な取引の中心に過ぎないけれども、我々はその影響力を受けている。金融事業の運営の影響力が、我が国内の他のどのような事業よりも格段に広範囲に及び、しかもそれが、本性上はるかにその運営者に依存しているということを認識しない人は、貨幣が人間に対して持つ影響力を実際殆ど理解していない人である。(WS, VIII, 238=『省察』二四一)

バークは、「自発的な取引」と記して、イギリスでは権力が、革命フランスのように、金融に介入していないことを示唆しつつも、貨幣利害の影響力の強さに注意を喚起している。バークが何よりも恐れていることは貨幣利害の影響力の拡大にともなって財産の原理を侵害する可能性が膨らんでくることである。フランスの教会財産没収についてバークは次のように述べている。

フランスのこの実例から私が恐れているのは、もちろん、それがなされればけっして小さな悪ではないのだが、わが国の教会財産の没収ではない。私の不安の大きな根源は、如何なるものにせよ没収に財源を求めるということがイングランドで国家の政策として考慮されるようになったり、または、ある部類の市民が、他の市民を自分たちの恰好の餌食と見なすようになりはしないか、ということにある。(WS, VIII, 203=『省察』一九三~四)

バークは、「名声と評判への感覚という地上最大の抑制力」を欠いている貨幣利害が権力を握れば、「他の市民を自分たちの恰好の餌食」とする専制政の可能性を危惧しているのである。

それでは、バークはこの貨幣利害にどう対応すべきと考えていたのであろうか。この点で参考になるのが、『現代の不満の原因を論ず』における官吏の議員資格剥奪の主張に対するバークの反論である。バークは、官吏から議員資格を剥奪することで宮廷の腐敗した影響力を排除しようとする提案に対して、大きな影響力をもつに至った「彼らの腐敗した利害を国制の様々な枠組みの中でもつことのほうが、彼らが何一つもたないよりもむしろ望ましい」として反対する。それは「これらの新しい利害は代表されなければならず、さもなければ彼らは自分たちが参加を許されないこれらの制度を破壊する気持ちになる」からだと論じている（WS, II, 310-1=『論集』七一〜二）。バークは台頭してきた新しい利害を体制の破壊者にさせないためには体制内に取り込むことが肝要であると主張しているである。したがって、貨幣のもつ「疑わしい曖昧な不確かな」性格を安定した土地財産とリンクさせることでそれなりに穏やかにすることが求められているのである。バークにとって、フランス革命は貨幣利害を体制内に取り込むことに失敗したことに起因するのであって、貨幣利害の影響力増大の必然的結果ではない（WS, VIII, 158-9=『省察』一三八〜九）[6]。貨幣利害を体制に取り込むという「改善の原理」によって財産の原理を根幹とする名誉革命体制は保守されると認識していたのである。

なるほどバークは、「人間に関することも神に関することもすべて公信用という偶像のための生け贄にされ、国家破産がその帰結となった」（WS, VIII, 89-90=『省察』五〇〜一）と論じている。しかし、これは公信用それ自体が必然的に国家破産をもたらしたことを主張したものではない。バークは貨幣が本性上無秩序と過度に導かれる性質であることを熟知していた。貨幣がそれなりに安定を保っているのは、土地財産を中核とした財産の原理に結びつけられているからである。その手綱が解かれれば貨幣は荒馬の本性を現すのである。事実バークは上記の引用に続いて「財産の原理が徹底的に転覆された」ことがフランスの国家破産の原因であるとの認識を示していたのである（WS, VIII, 89-90=『省察』五〇〜一）[7]。

## 第4節 『国王弑逆の総裁政府との講和』における公信用

バークにとって、ジャコバン主義は「一国の冒険的な（enterprising）才人たちによる財産に対する反乱」であった（WS, IX, 241＝『論集』九〇七）。「安定」した土地財産に対する「冒険」の反乱であり、国によって程度の違いはあれ、財産の原理を基礎としてきた「ヨーロッパ共同体（the community of Europe）」（WS, IX, 195＝『論集』八六〇）全体への挑戦であった。したがってバークにとって、財産の原理自体を破壊し、「世界革命を引き起こすことで世界帝国を形成しようとしている」（WS, IX, 340）ジャコバン主義との戦争は、ブルボン王政との戦いとは根本的に異なって、全く妥協の余地のない戦いであった。にもかかわらず対仏大同盟は、一七九五年四月にプロイセンがフランス共和国を承認したことで崩壊し、七月にはスペインもフランスと講和条約を結ぶに至った。国内でも厭戦気分の高まりからフランス総裁政府との和平交渉への動きが急速に進行していく。

そうした中でバークが見出す希望の一つがイギリスの公信用であった。「公信用、あの偉大ではあるが、しかし曖昧な原理は、我が国の確実な破滅の原因と極めて頻繁に予言されてきたが、しかし一世紀に亘って我が国の繁栄と偉大さの恒常的な伴侶であり、またしばしばその手段であった」（WS, IX, 230＝『論集』八九六）。バークにとって、公信用は、「我が国の確実な破滅の原因」ではなく、「曖昧な原理」ではあるが、しかし財産の原理を防衛するための「偉大」な原理でもあったのである。

バークは『講和』第三書簡で、イギリスがジャコバン主義との戦争で経済的に疲弊しているどころか、むしろ繁栄していることを具体的な数値や状況を詳細に示して、国内の厭戦気分を払拭し戦争継続の方向に世論を導こうとしている。この書簡でバークは、公債は全て国家負担になるという公債批判論に反論する。バークによれば、もし支払われた公債利子が国庫に環流しなければ、そのような負債の下で国家は繁栄しえない。しかし実際は利子取得者がその利子所得を消費に回すことで消費財に課された税が国庫に環流する。消費せず貯蓄する場合でも新資本が生み出され、その結果貨幣価値が下落し公債の改善に貢献しうる。公債利子の支払いが上記の経路で「国家の繁栄に少なからず寄与している」というバークの議論は必ずしも説得的とはいえない（WS, IX, 348）。むしろ、われわれにとって興味深い論点は、起債や負担を巡って財産の原理を侵害する可能性についてのバークの洞察である。バークは、ジャコバン主義という外からの敵との戦いを鼓舞しながら、同時に、内からの危険にも注意を喚起しているのであり、内外からの危機に対して名誉革命体制を保守しようとするバークの一貫した意図を読み取ることができる。

さて、バークは、一七九六年一二月の一八〇〇万ポンドの公募起債に対して出資申し込みが順調に行われたことを捉えて、それは、イギリス国民の「キリスト教世界全体の勢力均衡の維持と監督に対する能力」や財産防衛戦争を遂行している政府に対する「あふれんばかりの信頼」の証であると高く評価している。バークにとって「ブリテンの国債はブリテンの世論の正確な尺度」であり「貨幣はイギリスの国民の声なのである」（Ryan［2010］3）。しかし、ここに大きな陥穽がある。愛国心が高揚しているならば国民に積極的に公債を購入させ資金調達しようとする動きである。実際この公債が愛国国債と呼ばれたのは、当時の通常の起債方法である引受業者への割当や競争入札とは異なって、国民の愛国心に訴えた公募という起債方法をとったからであった。しかも、フランス軍のイギリス上陸の可能性を受けて既発債の大幅な減価が生じていたため、資金調達の不安から、首相ピットは当初、高所得者への強制的な国債割当を考えていたのである。

バークは「権力と信用とは、対立する相容れない事象」（WS, II, 175）という立場を一貫させているが、それは一つには、権力が介入すれば強制的な債務削減や債務不履行などが行われ結局のところ公信用による資金調達が不可能になるからである。「貸付に、恥辱、恐怖、あるいは強制が直接ないし間接に用いられるや否や、信用は消滅する」（WS, IX, 347）。それゆえ、起債はあくまで貨幣利害の「金銭愛（the love of lucre）」に訴えるべきだと主張する。金銭愛は「時に愚かしいほど、時に不道徳なほど行き過ぎたりするけれども、あらゆる国家にとって繁栄の主要な原因である」（WS, IX, 347）[8]。

しかし、バークが国家介入に厳しく反対する根源的な理由は、それが必然的に、財産の侵害と専制への道を突き進む「最も危険」な行為だからである。

> 貨幣の価値は、他のあらゆるものと同様に、市場における交換比率で判断されなければならない。貨幣市場、あるいはいかなる市場であれ、市場を強制することは、あらゆることの中で最も危険である。（WS, IX, 347）

たとえば投資家が強制的な公債引き受けによって損失を背負わされるとすれば、それは本来「公正で衡平な分配によって全ての人々にかかるべき負担」を彼らにのみ負わせることになり、「あらゆるものの中で最も不正で不得策なこと、つまり不公平な課税」となるとバークは強調する（WS, IX, 347）。特定の部類の人々に彼らの愛国心に訴えて公債利子を負担させる政策もまた同様である。それではバークのいう「不公平な課税」はいかなる帰結をもたらすのであろうか。

バークはイギリスでは税が名実ともに「譲与（grant）」であることを高く評価している。バークの財産の原理を理解する上で彼の租税観に留意することは極めて重要である。周知のように、イギリスでは議会が国王に譲与する税を一定の明確な使用目的に限定することで、国王の私費から国家収入を分離していく漸進的な過程が進行し、二〇世紀のメイトランドが「かくして我々は、事実上、俸給を与えられている国王を有するようになった」と述べるに至っている（Maitland［1908］436-7＝［一九八一］五七八〜八〇）。言うまでもなくバークの目的は国王の公務員化にあったのではない。しかし、『経済改革演説』でのバークは、特定目的支出計上によって国王の歳出を縛ることで自由を確保するという歴史に自身もまた身を置いていることを自覚していたはずである。バークにとって譲与としての税は、国王による財産の侵害ではなく、むしろ国王が「財産に指一本触れることができない」ようにすることを意味したのであり、共同社会の共同目的に対する分担金なのである。財産の原理と譲与としての租税は矛盾するどころか、譲与としての租税が財産の原理の確立を導いたのである。したがって、「この自発的な譲与は、その経過の中で法の強制力を獲得したのだが、……全ての人を一体化させ、平等化し、満足させる」(WS, IX, 351-2)。このように「財産への平等な課税」としての「自発的な譲与」が社会を一体化させるとともに財産の原理を支える上で不可欠なのである。それに対して、特定の財産への課税は、その財産所有者にそれ以外の人々が自らの負担を転嫁させ、本来負担すべき部分を「不法に自分のものにする」行為なのである。富者に彼らの愛国心に訴えて公債利子負担をさせることについてバークは次のように述べている。

見せかけの公共精神は私的義務の遂行を不可能にするであろう。法規に従って提供することになっている正規の租税すら支払うことを不可能にするであろう。しかし何よりも危険なことは、この形式の分担金が明らかに生みやすい有害な傾向、すなわち、最終的には比較的窮乏した人々に、誰が富者か判断させるとともに、富者の、あるいは彼らが富者だと思う人々の財産の用い方を命令させるあの有害な傾向である。ここからあらゆる財産の転覆までほんの一歩なのである。(WS, IX, 350)

このように特定の人々に税負担をさせれば、税負担者とそれ以外の者を、この場合は富者と貧者を分断するとともに、誰が富者であるかの判断と、さらには富者の財産の使用方法とを貧者が決定することになるのだというのがバークの主張である。したがって、バークにとって、これは「地上のいかなる権力といえども財産に指一本触れることができない」という財産の原理を瓦解する危険な政策なのである（WS, IX, 349-50）。これが「不公平な課税」の帰結である。

それでは「財産への平等な課税」とはどのような税であろうか。バークが推奨するのは、支出に対する税、具体的には「奢侈品、あるいは奢侈品とほとんど混同される程度の便宜品への課税」であり、これが「実際のところ真に自発性と名付けられうる唯一の分担金」だという（WS, IX, 351-2）。この税には「財産への平等な課税」というメリットのほかに、課税対象が「不生産的」であり、それに対する課税は、「富の源泉である労働と節約に手をつけることなく、また「かなりの部分、最下層の人々にはかからない」ので望ましいと判断されているのである（WS, IX, 348-9）。

以上の検討から明らかなように、バークは、財産の原理を否定するジャコバン主義による世界帝国の野望に対抗する上で、安定した公信用を不可欠と見なしていた。問題は、公債の起債や負担のあり方によっては、財産の原理それ自体を瓦解させてしまう危険性であった。バークにとって市場への国家介入や財産への不平等な課税はひとえに名誉革命体制の根幹である財産の原理を瓦解させるものでしかなかったのである。しかし、バークはこうした事態を公信用それ自体が必然的に招く危険性として認識していたわけではない。たしかにその危険性を回避し、財産の原理と公信用とを両立させることは極めて困難な課題ではあるが、自由な国制を保守するためには緊要な課題として認識されていたのである。

## 第5節　名誉革命体制の保守と財政

バークが保守しようとした名誉革命体制は、安定した土地財産を基礎とする「財産の原理」を根幹としていた。

この体制は、長い一八世紀を通じて、フランスの野望――ブルボン絶対王政と革命フランスの野望――から脅威を受け続けているというのがバークの認識であった。これらの野望を打ち砕き、ヨーロッパの勢力均衡を維持するためには、「真の軍備」としての安定した公信用が不可欠であるとの認識をもっていた。バークにとって公信用は「偉大な」原理であったのである。しかし、公信用は同時に「曖昧な」原理でもあった。公信用の拡大とともにその影響力を増大させてきた貨幣利害は、「疑わしい曖昧な不確かな」性格をもっていた。それゆえ、体制から疎外させては財産の原理を破壊する勢力となりうるのであり、その結果がフランス革命であった。体制の安定化にとって彼らを体制内に取り込むことが不可欠と認識されていたのである(9)。

さらにバークにとって懸念されることは、公債の起債や負担のあり方次第では、体制を瓦解させてしまう可能性であった。「権力と信用とは、対立する相容れない事象」であることを一貫して主張してきたのも、経済への国家の介入を厳しく批判してきたのも、さらに一部の人々や財産への課税を一貫して批判してきたのも、まさにそれらが財産の原理を瓦解させてしまうとの認識からであった。

バークにとって財産は、自由と同じようにそれ自体としては無秩序と過度に導かれがちである。それらをそれなりに安定させておくためには、統治の確固たる基礎である土地財産の安定性とそれが育む尊厳の感情による自己抑制が不可欠と考えられていた。こうした状況を前提とした上で自由な市場が商業の繁栄をもたらすのであり、そしてその商業の繁栄によって民衆の生活水準が実際に向上していることが名誉革命体制の社会的正当性を担保しているのである（立川［二〇一四］）。バークの自由放任の主張の背景にはこうした前提が存在している。たとえばバークは農業が営まれるためには「安定した生活習慣や地方への愛着」が必要であることを強調している（W.S. VIII, 239=『省察』二四二）。こうした安定した習慣と結びつくことで金銭愛は、自由な市場の下で、「時に愚かしいほど、時に不道徳なほど行き過ぎたりするけれども、あらゆる国家にとって繁栄の主要な原因」となるのである。こういう「安定した生活習慣や地方への愛着」をもたない「根っからの冒険事業者（adventurers）」ならば転売目的で土地を購入するが農業は営まないであろうとバークはいう。自らの金銭的利益だけを考えるこのような冒険事業者をバークは「「啓蒙された」高利貸（"enlightened" usurers）」と、そして彼らの精神を「賭博精神（the spirit of gaming）」と呼んでいる（*WS*, VIII, 239=『省察』二四二〜三）。バークが自由な市場での取引を擁護する際、前提としている市場が、こうした人々の闊歩する市場ではないことはもはや明らかであろう。バークの啓蒙批判には、財産が自らの「疑わしい曖昧な不確かな」性格を解き放ってしまえば、啓蒙された自己利益は「相場と投機の精神」として発現してしまうことへの警告が含まれていたことを読み取ることができよう。

バークは『省察』において「国家の歳入は国家そのものにほかならない」（*WS*, VIII, 273=『省察』二八八）と主張している。国家の十全な活動には豊かな歳入が必要である。さらに、安定した公信用を確保するためには効率的な行財政の運営が不可欠である。これらのためには、財産の原理を侵害することなく、歳入の源泉である国民の経済力を十全に発揮させる必要がある。バークは、「臣民の側での獲得の力と、臣民が応えるべき国家の側からの要求との間に均衡を保つということは、真の政治家の技倆として根本的な部分に属する」（*WS*, VIII, 290=『省察』三〇九）ということを繰り返し強調している。「理論的実践的な財政の学問」（*WS*, VIII, 274=『省察』二八九）を探求し、さらに自ら実践してきたバークにとって、財産の原理を維持しながら、豊かな歳入と安定した公信用を確保することは、内外の敵から名誉革命体制を保守継承していくという彼の肝要な目的を実現するために不可欠な課題であったのである。

## 注

(1) ロジャーによれば、一八世紀のイギリス人は、まず何よりも、「名誉革命体制」と「プロテスタント継承」の存続を考えたのであり、「脅威はつねにブルボン絶対王政であり、カトリック反動であって、これら双方はスチュアート朝の復位を鼓舞した」(Rodger［1998］171)。また、ワットモアによれば、一八世紀はフランスの絶えざる隆盛によって特徴づけられるのであり、「そのガリカニズムと絶対主義的政治は、ルイ一四世によって極めて攻撃的に主張され、中央ヨーロッパを横切る支配を基礎とした帝国を維持しうる効率と商業発展のモデルを提供した」(Whatmore［2012］82)。

(2) 誤解のないように一言しておくと、言うまでもなくイギリスの戦争目的はフランスの野望に対する防衛だけにあったわけではない。とりわけ七年戦争以降帝国拡大の征服戦争という性格を自覚的に強めたことは周知のところであろう(Marshall［1998］2)。しかし、スコットによれば、ヨーロッパの主要な諸国との同盟によってフランスの野望に対抗しようとする「古き体制(the Old system)」は七年戦争後二〇年の間「ブリテンの外交政策の重要な特徴であり続けた」(Scott［1989］77)のであり、またディクスンによれば、七年戦争以降もイギリス人は、フランスがより早く債務を返済して「全ヨーロッパに法を与える」立場に立つのではないかという恐怖心を抱いていたのである(Dickson［1967］22-3)。『経済改革演説』のバークもその一人であったといえよう。一八世紀のイギリスの戦争が、当時の人々の意識においては、帝国の拡張という攻勢的な性格だけではなく強国フランスの脅威に対する防衛という性格をも同時に併せ持っていたことにも注意を払う必要があるのではなかろうか。

(3) バークは、膨大な国家負債を重税で対応すれば民衆の怨嗟によって、また対応しなければ公債所有者の攻撃によって、統治が転覆する可能性を指摘している(*WS*, II, 203-4=『省察』一九四)。それゆえ、該当箇所の叙述はヒュームやスミスの公信用に関する悲観論に最も接近しているといえよう。周知のように、ヒュームは、膨大な債務はその経済的弊害以上に甚大な政治的帰結をもたらすとして、「夢想的な返済計画」による「医者による死」、更なる債務の拡大によって国家破産となる「自然死」、そして戦争とそれに伴う債務拡大に辟易しヨーロッパの勢力均衡を等閑にすることで近隣国から侵略される「暴力死」を予測している(Hume［1758］361-5=［二〇一一］二九〇～三)。またスミスは「現在ヨーロッパのすべての大国を圧迫し、長期的にはおそらく破滅させるであろう巨額な債務の進行」と記している(Smith［1776］911=［二〇〇一～一］(四)

二九四）。両者ともに債務累積が国家破綻を導くとする点で共通している。なおヒュームの公信用についての最大の懸念が国際的な勢力均衡の破綻にあったことについてはForbes［1975］174-5, 207, n.1=［二〇一一］二二八〜九、三〇〇、およびHont［2005］ch. 4参照。後に検討するように、バークは、公信用自体が必ずしも国家破綻を導くとは考えていなかった点でヒュームほど悲観的ではないが、しかし公信用がフランスの脅威に対抗する国際的な勢力均衡の必要性との関係で語られている点でヒュームとバークの公債論は重なり合っている。

（4）トマス・ペインのバーク批判は個人主義的な財産の立場からの批判と解することができよう。ペインは「あらゆる時代と世代は、先行する時代と世代と同様、どのような場合にも、自分自身のために自由に行動すべきである。あの世から支配するという虚栄心や傲慢はあらゆる専制の中でも最も笑止千万な尊大な専制である。人間は人間に対する所有権をもっていない。いかなる世代もそれに続く世代に対する所有権をもってはいない」（Paine［1894］278=［一九七一］二四〜五）と主張する。バークの場合は祖先と子孫という世代の制約によって財産の利己的な行使を抑制しようとするのに対して、ペインにとって、祖先が子孫を拘束することこそ個人の権利の簒奪の最たるものと判断されるのである。

（5）バークは、非常事態を除けば、権力は公共の便宜という観点から財産に手をつけるべきではないと一貫して主張している。それは便宜を理由に財産に手をつけると歯止めがなくなり、結局のところ専制政となるという認識からである。バークは『経済改革演説』で、公衆の困窮を引き起こすような本性上憎むべき閑職ではあっても、これまでその終身保有が財産と見なされてきた場合には、その閑職は現在の終身保有権が消滅するまで手をつけるべきではないとして次のように主張している。「これらの官職やこの種の他のものは、終身の保有であるので、財産と見做されてきた。それは子どもの養育費として与えられてきたし、家族継承財産設定の対象であったし、債権者の抵当となってきた。法が尊重するものは私にとって神聖である。もし法という防壁が便宜（convenience）という観念の下で、あるいは公共の便宜という観念に基づいてであれ、壊されるならば、我々には確実なものはなにもなくなってしまう。もし、いったん財産に対して権力の裁量権が及ぼされるならば、結局はどの権力が、そしてどのような裁量権がはびこることになるか容易に判断しうる。」（WS, III, 526-7=『論集』三四八〜九）

（6）バークは、フランスでは、イギリスよりも厳格な家族継承財産設定や買い戻し権などによって、「財産の一般的な流動性、就中土地から貨幣へ、貨幣から土地への相互転換は常に困難」であり、したがって、それらが「土地利害と貨幣利害との間をより混合不能にさせ、また明瞭に異なる二つの財産の所有者を相互に好感を抱かせないよう働いてきた」と述べて、貨幣利害を土地利害とリンクできていなかったことを指摘している（*WS*, VIII, 158-9=『省察』一三八；Pocock［1985］200=［一九九三］三八二～三）。

（7）　バークは、革命前のフランスは国家破産の状態ではなく、「穏当で合理的な一般的な分担金（contribution）」（*WS*, VIII, 168=『省察』一五一）、つまり一般的な租税――「財産への平等な課税」（*WS*, III, 494=『論集』三一四）――によって財政再建が可能だったと判断していた。また聖職者による十分の一税の全面的拋棄の提案を受諾すれば、「債権者からすれば、没収によるよりも遥かに有利であった」と推断し、それを受諾せず教会財産を没収したのは、教会の破壊が目的であったからであると結論づけている（*WS*, VIII, 170=『省察』一五三）。このように、バークはフランスにおいても公信用それ自体が国家破産の原因とは考えていなかったのである。

（8）　もちろん、バークはいかなる状況でも金銭愛が繁栄の原因になると考えてはいない。バークにとって「土地財産」は「あらゆる安定した統治の確固とした基礎」であり、「土地利害は常に何時の時代も一国の他の主要な諸利害と密接に関係し結合するとともに、自発的に他の全ての利害を左右し、指導し、和らげることを任されてきた」（*WS*, IX, 374）。このような状況の下で、土地利害とリンクされることで貨幣利害は「いかなる冒険にも進んで乗り出し、どんな種類の新企画にもより走り易い」本性を和らげられるのであり、それなりに――「時に愚かしいほど、時に不道徳なほど行き過ぎたりするけれども」――「繁栄の主要な原因」となりうるとバークは判断していたのである。それに対して、「土地財産に対する戦争」（*WS*, IX, 374）を遂行し「統治の確固とした基礎」を崩壊させたジャコバン・フランスにおいては、金銭愛は歯止めを失うために「相場と投機の精神」として現れ、貨幣利害は自己利益のために他者の財産をも没収する。ここでは金銭愛は決して繁栄の原因とはならないのである。

（9）　バークは貨幣利害を体制に取り込むことを楽観視していたわけではない。国民議会で多数を占めていた「財産と見れば何でも疑わしい曖昧な不確かなものにしてしまう」事務弁護士（attornies）と貨幣利害とがイギリスでもその影響力を増大させている事態を眼前にして、土地財産を根幹とする財産の原理の転覆の怖れを抱き続けていたのである。死の前年の一七九六年一月一七日付のフィッツウィリアム伯宛書簡はそのことを物語っている。

「私の時代に多数に膨れ上がり重要さを増してきた事務弁護士と地方の銀行家（Attornies and provincial Bankers）を怖れています。その数と重要さによって何時の日か必ず王国の自然の諸利害と呼ばれているものを転覆させるでしょう。」（*Corr*, VIII, 373）

補論

# アイルランド貿易制限緩和問題

真嶋正己

一八世紀のアイルランドは、政治と同様、経済においてもブリテンに隷属した状態にあったが、そうした下にありながらも、規制外品目であったリネン製品、ならびに牛肉や豚肉、バターといった食料品等にその活路を見出し、アイルランドの植民地貿易は、一七三〇年代以降順調に拡大傾向を示していた。しかしながら、品目や販路に対する厳しい制限の下にあって貿易の拡大・発展といってもそこには自ずと限界があり、アイルランドはイングランドにより課せられていた貿易制限に対して常々不満を抱いていたが、(1) それが噴出し顕在化する契機となったのがアメリカ独立戦争の勃発である。

「ボストン茶会事件」以降、本国とアメリカ植民地との関係は抜き差しならない状態に陥っていたが、一七七五年四月にレキシントンで戦端が開かれたことからアイルランドの植民地貿易はその安全性をまったく保障されなくなり、経済情勢が日増しに悪化する中で一七七六年二月にブリテンから有無もいわさず課せられたのが「通商停止」(embargo) である。それによりアイルランドは、ブリテンならびにアメリカの王領植民地を除いて、食料品の一切を輸出することを禁じられ、さらに深刻な経済停滞へと陥ったのである。そもそもこの「通商停止」措置は、アイルランドにおいて物価が高騰するのを防止するところに本来の目的を有していたが、逆に貿易制限の不当性をアイルランドの人々にまざまざと再認識させ、憤慨は頂点に達することとなった(2)。しかしながら、最終的にブリテン政府がアイルランドの不穏な情勢を憂慮して貿易制限の緩和を考慮するようになるのは、一七七七年一〇月一七日のサラトガでの敗北とそれに続く米仏同盟条約の締結以降のことである。それによりフランスが参戦の意思を固めたことから、ブリテンとアイルランドは、直接侵攻される危険にさらされるようになったのである(3)。こうして貿易制限の緩和が本国側の真剣なる討議の対象となったことで、バークは、ブリテン「第二の都市」にして植民地貿易の一大拠点であったブリストル選出の下院議員としてそれに深く掛かりあうことになる。

その口火を最初に切ったのは政府の意を受けたニュージェント伯で、彼は一七七八年四月二日貿易制限の緩和に関して下院にて緊急に審議するよう動議し、それは満場一致により委員会に付された。そして、四月八日委員会において①羊毛および羊毛製品を除くすべてのアイルランド産品の植民地への直接輸出、②煙草および洋藍(インディゴ)を除く植民地産品のアイルランドへの直接輸入、③アイルランド製ガラスの禁輸の解除、④錦糸、帆布および帆綱のブリテンへの無関税輸出等の決議がなされ、下院で審議されることとなった。バークは、貿易制限緩和の動議がなされた四月二日「アイルランドは今やブリテン国王のもっとも重要な属地であり、この国がブリテン市民のもつ特権をアイルランド国民に対して認めるのは、とりわけ当然なことである」(WS. IX. 504)と述べて、ニュージェントの提案に対してすぐさま賛意を表している。また、四月七日の委員会審議では「自由な製造とあらゆるものの輸出を直ちに認めことにより、見せかけの利益ではなく、実質的な利益をアイルランドに付与する」よう求める一方で、「彼らにとってそれ[制限緩和]をほとんど無価値なものにし、われわれにもたらされる信望をより小さなものにする」(WS. IX. 507-8)として、羊毛および羊毛製品が除外されていることについて非を鳴らしている。これが彼の貿易制限緩和論の起点であり、当初より「自由貿易」ないしそれに近い広範な緩和が彼の念頭にあったと推知されうる。

しかし、委員会の決議内容が明らかになるにつれて、ブリテンの商工業はそれにより致命的なダメージを受けるとして、ブリストルをはじめ、リヴァプールやマンチェスター、グラスゴーといった主だった商工業地から制限緩和に反対する請願書が下院に次々と寄せられることとなった。そのため、バークは、四月二三日にブリストル冒険商人組合長のＳ・スパンに宛てて、次いで五月二日にはハーフォード・カゥルズ商会に宛てて書簡を認め、自己の行動に対する理解を求めた。それが『アイルランド貿易に関する二通の書簡』である。その目的は貿易制限緩和の必要性および正当性を説くところにあり、論点は概ね次の二つに大別される。すなわち、アメリカ植民地が独立に向けて突き進み、今まさに「帝国」が分裂・崩壊の危機にある中で、それを維持・再編するために貿易制限を緩和し、もってアイルランドに対して正義を宣明することは焦眉の急であること、ならびに貿易制限の緩和は商工業者にとって不利益とならないばかりか、ブリテンにとっても優れて有用なものとなること、この二つである。

まず、第一の論点である。アメリカ植民地をして分離独立に向かわしめた主因は、ひとえに本国政府の硬直した狭量にして制限的な統治計画にあり、アイルランドにおいて同様に偏頗な制限に固執するならば植民地と同じ轍を踏むに違いない。むしろ大切なのは、「帝国」が分裂の危機にある今、貿易制限を緩和してアイルランドを「帝国」内に繋ぎ止めておくことであるとして、彼は次のように述べている。


現在、ブリテン国民は恐ろしい分裂状態にあります。われわれは帝国を二度と一つにできない以上、今でもわが枢密院によって安んじて統治されている、帝国のそれらの部分にできる限りの活力と健全さを与えることが、われわれの仕事です。（*WS*, IX, 508=『論集』二八九）

次に第二の論点であるが、バークは、「世界はすべての人々にとって広く、……拡大された自由なシステムから生じる繁栄はその対象すべてを改善します。そして繁栄している国々との貿易に与ることは、欠乏と貧困の独占よりもはるかに良いことなのです」(*Corr*, III, 426) という。これが、彼の第二の論点の基点をなす。彼は、商工業地からなされた頑迷な反対に対して賢明にも次のように述べて、その非を明らかにしている。

結局、われわれがそれほど興奮して議論している事柄とは一体何なのですか。この決議でアイルランドに某か与えるのですか。一シリングとて与えるものではありません。われわれは、二、三の事例において神が彼らに、そして全人類に与え給うた能力の使用を彼らに任せることにただ同意するだけです。(*WS*, IX, 508=『論集』二九〇)

さらにまた彼は、ロックにも似た口吻で次のようにも述べている。

神は、人類の子孫に大地を与え、それを彼らに与えるに際し、疑いもなくどんな窮境にも余りあるほど充分なもの、すなわち些少ではなく、最大限惜しみない備えを彼らすべてに与え給いました。わが本性の創造主は、かの本性のうちに人は労働によって糧を得べしとしっかりと刻み込み、同じ律法を神の書き記された御言葉で宣布し給いました。(*WS*, IX, 515=『論集』二九七)

その本旨は、「如何なる人間も、そして如何なる人間の集団も、労働を妨げる、または糧を与えずにおくといった類いのどのような権利も有さない」というところにある。そして彼は、「自国の貿易制限に直接または間接に何の保障も受け取っていないアイルランドは、正義または公共的廉直においてそうした制限に服させられるべきではありません」(*WS*, IX, 515=『論集』二九七) と述べて、アイルランドに対する貿易制限の不当性を宣明する。

そうして彼は、貿易制限緩和の有意性について次のように結んでいる。

もしアイルランドがあなた方に利益をもたらすとして、それは貿易において制限されている部分からではなく、競争がないわけではありませんが、自由な状態に置かれている部分からもたらされるのです。その自由が大きくなればなるほど、あなた方の利益もますます大きくなるに違いありません。（WS, IX, 517=『論集』二九九）

このようにバークは貿易制限の緩和を力強く擁護したが、重商主義政策を自明のものとして、そのわずかな変更さえ自らの存立基盤を脅かすとして恐怖に凝り固まった彼らの心を解きほぐすことはできなかった。結局、この一七七八年の貿易制限緩和法案は、激烈な賛否が渦巻く中、五月一九日の審議で大幅な後退を余儀なくされ、植民地からの直接輸入は却下され、植民地への直接輸出も一応認められはしたものの、当初から除外されていた羊毛および羊毛製品の他に、紡毛糸、綿製品、ガラス、ホップの実などが除外品目に加えられた。彼は、この最終的な妥協案について大いに不満であったが、貿易制限のより一層の緩和は次の機会に委ねられるとして、ことさら異議を申し立てることはしなかった。それは、ブリテンがアイルランドの深刻な経済停滞を打開するために貿易制限の緩和に着手したという事実を明示することが何よりも重要であると思量されたことによる。

次いで貿易制限の緩和が議論されるようになるのは、翌一七七九年二月一五日にアイルランドの窮状を懸念したニューヘブン男爵が西インド諸島から植民地産品を直接輸入することを認めるよう下院に提案してからのことである。その日バークは、すぐさま賛意を示した後、「グレート・ブリテンはアイルランドを拘束するいかなる権限も有しておらず、そのように行使される統御は恣意的で専制的たるも同然である」（WS, IX, 528）として貿易制限を厳しく非難する一方で、「新しい政策体系が普及しなければならない時機が来るであろう。……ブリテン帝国の貿易は開かれていなければならない」（WS, IX, 528-9）と述べて、より明確に「自由貿易」を主唱している。

こうした彼の鋭敏な論調への変化と「自由貿易」の明確な主唱の背景には、ブリテンが国際的孤立を深め、フランス軍の侵入がより現実味を帯びる中で、アイルランドにおいて国土防衛を本来的目的とした義勇軍運動が異常な高まりをみせていたことがある。[4]

ところで、ここで問題となるのは、バークが主唱した「自由貿易」はどういった意味・内容を有していたのかということである。当時アイルランド国内でも「自由貿易」を要求する声が徐々に広がりつつあった。それについてD・ラミーは、一九世紀に一般化するスミス的な意味での「自由貿易」ではなく、アイルランドがイングランドにより課せられてきた貿易制限から解放され、ブリテンと同等同様に、植民地との貿易に排他的に参入することを目ざしたものであったと指摘しているが、[5] まさにバークが主唱したのもそうした意味での「自由貿易」である。この点で、バークがスミスのいう「自由貿易」をどの程度理解していたのかは判然としないが、とりわけ、ここで留意しなければならないのは、彼の主張がもっぱら現実的な政治的思惟に基づいてなされたものであったという点である。すなわち、アイルランドに対して植民地との「自由貿易」を認めるということは、ブリテンの貿易・通商システムをアイルランドに敷衍し、もってブリテンの国制の中に招じ入れることを意味したのである。彼は、一七七八年四月二四日にブリストルの商人で有力な支持者の一人であったJ・ノーブルに宛てた書簡の中で次のように述べている。

> わたしが議会に席を占めようとするのは、わが国の立法的権威に多少なりとも服するすべての人々の一般的な幸福を促進し、そしてあらゆる種類の人々を市民的利益と国制上の自由という共通の紐帯で結合する、まさにそのためです。[6]（*Corr,* III, 438）

しかしながら、先の提案が採決されることなく棚上げされたことから、遅滞を恐れたニューヘブンは、一七七九年三月一〇日、対象を砂糖に絞って西インド諸島からの直接輸入を認めるよう下院に再度提案し、何とか委員会審議にまでこぎつけたが、またぞろ商工業地から制限緩和反対の大合唱が生ずるに至り、無思慮にもそれはノースによって棄却されることとなった。まさに万事休す。(7) そのため、ブリテンの対応を凝視していたアイルランドでは憤懣が日増しに増大する中で、勢力を急拡大していた義勇軍が議会をも巻き込みながら強硬な姿勢で「自由貿易」を要求するに至り、それに気圧されたノースは、一二月一三日硬直した態度を一変、「自由貿易」をアイルランドに認めることを主内容とする提案を下院に動議したのである。

このときバークは、ノースの提案に賛成することなく沈黙したためにアイルランドで轟々たる非難を受けることになったが、彼が沈黙したのは、義勇軍という実力を背景に屈服に近い形で譲歩を迫られたことに基因する。(8) 彼にとって「大ブリテンから出ずるすべてのものは恵み深く仁慈に満ちた贈り物として生ず」(WS, IX, 630=『論集』三九九)べきであったにもかかわらず、一七七九年一二月「わずかであるが、時宜を得た譲歩」を拒絶したがために、同年一二月に「無制限で時宜を得ない屈服」(*Corr*, IV, 224)を強いられる結果となった。彼が貿易制限の緩和を擁護したのは、アメリカ植民地が分離独立を現実のものとする中で、アイルランドが「第二のアメリカ」となるのを防ぐところにその目的を有しており、それは、直截的にいえば「帝国」を保全することを意味した。であればこそ、実力により掠め取られるのではなく、あくまで「恵沢」として受け取られるものでなければ、何の意味も有しない。ブリテンは二度にわたって同じ過ちを繰り返したことになる。彼がノースの提案に沈黙せざるを得なかったのはそのためである。

しかしながら、バークが貿易制限の緩和を擁護する中で意図したのはそれだけではない。アイルランドの悲惨な状況を深く憂慮した彼は一七六〇年代初頭に『カトリック刑罰法論』の執筆に着手した。結局それは未完のままに終わったが、その中で彼は、カトリック法が法としての妥当性をまったく有さないばかりか、「不正かつ拙劣で何の効果もなく、この国の繁栄、道徳、安全に不幸な影響を及ぼす」(WS, IX, 452)とともに、社会を閉塞した状態へと至らしめ、アイルランドの有用性を著しく損ねる結果となっていると、厳しく指弾している。この点で、貿易制限緩和問題は、ウィッグの政治家として彼がそうした趣意の基にアイルランド問題の中で最初に深く掛かりあった問題であり、それは、生国のアイルランドが「自由貿易」に参入することにより「利害と愛情」からブリテンと緊密に結びつくことで、一方的に従属した貧しい下位国家から脱して帝国内で栄誉ある地位を占める国家へとなるよう祈念してのことであった。

と同時に留意すべきは、貿易制限緩和問題と併行して、アイルランド下院ではカトリックの土地の取得・保有に関する救済法案が審議されており、これについてもバークが深く関与していた形跡が認められることである。(9) このことは、アメリカ植民地の分離独立が自明な事柄となりつつある中で、彼がこの機を捉えてアイルランドの情況の改善に着手しようとしたこと、そして貿易制限の緩和はその手始めではあったが、単にそれだけにとどまらず、その後のアイルランド問題の中心主題となるカトリックの救済・解放に向けた前提条件として位置づけられていたことを意味する。(10)

注

(1) その代表的な法令として航海法、家畜法、羊毛法等が挙げられる。アイルランドは、航海法により食料品やリネン製品を除きアイルランドの産品をアメリカ等の植民地に直接輸出すること、および砂糖や煙草、生綿、洋藍(インディゴ)等の産品をアメリカ等の植民地から直接輸入することを禁止された。また家畜法により畜牛、緬牛、牛肉、豚肉、マトン、ラムおよびバター、チーズ等の食料品をイングランドに輸出することを禁止され、羊毛法により羊毛・羊毛製品の輸出を禁じられ、さらに毛織物については禁止的関税によりイングランドの市場から事実上閉め出された。

(2) 通商停止が課せられたことについてバートレットは「憤慨はさらに油を注がれた」(Bartlett [2004] 75) といい、またスモールも、「貿易制限に対する先在的な憤慨は限界点にまで達した」(Small [2002] 49) と述べている。

(3) 一七七八年四月二八日にポール・ジョーンズ率いるアメリカの私掠船レインジャー号がベルファスト湾口に侵入し、英国海軍の船艇ドレイク号を捕獲した事件は、アイルランドに対してその実際的な危険性をまざまざと示した。Morley [2002]

189-90 参照。

（4）義勇軍は、一七七八年三月のベルファストを皮切りに各地で陸続として結成され、翌一七七九年六月にフランスと密約を交わしたスペインがブリテンに対して宣戦布告を行って以降急激に拡大、七月に一万八〇〇〇名、一〇月に二万五〇〇〇名、そして、その年の終わりには四万名を数えるまでに至ったとされる。McDowell［1979］256-7 参照。

（5）Lammey［1989］72-3. またスモールも、ラミーの議論に触れて、「それ［自由貿易］は、通例、ブリテンの貿易商人と同じ条件でブリテンおよび植民地の市場に参入すること（もしくは、少なくともアイルランド貿易に課せられた制限の徹底的な縮小）を意味した」（Small［2002］66）と述べている。

（6）またバークは、一七八〇年九月六日に行った『選挙に臨んでのブリストルでの演説』の中で、「わたしの唯一の思案は、われわれの情況に従いながら、どのようにして帝国に踏みとどまっている所を繁栄と愛情のうちにこの国と結合するのかということにあった」（*WS*, III, 630=『論集』三九九）とも述べている。

（7）バークは、一七七八年の貿易制限緩和法について「（わたしの意に甚だしく反して）貿易における正当な対応と関係をこしらえるのに必要な部分をめちゃくちゃにされ剥ぎ取られたために、まったく用をなさなかった」（*WS*, III, 630=『論集』三九九）と述懐している。当初の決議案から大幅に後退したそれは、その後により一層の緩和がなされてこそはじめて意義を有するものであって、ノースの棄却はまさにそれを台無しにするものであった。

（8）これについてオフラハティは、ノースの全面的な譲歩はバークにとってまさに「武力への降伏」以外の何ものでもなく、「バークは武力による脅威へのブリテン当局の降伏が彼の間の悪い沈黙の重要な要因であったことを暗に示した」（O'Flaherty［2007］111）と述べている。

（9）アイルランド下院議長の要職にあったE・S・ペリは、一七七八年五月二五日にバークに宛てた書簡の中で、彼の尽力に深謝し、貿易制限緩和法案が可決したことでアイルランドの世論が沈静化したことを伝えるとともに、併せてカトリック救済法案の要綱がアイルランド下院に提出されたことを付記している。（*Corr*, III, 450）

（10）バークの貿易制限緩和論に触れてオゴーマンは、「バークは、アイルランドのパトリオットであったが、しかしそれ以上にインペリアリストであった」（O'Gorman［1973］82）と評している。これについて、彼がインペリアリストであったという点に異論はないが、「それと同時にアイルランドのパトリオットであった」とする方がより正しいと考える。

第Ⅳ部

# バーク法思想・政治思想の基本問題

背景図版：母校ダブリン・トリニティ・カレッジの正門前に立つバークのブロンズ像（ジョン・H・フォーリー、1868 年除幕）［2016 年 3 月桑島撮影］
下段図版：「東インド会社総督ヘイスティングスにラッパ銃で砲撃をくわえるバーク（左端）」：ジェイムズ・ギルレイ（着色銅版画：ウィリアム・ホランド）、1786 年、大英博物館（BM6955）所蔵

# 第9章 自然法・自然権・社会契約

高橋和則

バークが社会契約論的思考に対してどのような態度を取っていたのか。それは比較的以前から注目されてきた。近代政治思想を社会契約論者であるホッブズ、ロック、ルソーを軸として把握しようとする姿勢は比較的長期に及んだが、それからすればバークを彼らとの距離で理解しようとすることになり、ほぼ必然的にバークの自然法・自然権論、社会契約論が論点になったのである。

だがこれはバークの政治思想を理解するのに必ずしも適切な文脈とは言えないということが明らかにされつつある。このことはバークの社会契約論を検討することの意義に影響するだろう。だがこの文脈に依拠することと、バークが政治思想を形成する環境として契約論的思考が存在したことを意識することとは異なる。しかも名誉革命体制を支持するウィッグであるバークにとって契約論は環境に留まるものではなかったのではないか。バークは『フランス革命の省察』で「確かに社会は一つの契約である」とも書きつけている。とすればバークの契約論に対する態度は改めて検討する価値があろう。

ところでバーク政治思想の研究には一つ踏まえておくべきことがある。それは解釈とは思想家の言説の中に研究者の関心を読みこんだ結果でもあるということである。それを完全に否定することは不可能にしても、しかしいささか恣意的な読み込みになることもある。これはバークに限らないが、しかしバークの場合は顕著で、あまりにも多様なバーク像の出現に繋がった。ここで言及する余裕はないが、アイザック・クラムニックが『エドマンド・バークの怒り』の一節でその出現の経緯を簡潔に整理しており（Kramnick［1977］39-51）、バーク研究においては必読文献ともなっていることは押さえておくべきだろう。

さてここではバークの社会契約論的思考について結論を出すことそのものよりも[(1)]、今後の研究の一助とすべく二〇世紀の幾らかの先行研究でどのように解釈されてきたのか、その議論の布置を確認することに力点を置くこととしたい。

## 第1節　変容説と一貫説

アルフレッド・コバンの研究は現在でも参照される基本的なもので、自然法との関係で社会契約が検討されている。コバンによればロックの自然法が理性法ともいうべき合理的なものだったのに対し、バークのそれは「神の超自然的な法」で、その差異が社会契約の理解にも反映している。もちろん「ロックにとってもバークにとっても契約は曖昧で抽象的な同意ではなく、極めて明確に、一国の国制なのである」という共通点はあるが（Cobban［1960］50）やはり異なっている。「ロックが自らの政治理論の枠組みとして保持した自然権の体系は、実践的にはバークによって放棄されたと思われる。バークは意識的で高貴な功利主義によって正当化した。それは政治社会の目的に関するバークの見方であり、また政治社会の性質に関してはロックよりもバークの見方は進んでいた。契約論はウィッグの政治枠組みの本質的要因であるから、バークは特に問題とすることもなく自然にそれを受け入れたが、彼の精神の中で契約論は独自の変容を受けることになる」のである（Cobban［1960］49）。そこでコバンが依拠しているのは、冒頭に挙げたバークの言及である。

確かに社会は一つの契約である。単なるその場限りの利益のための、従属的な契約は任意に解除しうるかもしれない。だが国家は、例えば胡椒、コーヒー、インド綿布、煙草の貿易やその他重要度の低いもののように細かい一時的利益のために締結されて当事者の意向一つで解約される程度の、パートナーシップについての合意と考えられるべきではない。それは別の崇敬をもって見られるべきものである。なぜならこれは一時的な壊れやすい本性の粗野な動物的存在に資するにすぎない物事のパートナーシップでは決してないからである。それはあらゆる学問、芸術のパートナーシップであり、全ての徳、人格的完成におけるパートナーシップである。この種のパートナーシップの目的は、数世代でも達成されないとき、単に生きている人間の間だけではなく、現に生きている者、すでに死去した者、今後生まれる者との間のパートナーシップとなる。個々の特定の国家の個々の契約は、永遠の社会の偉大な原始契約の単なる一条項に過ぎない。それらは下位の本性を高位のものと、可視の世界を不可視の世界と結び付けている。（WS. VIII. 146-7 =『省察』一一三）

ここからコバンは「バークの契約はロックの散文的な社会契約ではなく、『下位の本性を高位のものと結び付け、可視の世界を不可視の世界とを結びつける永遠の社会の偉大な原始契約』である」として（Cobban［1960］42）、このバークの社会契約論はまず第一に、単純な世俗性に留まらない性格を備えていると捉える。

第二は、ロックの理論によれば世代が異なれば新たに契約を結び直すことになるが、バークは「ロック主義的理論の真に正しい部分をそこだと考えた」（Cobban［1960］51）。これによってバークは世代を越える契約の観念を作り出したのである。ヒュームが契約論を放棄したのにも関わらず「バークはこの古い観念を放棄しようとは決して考えなかった。それ以上にこの契約理論はウィッグ党に特殊な教義だったのである。彼はこれを擁護して国家契約理論は疑いなく受け入れられたものである、と言っていると見てよいだろう」(Cobban［1960］52-3)。バークはむしろ社会契約論の世代間問題をポジティブに理解したという、極めて興味深い解釈を提示している。

だがコバンによればバークの議論は変化した。「言葉を費やして契約理論を放棄することはなかったが、彼は、全ての人間が必然的に、生まれるとともに政治的に服従することになるのであり、成長して成年となれば自動的に政治体の完全な成員となり、その結果としての諸義務に従うことになると考え、暗黙裡に契約論から離脱した」。「バークにとって、社会から切り離されたものとして個人を道徳的合理的存在と考えることはできない。社会によって彼は道徳的人格を形成し、条件づけられ、付与される」(Cobban［1960］53)。つまり近代社会契約論の基盤をなす個人主義に対して距離を置き有機的社会観を採用していったため、契約論的な議論構成をしなくなったのである。これについてコバンは典拠を示していない。だが「契約論から離脱した」というのがいつのことなのかは疑問である。というのもバークが「社会は一つの契約である」と記したのはバーク晩年の『省察』においてだからである。また「社会によって彼は道徳的人格を形成し、条件づけられ、付与される」のは、契約後成立した市民社会が個人に与える影響に焦点を当てた議論であって、特に契約論を放棄しなければ主張しえないとまでは言えないようにも思われる。変容説を採用するには、より具体的な論証が必要であろう。

このコバンの変容説に対し、一貫して契約論を否定していないとする解釈も提示されている。それはレオ・シュトラウスの『自然権と歴史』で展開されている。シュトラウスは近代自然権理論がルソーにおいて極限まで展開され行き詰まりを見せたのに対し、それに対抗して古典的理論に回帰したバークが克服したという構図を提供した。

シュトラウスも自然権概念からバークの契約論を考察し、次のように総括的に述べる。「バークは自分の推奨する政策の正しさを当時の聴衆に説得するのに役立ちうると思われる場合には、いつでも躊躇することなく近代的自然権の言語を用いたが、その理由の一部はバークの思想の実践的性格から説明される。彼は自然状態、自然権、人間の権利について、また社会契約、コモンウェルスの人為的性格について語った。しかし彼はこれらの諸観念を古典的あるいはトマス的枠組みの中に組み込んだとも言えよう」(Strauss［1950］296=［一九八八］三〇六)。

シュトラウスはバークが社会契約論的概念を否定したとは理解していないし、バークが変化したとも理解していない。先ほどのバークの言及も含めかなりの論拠を示しつつシュトラウスは次のように解釈している。

バークは自然状態にある人間、つまり「契約以前の」人間が自然権を持つこと、自然状態においては全ての人が「第一の自然法たる自己防衛の権利」、「自分自身を支配する権利すなわち自分自身で判断し自分自身の言い分を主張する権利」、それに「あらゆる事物に対する権利」さえも有することを進んで認めている。しかし「あらゆる事物に対する権利を有することによって、彼らはあらゆる事物を欲求する」。自然状態は「我々の赤裸々なおぞましい自然本性」の状態である。すなわち我々の徳によって我々の自然本性がいかなる仕方においてもまだ影響を受けていない状態、つまり原初の野蛮な状態である。したがって、自然状態とこの状態に属する「人間の完全なる権利」は文明化された生活のための基準を与えることはできない。我々の本性の欲求は全て、間違いなく我々の高次の本性の欲求も全て、自然状態から市民社会の方へと志向する。つまり「粗野な自然状態」ではなく市民社会こそが真の自然状態なのである。バークは市民社会が「協定の産物」であり「一つの契約」であることを認めている。しかしそれは特殊な種類の「契約」であり「パートナーシップ」である。「あらゆる徳と全ての完全性におけるパートナーシップ」である。(Strauss［1950］296=［一九八八］三〇六〜七)

人間は自然状態から社会契約を結び市民社会へと入るという図式を、バークは受け入れていると理解されている。ただしこの契約はいわゆる近代社会契約論者のいう契約とは異なる性格を持っていることが強調されている。シュトラウスはここで野蛮と文明の図式をバークの言説に見て取り、自然状態と市民社会の関係が野蛮と文明の関係に重ねられていると指摘する。だがバークの「（市民社会は）あらゆる学問、芸術のパートナーシップであり、全ての徳、人格的完成におけるパートナーシップである」という言及を、文明社会論としてよりも人格的完成の場としての国家という古典的観念に引き付けて理解している。

他方シュトラウスによれば、バークが契約はそれ自体で拘束力を持続するとまでは考えていなかった。「バークはあらゆる権威はその究極的起源を人民のうちに持つとか、主権者は究極的には人民であるとか、あるいは、あらゆる権威はこれまで『契約を結んだことのない』人々の契約に究極的には由来するというような見解を斥けはしない。しかし彼はこれらの窮極的な真理や半真理の政治的有意性を否定する。『もし市民社会が協定の産物なら、その協定が市民社会の法でなければならない』。ほとんど全ての実践的目的にとって協定、原始契約、つまり確立された国制が最高の権威を持つ。市民社会の機能は欲求の満足にあるのだから、確立された国制はその権威を、原初的協定やその起源から導き出すというより、むしろその国制が幾世代にもわたって有効に働いてきたこと、あるいはその成果から導き出す。正統性の根拠は、同意あるいは契約にではなく、実証された有効性つまり時効にある。『契約を結んだことのない』未開人の原始契約とは異なった、時効のみが国制の知恵を示し、したがってまた国制を正統化することができる」（Strauss [1950] 298-9＝［一九八八］三〇九）。つまりシュトラウスは、バークにおいて契約は国制や法の形をとるが、それそのものではなく、その中で存続したものだけが拘束力を持つと理解している。権威の源泉は契約そのものではなく時効であるという形で時効と契約を関係づけたのである。

## 第2節　契約論否定説

前節の解釈は様々な意味で以降の解釈の前提となった。とりわけシュトラウスの解釈に強く影響を受けたと思われるのがピーター・スタンリスの『エドマンド・バークと自然法』、『エドマンド・バーク　啓蒙と革命』である(Stanlis[1958][1991])。といっても結論は異なる。スタンリスはバークが自然状態はないと論じたと解しており、社会契約については言及していないが、社会契約は自然状態から結ばれる以上、通常なら社会契約も拒否していることになる。

スタンリスの独自性は主としてバーク初期の風刺的著作『自然社会の擁護』に依拠した点にある。この風刺の対象はボリングブルックなのだが、それに加え挙げられてはいないがルソー（のとりわけ『人間不平等起源論』）でもある。スタンリスは特にルソー批判の側面を重視しているが、そこにシュトラウスの影響が垣間見える。

スタンリスによれば「バークの風刺の主要なテーマはルソー主義者の逆説であった。つまり『自然』に近い単純な社会は、一八世紀ヨーロッパの複雑で洗練された『人為的』市民社会よりも道徳的に優越しているという逆説である」。「バークは自然状態に関する、いかなる真摯な考察も完全に拒否した」(Stanlis [1958] 127)。確かにバークの『擁護』にはそうした側面があることは否定できない。そしてスタンリスは次のように敷衍する。「バークにとって市民社会の状態は自然法を実現するのに絶対的に必要な手段である」。「バークは自然状態を完全に拒否したが、バークを批判する者はそのことから、バークがホッブズ、ロックの政治思想、政治的伝統から、そして彼らの『自然権』に関する革命的構想からいかに距離を置いているかを知らされることになった」(Stanlis [1958] 128)。自然状態を拒否する以上、そこにある自然権も拒否することになる。しかし本当にバークが自然状態を拒否していたのだろうか。

スタンリスは後期著作でもそれは一貫しているとする。その際依拠するのは『省察』および『新ウィッグから旧ウィッグへの上訴』における以下の一節である。

私は実践において人間の真の権利を否認する意図など（…）全くないように、理論的にもそれを否定しない。彼らの偽りの権利の主張を私が否定するからといって、真の権利を、つまり彼らが僭称する権利で逆に完全に破壊されかねない権利を侵害する気持ちなど全くない。もし市民社会が人間の利益のために作られるなら、その作られた目的である利益全てが彼の権利である。市民社会は恩恵の制度であり、法律それ自体が規則に基づく恩恵に他ならない。人間はこの規則に基づいて生きる権利を有し、それゆえに相手が公職にあるのと通常の生業に従事するとの別なく、同胞との間にあるものとして正義への権利を有する。彼らは自己の勤労への権利を、そしてこの勤労を実り豊かにする手段への権利を有する。（…）私は各個人が国家の運営において共有する権力、権威、指揮などを、市民社会内の直接的で本源的な人間の権利に数えることを拒否する。何故なら私の考察対象は市民社会の人間であって、それ以外ではないからである。これは協定によって定められるべき事柄である。（…）人間は、市民的状態以前と市民的状態の双方における権利をともに享受することはできない。（WS, VIII, 109-10=『省察』七五～七）

このような大打撃を生み出した偽りの『人間の権利』は人民の権利ではあり得ない。何故なら人民であるということと、こうした権利を持つということは両立不能だからである。一方は市民社会の状態の存在を前提とし、他方はその欠如を前提とする。（WS, IV, 457=『論集』六七二）

ここからスタンリスは「バークは、人間の本性は本質的に市民的状態にあり、彼の市民としての『諸権利』はその社会の協定によって決定されると考えている。市民社会において原初的な自然状態の仮定的な『諸権利』を享受しようという革命的な欲求は、人間の真の市民的権利を破壊するに至る」という（Stanlis［1958］130）。それゆえ自然権も、その在り処たる自然状態も認められない。

このスタンリスの理解は一応の説得力を備えているが、他方で異なる理解の余地も許している。バークは「市民社会以前の状態」つまり自然状態と「市民社会の状態」を区分し、後者を「恩恵」「利益」とする。つまり前者にある不利益を回避するために後者を作り出したのである。とすれば、ひとまずバークの思考にも自然状態は存在していると理解すべきではないか。またスタンリスが「社会の協定」と言う時、その意味も疑問である。というのもしばしばこれが社会契約であると解されるからである。

キャナバンも自然権の点でこのスタンリスに反論している。「バークを論ずる多くの者は、彼が自然権と自然法をともに拒否していると結論付けてきた（スタンリスの『エドマンド・バークと自然法』はそれらを論じている）。だがこうした論者はバークの重要な点を見逃している」。先の引用後半部「彼らは自己の勤労への権利を、そしてこの勤労を実り豊かにする手段への権利を有する」を念頭に「バークにとって、所有権は人間本性の根底からくる衝動に対応した自然権である」と論じ（Canavan［1995］47-8）、所有権を自然権と考えていた点が見逃されてきたことを指摘している。勤労は自然状態にも存し、それを保障するのが市民社会であるということであろう。その意味でキャナバンもバークの思考において自然状態の存在を認めていると見てよい。

実はバーク自身が「自然状態」という語を使用している。だがそれが通常の意味では使用されておらず、そのことが自説を補強するものとスタンリスは指摘した。「バークは以下のように書いている。『市民社会の状態が自然状態であ』り、そこは『神の法（…）自然的道徳諸法』によって支配されている」（Stanlis［1958］131）。

ここで依拠しているのは『上訴』と『サー・ハーキュリーズ・ラングリッシへの手紙』である。

市民社会の状態が自然状態である。野蛮で一貫性のない生活様式よりも格段にそうである。何故なら人間は本性的に理性的であるからであり、彼は理性が最高度に開発され、理性によって支配されている状態に置かれた時、ようやく完全に自然状態に入るのである。技芸が人間の自然本性なのである。」（W.S. IV. 449=『論集』六六三）

（国王の戴冠時の宣誓の文言を吟味して）「第一に国王は自己の力の限りを尽くして『神の法』を維持すると宣誓している。私はこれが自然的道徳諸法を意味すると考えている。[2]（WS, IX, 607=『論集』七五三）

ここから「バークは『自然』と『人為』が対立的関係にあることを完全に拒否し、市民社会における人間を叙述するために『自然状態』の語を適用している」とスタンリスは言う。そしてバークの「技芸が人間の自然本性なのである」という言及が「ロック主義的自然状態の原初性、単純性への完全な拒否を端的に表している」とする（Stanlis［1958］131）。このバークの用語法が人間の自然本性は文明化した生活であることを強調するものだという理解は正しい。だが他方で、それがロック的な自然状態という概念そのものの存在まで否定していると言えるだろうか。自然状態は人間の自然本性には合致しない状態であり、脱却すべき状態であると述べているに過ぎないのではないか。

これについてもキャナバンが言及している。「人為的なものと自然的なものは必ずしも相互に対立する訳ではない。両者は補完的でありうるし、またそうであるべきである。というのも人為的なもの、協定的なものは、それによって人間本性が現れるものであって、その自然本性上の目的が達成されるものである」。「技芸が人間の本性であるのは、技芸、技術によって人間は市民社会を構築するからである。この市民社会は、適切に構築されるなら、彼の自然本性的な資質が十全に開花しうる環境である。それゆえバークは市民社会はある意味での自然であると主張しえた」。そして以上よりキャナバンは「バークにとって重要なのは、目的としての所有権そのものではなく、所有権の安全と安定だった。これについての関心はバークの生涯を通じて見られる」と言う（Canavan［1995］52-3）。所有権は自然状態における自然権として理解されており、「協定」によって作り出された「人為的」状態でそれが安定化されるという図式で、「協定」を社会契約と理解していると見てよい。

小松春雄もやはり社会契約をバークは否定していると解している。コバン、シュトラウスの影響の下、自然法との関わりで社会契約を取り上げ、バークのいう自然法が伝統的自然法思想に依拠するものであるとする。「このような伝統的自然法思想に立つ時、近代自然法の理論的支柱である『自然状態』の如き観念の生じる余地はないのである。キケロやローマのストア派は、自然状態を問わなかったが、バークもまた制度以前、歴史以前の状態を考えなかった。彼にとっては、理論的根拠は異なるがヒュームと同様に、自然状態は歴史的実在とは考えられなかった。また彼は政治の学問を思弁的科学でなく実際的経験科学であるとしたため、哲学的要請として自然状態を設定することも拒否せざるをえなかった。さらに彼は人間の社会的結合や文明生活の本源に聖なる神秘性を認めていたため、自然状態から出発して政府の起源に論理のメスを入れることを、神聖の冒涜として排撃せざるを得なかった。かくて彼は市民社会がいかに欠陥に満ちておろうとも一応そのままにこれを尊重しようとした」（小松［一九六一］一一八〜九）。ここではバークの文言は踏まえられていない。また名誉革命体制を支持するウィッグとして契約論には遠くないという要因も検討されていない。それゆえ思想的変化という理解もなく、ほとんど伝統的自然法論者であるという性格づけのみから演繹的に自然状態と社会契約の否定という結論が導き出されている。

小松はコバンでは変化の結果として挙げられた有機的社会観に依拠している。バークにはロックの影響があるものの「ロックとバークとの関係を眺める時、バークは重大な点でロックと異なっていた」。それは個人の把握に関する。「彼は人間は生まれながらにして政治的社会的服従義務を負うていると考えていた」。「彼はアリストテレスの政治学や倫理学から人間社会に関する発想を学び取っていたが、特に『人間は政治的動物である』との命題を彼の政治理論の骨格としていたのである。したがって社会から分離していた人間の存在の如きは、彼にとっては単なるイメージにすぎなかった。そしてこのような有機的社会観に立つ時、社会契約、自然権、抵抗権の如きものを認めることはあっても、それが果たしていかなる意味を持ちうるものであるかは自ずから明らかであった」（小松［一九六二］一〇九～一一〇）。ここでは依拠したバークの文言を明示しておらず、社会契約、自然権、抵抗権という概念をバークが使っていることは踏まえているが、契約論的思考よりも、バークの思考に密接に連関するのはゾーン・ポリティコン論であると捉えられている。社会を形成するものは個人の契約ではなく人間の本性なのである。そこから「このように『自然状態』を否定する時」、契約の意味は「何よりも神の法を守るという意味においての契約」となる（小松［一九六二］一一九）。シュトラウスを踏まえ、トマス的な国家社会像に引き付けてバークを理解していると理解してよいであろう。

こうした社会契約否定論が説得力を持つのは、やはりバークの思想にはフランス革命批判に見られる契約の解除の不能性、つまり抵抗権否定の主張があるからであろう。だが否定論者にとって棘になっているのは、抵抗権を認めているかに思われる議論をバークが行っているからである。先に小松が「抵抗権の如きものを認めることはある」としていたのは、それを念頭に置いていたからと思われる。初期著作の『現代の不満の原因を論ず』や『カトリック刑罰法論』にそれが見られるが、ここでは後者の以下の一節を挙げよう。

> 武器の使用を含む自己防衛の権利について、この権利は自然法からくる権利の一つであり、実際、その第一のものだが、しかし危険な濫用への誘惑が多すぎるため、賢明な共同体の多くはこれに幾らかの制限を設ける必要を見出してきた。（WS. IX, 449）

これは公刊はされなかったがバークがイギリスのアイルランド統治の問題について批判的に論じた著作の一節である。ここを踏まえ岸本広司は『バーク政治思想の形成』でロックの社会契約論に影響を受けたことを前提に、抵抗権を完全に否定してはいないと論ずる。だが「バークにおける同意の理論を、余りに『急進的』に解釈してはならないであろう。というのもバークにおいて、いわゆる民衆の抵抗権は、ロックに見られるほども明瞭には承認されていないからである。確かに『武器の使用に存する自己防衛の権利』は『自然法による権利の一つである』と言われているところからして、バークが抵抗権を何らかの形で認めているのを否定することはできない」とし「バークが抵抗権を認めながらも、むしろその乱用を諫めて、それを規制するところに賢明な在り方を見て取っていることに気づくのである。実際バークの理論は表面的にはラディカルな様相を帯びつつも、実はロックよりはるかに穏健なもの」で「バークにおいて同意の理論は民衆の抵抗権を導出するためのものというよりは、むしろ立法者に立法者たる義務や責任を自覚せしめる、多分に倫理的色彩の濃い理論であった」と解する（岸本［一九八九］三二一～二）。抵抗権の行使可能性は統治の失敗の度合いのまたとない目盛であるとバークは判断したということである。

こうして岸本は抵抗権をロック的に理解すべきでないとし、さらに社会契約論に対しても否定的に理解する。「なるほどバークも『社会は一種の契約である』と述べている。しかし彼の言う契約とは『神』と祖先から子孫までを含む概念たる『国民』との間の契約であって、ホッブズやロックのような近代的観念では決してなかった」（岸本［一九八九］二五五）。こうして「バークはイギリスの憲法体制を文明化された社会（国家）と看做し、それを偉大な精神的倫理的共同体として把捉した。ところでこのような性格や構造を持ったイギリス憲法は、バークの考えでは一六八八年の革命によって確立されたものである。けれども（…）イギリス憲法は、一時期を画して『白紙』の上に合理的に制定されたのではなく、それは悠久の昔から歴史の風雪に耐え抜いて徐々に成長してきたものなのである。バークは社会契約論者のように、憲法を一世代の主観的意志でバラバラに解体し、ついでただちに再構成しうるような人為的操作の対象とはしなかった」（岸本［一九八九］二五五）。このようにイギリスの国制は社会契約論的作為の産物ではないとバークは認識していたと岸本は解している。

岸本は『バーク政治思想の展開』においても、バーク『省察』の以下の文言を契約論的思考に対立するものと解釈している。

我々の所有する全てのものは先祖からの相続財産から引き出そうとしている。名誉革命の時期でも我々はそう願ったし、現在でもそう願っている。この相続財産の幹や元株に、それとは異質なものを接ぎ木しないように注意を払ってきた。我々がこれまでに為してきた全ての改革は、過去を参照するという原理に基づいている。そしてこれからなされる全ての改革も、類似する先例、権威、実例に依拠して注意深く行われるであろう。私はそう望む。いや確信している。（WS. VIII, 81＝『省察』四一）

岸本によれば「バークはこのようなイギリス憲法の中に永遠の史的連続性を看取した」。「バークにとって自由や権利は、憲法と同じく、新たに獲得されるものというよりは古来より伝えられてきた個々の具体的な相続物なのである。バークは自然状態や自然権といった知的仮説を認めなかった。もちろんバークも時にはそうした言説を用いている。しかし彼のいう『自然』は『人為』の対立概念ではなかった」（岸本［二〇〇〇］五六一）。この作為性、人為性の否定はシュトラウスの解釈を引き継いでいるが、社会契約の否定という点ではシュトラウスと岸本は対立している。シュトラウスがバークは社会契約論をひとまず受け入れた上で、しかし契約だけで正当性が保障されるのではなく、時効が必要だとしたと解しているのに対し、岸本は契約か時効かを二者択一としバークは時効を取ったと解している。この二者択一が正しい問題設定かどうかは検討の余地があろう。

## 第3節　契約論肯定説

こうした社会契約否定説に対して、バークは何ほどかは社会契約を受け入れていたとする解釈も少なくない。そうした論者はバークの抵抗権論には余り言及しない傾向にある。例えばコニフは、バークが契約の解除に関しては否定的だったことを『省察』および『上訴』を引いて指摘している。

確かにある時期には王朝の全ての創始者たちは彼らに統治を委ねた者たちによって選出された。選択の幅の制限に大小はあったにしても遥か以前の時代ではヨーロッパの王国全ては選挙制であったという意見には十分な根拠がある。だがここであれその他であれ、一千年前に国王がいかなる存在であったのか、あるいはイギリスやフランスの支配にあたる王朝がどのように始まったのか、これらがどうであれグレート・ブリテンの国王は今日ではこの国の法により定められた継承の規則によって国王となっている。（WS, VIII, 65=『省察』二一）

市民社会は最初は自発的任意的な（承認）行為の産物かもしれないが（多くの場合それは間違いなく自発的任意的だった）その継続は、社会とともに続く、恒久的に有効な契約に基づくし、またそれはその社会の全ての成員と、彼自身が正式な（承認）行為をしなくとも結び付いている。これは人類の一般的通念に発する一般的実践によって保障される。（WS, IV, 442=『論集』六五四～五）

これらからコニフは「バークは統治に関して歴史アプローチを採用したが、その結果社会契約および革命理論に対して敵意を持つことになった」と解釈する。「バークは社会が一つの社会契約に根ざしていることを否定はしない。だがその事実のもつ意味は時間と環境によって大幅に失われることを示唆した」（Conniff［1994］89-90）。バークにとっては契約のみが統治の正当性を保障する訳ではない。コニフはバークが『省察』で以下のように述べている点に注目している。

国王ジェイムズは統治の権限を正当に得ており、決して簒奪者ではないが悪い王である。（WS, VIII, 74=『省察』三一）

ここから「政府に関する判断基準はパフォーマンスの良し悪しであって、設立の起源ではないとバークは考えていた。バークによれば多くの政府の起源は征服によるのであり、時間の経過によって合法性を獲得する。そうした政府でも、現在満足のいくものなら拒否する理由はないと彼は考えた。他方でたとえ統治の権限を正当に獲得していようとも、それが良き支配を行う保障はない」のである（Conniff［1994］90）。コニフはバークの統治に関する議論の力点は契約にあるのではなく、統治のパフォーマンスにあると強調している。だが契約を否定してはいないことも同時に認めている。コニフはその点について、『刑罰法論』の以下の一節を踏まえて論じている。

いかなる形態の統治であれ、人民が真の立法者である。法が成立する直接的な原因、手段的な原因が一人の人間であっても多数の人間であっても、遠隔的だが有効な原因は人民の同意なのである。その同意が現実のものであっても暗黙のものであってもそうである。そしてそうした同意が法の有効性においては絶対的な本質をなしている。（WS, IX, 454）

ここから「我々が全ての統治の基礎には同意の論理があることを認めているとバークは考えている」とし「それゆえもし契約論を同意による統治を婉曲的に表現しているものと理解するならバークは明らかに契約論者である。ヒュームと同様彼はこの教義はナンセンスな殻の中の深部に真実が隠れていると考えていた」（Conniff［1994］

90)。この「同意」はおそらくコニフのいう「良きパフォーマンス」と結び付いている。後者が前者を取りつけ、それが持続性を付与するのである。契約の解除には極めて否定的だが、契約が成立している範囲内では契約論的であると換言することもできる。この理解は枠組みでいえばシュトラウスに接近していよう。

イアン・ハンプシャー＝モンクもバークを反契約論者と把握することはできないと理解している。「確かに社会は一つの契約である」という一節を踏まえ次のように論ずる。ウィッグにとって「契約」は基本的概念で、バークも当然にこの文脈に乗っている。名誉革命もこの契約概念で説明されるが、契約はリチャード・プライスに代表されるようにラディカルな意味も持ち合わせており「ウィッグは、貴族制的有産者階級的な統治の擁護者として、一世紀もの間このイデオロギー的遺産の極めてポピュリスティックな含意と格闘してきた」(Hampsher-Monk［2014］XX)。契約論的に統治を理解するにあたってウィッグ内部に二重性が存在し、バークをその一人とする「貴族制的有産階級的な統治」派とプライスをその一人とする「ポピュリズム」派が潜在的に対立しながら同居していたと把握される。それゆえバークは自身の契約論理解が「ポピュリズム」派のものと同一視される可能性に直面する。「バークはこの問題を二通りに解決しようとした。第一はこれを説明するに際して、歴史的な事実の問題として名誉革命が『契約』として解釈されるにしても、極めて保守的なものであるとし、フランス人を別とすると、プライスが主張した原理のようなものは一切確立しなかった、とする」(Hampsher-Monk［2014］XX-XXI)。そこでバークが『省察』冒頭でプライスの名誉革命理解に逐語的に反駁している点を念頭に置いているのである。そこで人民が主権者を選びまた罷免するという権利が認められたとする「ポピュリスティック」な社会契約論的理解をバークは否定した。だが主権者の即位は人民の自由の保障を条件としているという点で、人民との契約が更新され続けているという契約理解と言ってよい。

しかしバークの社会契約概念はさらに変更されている。「それに加えバークはレトリック的に『契約』を再概念化した。その契約がなされる時間、空間そして当事者を大きく拡大し、そのために契約の通常の理解に含意される個人主義や任意主義を掘り崩した。そして功利のため便宜のためのものとはもはや考えられないほどに契約の期間や条件を荘厳なものとした」（Hampsher-Monk［2014］XXI）。バークは社会契約を否定したのではなく、いわゆる社会契約論者の社会契約に「改良」を加えたと解されている。通常の社会契約の目的は国家の形成とりわけ統治にあるが、バークは目的を拡大した。ハンプシャー＝モンクは論じていないが、それは野蛮から脱して文明社会を形成するという契約ともいえよう。個々の社会の契約はその一部をなしていると解すればバークの主張もひとまず一貫して理解することは不可能ではない。

だが最も明確にバークを契約論者と位置づけているのはC・B・マクファースンの『バーク』である。バークをスミスの系列をなすブルジョワ政治経済学者と位置付け、バークにとって資本主義はすでに伝統的秩序だったとする本書は賛否を呼んだが、マルクス主義的立場から施した整理としては当然のものかもしれず、いわゆる社会契約論者とバークの距離は極小化する。そのマクファースンは『省察』の以下の一節に注目した。

社会は諸個人の情念を従えるだけでなく、諸個人の場合と同様、大衆や総体においてさえも、人間の性向がしばしば抑止され、彼らの意思がコントロールされ、情念を従わせることを要求する。これは彼ら自身の外部にある力によってのみ可能なのである。その力は彼らの意思や情念を拘束し抑制するものであって、それらに従うべきものではない。（*WS*, VIII, 111＝『省察』七七）

ここから「バークは、人々が市民社会に追いやられる以前のロックの自然状態が、ホッブズのいう『人類の自然状態』つまり人間の欲求が人々を誰一人として自分の人格も財産も確保できないような闘争に入らせる状態と、実質的には同じであることを見抜いていた。（…）バークの議論はホッブズとロックとの見事な混合物であるように思えるが、どちらかと言えばホッブズの方に近い。人々が市民社会に入るのは自然権を守るためではない。市民社会の参入に当たって、彼らはその社会と『絶対的に矛盾する』自然権を放棄しなければならない。自然権が矛盾したものであるのは、市民社会の外では人々の情欲に対する十分な抑制がないからである」。「これはリヴァイアサン国家そのものである。単に個々人だけでなく、人民全体が『従わせられる』べきなのである」と理解する（Macpherson［1980］＝［一九八八］七〇～一）。大胆な解釈だが、確かに情念をコントロールする力は個々人の内部からは決して生まれないとすること、そして人間は社会がなければ情念や欲望を制限する手段がないとすることはホッブズに近い。

さらに以下の『上訴』でのバークの主張にも留意を促している。

未開な自然状態にあっては、人民なるものは存在しない。一群の人間それ自体は、決して集合的な能力を持たない。人民という理念は法人の理念である。それは完全に人為的なものであって、他の全ての法的擬制と同様に、共通な合意に基づいて形成される。その合意の特定な本性が何であるかは、その特定の社会が作り上げられたその形態から推論される。それ以外の形態は彼らの契約ではない。それゆえに人々が国家にその法人としての形式と能力を付与した本源的契約ないし合意を破壊してしまえば、彼らはもはや人民ではない。法人的存在ではない。彼らは内部に対して拘束する法的な強制力も、外部に対して承認を要求する資格も持たなくなる。彼らは曖昧でルーズな多数の個人であって、それ以上の何者でもない。彼らはまた初めから全てをやり直すことになる。（WS. IV. 445＝『論集』六五八～九）

実はコニフもここに依拠して考察している。「バークは社会契約論がしばしば、人民が政府を設立する権利を保障するために、権力の濫用に対して説明責任を要求し、抵抗し、革命を正当化しようとしていることを無視できなかった」。名誉革命は評価しているが「バークは慎慮ある人間で、人々がちょっとした憤りからすぐに武器を取るようではいかなる統治も不可能であると考えていた。とりわけ彼は、政府が『失政』をすれば放棄されうるのだというフランスのラディカリストたちの要求に対しては激怒していた。彼の目には、それは観念としても余りに不確かすぎるものと映った。バークは革命については極めて強く留保を付けているが、それは、政府の解体を、組織された社会を残して新しい国家が与えられるのに備えている状態と見るジョン・ロックのようなウィッグの主要なテーマとの関係を断っているからである」（Conniff［1994］91）。コニフは社会契約の解除と自然状態への回帰への間に中間的な段階があることを否定していると解している。この段階の存在が抵抗権の認容可能性とリンクしているためであり、コニフのこの解釈はマクファースンのそれと親和的である。ここからはバークの想定する自然状態は、バークがその他の（とりわけ法とは主権者の命令であるとする点や自然状態よりは専制の方を良しとする）点でいかにホッブズに否定的であっても、自然状態については重なっていることが見えてくる。それはバークの抵抗権に対する否定的な態度をも説明しうる。ホッブズ同様バークもこの自然状態という未開状態に回帰するという選択はあり得ないと考えることもできよう。

さてしかしマクファースンは、バークの社会契約の考え方には問題点があると指摘している。それはやはり以下の『上訴』における人民の理解の仕方に現れている。

人間が一つの人民の重みと性格に基づいて行動するためには、彼らがこの法人格を得た目的に応えるためには、彼らが（直接もしくは間接的な手段を通じて）慣習的な社会規律のある状態にあると想定しなければならない。その状態においては、より賢明で、比較的熟練を積んだ、富裕な者たちが、弱者で知識にも財産にも恵まれていない者たちを指導し、それによって彼らを啓発し保護する。もしも群衆がこの規律の下になければ、彼らは市民社会の中にいるとは言えない。（WS. IV. 448=『論集』六六二）

ここから「もし人民の同意が市民社会と既存の統治体制とを権威づけてきたと見なされるべきであるならば人民はその本源的権利を用いて自分たちの欲するいかなる形態の政府をも設立できるのではないか、という問題」にバークは直面したとし「この問題はバークをもう一つの循環論法に導いていった。彼らは諸個人の単なる集合ではなく、一つの人民として組織されている時にのみ、その権利を正しく用いることができる。そして彼らが『一つの人民』と見なされうるのは、すでに彼らが階層性秩序を受け入れている時のみである」と解している(Macpherson. [1980] = [一九八八] 七三)。ここでマクファースンが言おうとしているのは先ほどの中間的段階の不存在と関係する。政府を解体した時、そこに人民はいないので、政府を再構成する権利を持つものがいなくなるということである。このマクファースンの解釈はこれまでの理解と合致するが、しかしバークがここで言おうとしていることと微妙なずれもあるように思われる。つまりバークがここで市民社会と言っているものは、少なからず文明社会的色合いが含まれる。マクファースンが「階層的秩序」と言っているのは文明化の側面があり、その点がいささか見過ごされている懸念があろう。

以上幾らかの先行研究に即して、バークの社会契約論がどう理解されてきたかについて整理してみた。バークにおける社会契約が論争的であることが改めて明らかになったと思われる。あえて傾向を見出すとすれば、近年は若干肯定論に傾いている気配がないではない。伝統的自然法に傾斜した理解から近代イギリスのウィッグの一員としての理解へとバークの捉え方の力点が変動したことと無関係ではないであろう。

筆者も肯定論の立場であるが、やはり肯定論からすると、一つの問題は抵抗権を認めているのか否かである。「武器使用を含む自己防衛の権利」をバークは認めているのか。本来はより丁寧に論ずべき問題だが、ここで筆者の見通しを述べておくと、バークは社会契約を単に純粋な理論としてではなく、歴史的現実に重ねて把握しようとしている点に留意したい。バークはイギリス国王が人民の自由を保障すると宣誓して即位する時、人民との契約がなされたと現実的に考えている。ヨーロッパにおいて封建制から絶対主義の成立までは、君主と騎士たちが武力衝突を起こしていた。そこで不服従は野蛮、自然状態と等価である。ここに国家がなかったわけではないが、しかし安定した主権国家はまだない。バークが「武器使用を含む自己防衛の権利」と言っているのはこの状況を想定しているのではないか。主権国家の安定化とこの権利の制限は同時進行であったことをバークは指摘していると考えられよう。ここでは契約の更新が服従の調達にとって重要であった。このように考えれば、抵抗権は野蛮な自然状態への回帰として強く否定されるものと解されるし、翻って契約論的思考の存在が明らかになる。だがそれはバーク的な変容を帯びていた。

しかし否定論者の議論が切り捨てられるべき過去の議論とは思われない。結論は別として、本文中に指摘できなかった点も含め、バークの議論の解釈の仕方として興味深い点は多々あり、依然として今後の研究に貢献することは疑いないことは改めて確認しておきたい。

注

（1）この点についてはすでに論じたことがある（高橋［二〇一二］）。

（2）この議論にはいささか無理があるように思われる。まず『上訴』と『ラングリッシへの手紙』を無媒介的に接続することもあるが、何より、国王が統治の際に従う法と市民社会を貫く法を同一のものと考えている点である。これらはひとまず異なる次元のものであって、互いに矛盾はしないだろうが、同一のものと考えることには、もう一段の議論が必要であろう。

（3）この「同意」概念はロックの契約論と重なるものか筆者は多少疑問を持っている。コモン・ロー思想家のマシュー・ヘイルは異なる文脈で「同意」概念を使っており、筆者はこの文脈で理解すべきと以前に論じた（高橋［二〇〇七］［二〇〇八］）。

# 第10章

# 国家・古来の国制・文明社会

土井美徳

## 第1節　バークにおける「国家」とは?

バークの「国家論」を議論しようとする際、われわれは考察の前提として、以下の二つの問題をまず検討しておく必要があるだろう。一つは、そもそもバークの政治思想のなかに「国家（state）」という術語にともなう正確な意味での近代国家の概念が成立しているのか、という点である。そしてもう一つは、バークの政治言説のなかに国家の問題も含めて一定の理論的体系が存在しているのか、という点である。

最初に、国家の概念をめぐる問題について確認しておこう。周知のように、stato に由来する state, Staat, état などの語で表現される近代西洋列強の国家概念は、軍事・警察、行政官僚機構、通貨発行、課税・関税、財政など、領土と住民を統制するための「装置」としての統治機構の全体を意味している。またそれは、議会と裁判所による法治国家としての要件を、さらには最高法規＝基本法をそなえた立憲国家としての要件を備えるようになった。たしかにバークも、国家の権力作用を司る統治形態のあり方を議論していたし、憲法に基づいて国家の統治機構立憲主義的な統治をバークは想定していた。すなわち、法の支配の下に「権力の制限」と「自由の保障」を図ることを基本原理とした近代の立憲主義的な統治をバークは想定していた。

しかしながら、同時に彼の描く「国家」は、単なる政治的装置ではなく、倫理的・道徳的空間でもあった。彼によれば、「国家（the State）はその本性上、道徳的であらねばならない」。国家とは「物理的存在」ではなく、「道徳的存在（moral essences）」であった（WS, IX, 252, 188=『論集』九一九、八五三）。しかも彼のいう政治的空間に求められる道徳性とは、人間の理性や意思に基づいて策定された法規範において担保された型のものではなく、むしろそれとは逆に人間の理性と意思の可謬性や限界性を超えた地平において求められていた。時に彼はそれを、キリスト教的な摂理と関連づけて語ったがゆえに、バークの政治哲学の本質を宗教性や形而上学の要素で捉える研究も多く存在してきた。[1] 他方で、歴史的連続性や歴史的通用性に依拠して共同体の規範が論じられていたことから、バーク思想を「時効」の哲学として把握したり、コモン・ロー思想に彼の保守主義的思考の原型を求める研究も存在した。[2] いずれの場合にも、政治的空間が依拠すべき規範の根拠は、人間の理性や意思ではなく、「議会」の集合的な意思決定でもなかった。バークにとって政治的空間に求められるべき道徳性とは、これらを超えた地平において獲得されるべき倫理的規範であった。その意味で彼の論じる国家は、近代国家の一般的理解と異なる性格を帯びている。では、バークにとって国家とは、いかなる目的を持ち、どのような位置にあるものと考えられていたのであろうか。

次に、理論的体系の有無について検討しておこう。バークの議論の出発点は個別具体的な「状況」にあり、抽象的原理に基づく演繹的な政治理論に反対した。彼のフランス革命批判も「理論」や「形而上学」への批判として展開されていた。「何事であれ人間の行動や事象に関わる事柄について、……まったく裸のまま形而上学的抽象のなかに孤立させて単純に考え、断定的に毀誉褒貶するなど、私にはできない」（WS, VIII, 58=『省察』一二）。

こうしたことから、バークの思想に体系や理論、原理が存在するのかという疑問も提起されてきた(3)。

たしかにバークは、「いかなる理性的人間も抽象的なるものや普遍的なるもので自らを治めることはなかったし、私自身も決してそうはしなかった」と言明している。しかし同時に、「私は問題を考察する際に抽象的観念を完全に除外しているわけではない」とも述べている。抽象的観念を完全に否定することは「原理」を排除してしまうことになり、「健全で納得のいく諸原理の導きと光明なしには、政治上のすべての推論が他のすべてと同様に細部の混乱した個別的な事実と堆積にすぎなくなってしまう」からである。つまり、「状況」と「原理」は政治的思考を紡ぎ出す両輪のごとき機能で考えられていたのである。彼によれば、政治的思考は「原理を見失うことなく、状況によって導かれるべき」であり（WS, IV, 489-90=『論集』七八八）、状況が「あらゆる政治原理にそれぞれに固有の色彩を与える」（WS, VIII, 58=『省察』一二）。このようにバークは、国家や統治の問題には固有の原理が存在すると考えていたし、さまざまな状況下での彼の言説は政治原理を意識しながら語られていた。では、バークは、国家を論じる際、どのような統治原理に基づいて議論を展開していたのであろうか。

本稿の狙いは、バークにとって国家とは、いかなる目的を持ち、どのような位置にあるものと考えられていたのか、またいかなる統治原理に基づいてそれを議論していたのか、を明らかにすることにある。その際、彼の国家観と統治原理を、古来の国制と文明社会というパラドキシカルな二つの鍵概念を用いて考察を進めていく。彼の政治言説を、その初期から後期に至るまで通底していたものがあるとすれば、それは文明化という観念であった。人類の文明化を促進してきたものは何か、それがバークの思考を生涯貫く通奏低音にほかならない（Pocock [1985]; 岸本［一九八九］; 土井［二〇一三］［二〇一四a］［二〇一四b］; 小島［二〇一六］）。その意味で、バークの国家論を分析する際には彼の文明社会論がいかなるものかという観点からアプローチすることが必要になると思われる(4)。

## 第2節　文明社会論としての古来の国制

バークにとって、フランス革命はヨーロッパ全体の古来の秩序を解体する新しい世界観をともなった大事件であり、「機械論的哲学」の諸原理にしたがって「ヨーロッパの古来の国制」とその諸原理を破壊する野蛮の所業を意味した。ヨーロッパの秩序は「啓蒙と理性からなる新たな征服帝国」の手で解体される危殆に瀕していると思われた（*WS*, VIII, 128-9=『省察』九八〜九）。

ここで注目しておきたいのは、バークが「古来の国制」の諸原理を、イングランドの歴史に固有のものとしてではなく、ヨーロッパ全体の古来の秩序を支えた原理として把握している点である。イギリスと同様、革命以前のフランスの政治社会もまたヨーロッパの共通法としての古来の国制に依拠していたと見なされている。バークは、イギリス法の主要な構成要素である「古来の伝統的な慣習」について、それがイングランドも含む「ヨーロッパの文明化した地域に共通する古来の慣習」であると説明している（*WS*, I, 331）。彼は、「古来の慣習」という観念を、ヨーロッパの文明化を促進したモーメントとして理解しているのである。

古来性のなかに文明化を見るバークの視座は、古来の国制というコモン・ロー思想の系譜で語られているだけでなく、スコットランド啓蒙の言語にも依拠して展開されている。「意見と感情（opinion and sentiment）が織り成す体系の起源は古来の騎士道（the ancient chivalry）にある。この原理は……幾百世代もの長きにわたって継続し続けて、われわれの生きている時代にすら及んでいる。……現代のヨーロッパにその特質を賦与したものこそ、騎士道の時代の原理であった」（*WS*, VIII, 127=『省察』九七）。現代のヨーロッパの繁栄は「古来の習俗と意見（ancient manners and opinions）」に多くを負っており、「商業、貿易、製造業」などですら、その被造物である。それは、現代の文明社会を繁栄させてきた「自然的保護原理」である（WS, VIII, 129-30=『省察』一〇〇～一）。ここでは、伝統的なコモン・ロー思想の古来性の観念のなかに、文明化を促進する鍵としての習俗・意見というスコットランド啓蒙の観念が組み入れられ、汎ヨーロッパ的な古来の習俗と意見というバーク特有の視点が提示されている。[5]

以上のように、バークは、ヨーロッパの文明を生み出したものとして「古来の慣習」と「古来の騎士道」を提示する。それらは、ヨーロッパ世界が幾世紀にもわたって立脚してきた「古き基本的諸原理」（WS, VIII, 130-1=『省察』一〇四）を含むものであり、文明社会の礎だとされた。とりわけ、バークが擁護する「イギリス国制」は、「ヨーロッパの古きコモン・ローにあった古来の原理と範型（the ancient principles and models）を改善し、現状に適合させながら生き生きと維持してきた」体制であった（WS, VIII, 87=『省察』四八）。これに対して、フランス革命とは、自国の「旧来の諸制度」を覆そうとして、ヨーロッパの文明化の源泉である「古来の諸原理」を破壊してしまった事件であった（WS, VIII, 129=『省察』九九）。しかも、フランス革命は単なる政治的革命ではなく、人びとが持つ「感情（sentiments）、習俗（manners）、道徳的意見（moral opinions）」をも革新しようとする道徳的革命である（WS, VIII, 131=『省察』一〇二）。既存の諸制度を「白紙（carte blanche）」（WS, VIII, 206=『省察』一九七）状態へと解体するフランス革命の行為は、結果的に古来のヨーロッパ社会に涵養された人間の「徳」をも破壊してしまうことを意味した。このようにバークは、文明社会を道徳的次元において捉えている。

彼の文明社会論は、「習俗」、「意見」、「感情」、「騎士道の時代」の語用が示唆しているように、明らかにスコットランド啓蒙の知的影響を受けていると同時に、「古来の慣習」、「国制」、「コモン・ロー」の術語が示している通り、イングランドのコモン・ロー思想の伝統のなかで思索されている。[6] バークの思考は、これら二つの知的系譜が交差するなかで展開されているといえる（土井［二〇一四b］）。

## 第3節　名誉革命体制の原理としての古来の国制

フランス革命の際にバークが最も懸念したのは、同革命をイギリスの名誉革命の原理と成果を発展的に継承した革命と見なす言説であった。そうした見方は、バークの文明観とは正反対のベクトルにあり、フランスで発展を遂げた成果としてイギリスへ逆輸入されてしまう危険性を孕んでいた。[7] それゆえ、二つの革命が相反する原理に立脚していることを説明し、名誉革命体制の「真の諸原理」（*WS*, VIII, 67＝『省察』二三）を訴えかける必要があった。

バークによれば、名誉革命は原理的に言えば、王政復古と類比すべきものであった。彼は「名誉革命と王政復古の二つの事例をまったく同一の基礎に依拠したもの」と見なす（*WS*, IV, 425＝『論集』六三八）。名誉革命が国王の専制権力から国民の古来の権利を回復・確証したのに対して、王政復古は人民の専制権力から古来の王権を回復したものであった。両者はともに「古来の国制」の原理に立って、それを構成する各部門を確証したという点で類比されるべきものであった。[8] 他方、フランス革命とは、まさに人民の専制を意味していた。彼は革命によって誕生した「フランスの民主政」を「群衆（multitude）による専制」と見なし、「単一者による専制政治」と「群衆による専制政治」を比較し、後者を「増強された専制」と捉えている（*Corr.* VI, 92-8）。彼によれば、一八世紀末のフランス革命と一七世紀中葉のピューリタン革命とは、群衆の専制という点で原理的に同一のものであった。

名誉革命がこれら二つの革命と原理的に相容れないと捉えるバークは、その意義をこう説明している。「革命が行われたのは、わが国古来の疑うべからざる法と自由を維持するためであり、またわれわれにとっては法と自由に対する唯一の保証である、古来の国制を維持するためであった」（*WS*, VIII, 81＝『省察』四一）。フランス革命が、理性の推論から得られた抽象的原理によって「新規の国制」を作為したのに対して、名誉革命とは、長年月にわたる過去との連続性を持つ「古来の国制」を回復・確証した行為であり、両者は「原理」からして「正反対」なのだと（*WS*, VIII, 235=『省察』二三七）。

では、バークは古来の国制が依拠する原理を何に求めていたのであろうか。彼はいう。「われわれの自由を主張し、要求するにあたって、それを、祖先から発してわれわれに至り、さらには子孫にまで伝えられるべき限嗣相続財産とすること、…これこそ、マグナ・カルタに始まって権利章典に至る、わが国憲法の一定不変の方針であった」。彼がイギリス国制の「一定不変の方針」と見なしたのは「相続／世襲（inheritance）」という原理であった。それは「古来性（antiquity）に対する強い偏愛」に基づいている（*WS*, VIII, 82-3=『省察』四二～三）。このようにバークの言説では、イングランド国民の持つ自由や権利は、「相続／世襲」の原理に基づいて擁護されるべき性格のものと考えられていた。しかも、この相続／世襲の原理は、国制を構成するすべての部門を支える統治の原理でもあった。すなわち、イギリス人は、「相続／世襲」の原理に基づいた国制によって、「相続すべき王位と相続すべき貴族を持ち、また永きにわたる父祖の系譜から種々の特権と自由を相続している下院や民衆を持っているのである」。しかも、国制全体としては「その構成部分の間にかくも多様性がありながら、しかもある統一性を維持している」と（*WS*, VIII, 29=『省察』四三）。ここで言及された〈多様性のなかの統一性〉という観念は、後述するように、バーク思想の鍵概念となっている時効、自然、神の摂理といった観念とも関連してくる。

古来性に依拠した「相続／世襲」の原理を重視するバークの思考において指摘しておくべきは、それが「自然」という観念と結びついている点である。統治の基本構造を貫く「相続／世襲」の原理も、実は自然の原理によって古来の国制を正当化するレトリックとして展開されている。彼にとって、「古来の」国制とはまさしく「自然の」産物であった。古来の「国制上の方針」とは、「自然という範型にならって作動する」ものと考えられていたのである（*WS*, VIII, 84=『省察』四四）。では、バークは、古来の国制のなかに、どのようにして自然の観念を導き入れているのであろうか。彼は政治事象の判断の根拠をしばしば「自然的感情」や「情念」に求めて説明している。たとえば、「こうした自然的感情（natural feelings）のなかにわれわれは偉大な教訓を読み取る」。あるいは「これらの諸事件においては、われわれの情念（passions）が理性を導く」と（W.S. VIII, 131=『省察』一〇二）。相続／世襲という国制の原理も、こうした人間の生得の感情や本能という自然に根ざしているのである。

古来の原理を自然に依拠して説明するバークの思考が、自然的感情論や情念論というスコットランド啓蒙の系譜に立って展開されている点は重要である。バークの思考に特徴的なのは、通常は対概念とされる「慣習」と「自然」の両概念があえてパラレルな形で把握されている点にあるが（Stanlis [1958]; 土井［二〇一〇b］）、それを可能にしている道筋の一つが、上記のように自然的感情・本能論であった。そして、もう一つの道筋が「時効」の観念にほかならない。彼はいう。「誤り易くか弱い人間理性の考案物を補強すべく、無謬かつ強力な自然の本能の援助を求めることによって」、同時に「われわれの人為的な（artificial）諸制度において」自然との一致を図る、と（W.S. VIII, 84 =『省察』四五）。ここでいう artificial の意味内容は、時効（prescription）の観念によって支えられている。バークの思考のなかでは、artificial なものと natural なものとが、同じ目的のために協働する別概念としてパラレルに把握されており、それを媒介しているのが時の効力にほかならない。

## 第4節　時効の原理と自然的秩序としての国家

イギリス国制の卓越性や合法性を論じる際、バークがその根拠として挙げるのが、「法や慣行や法廷の判決や千年にもわたって蓄積された時効」（W.S. VIII, 156=『省察』三五）である。ここでいうところの長年月にわたる時効とは、バークによれば、「自然法の一部」であり、自然法の「偉大な根幹的部分」だとされる（W.S. VIII, 200=『省察』

一九〇）。それゆえバークは、諸個人が生まれながらに持つ自然的理性に基づいて旧来の秩序を解体しようとするフランス革命の首謀者たちに対して、「偏見（prejudice）」と闘っている思いながら、実は「自然（nature）」と闘っているのだと訴えたのである（WS, VIII, 101=『省察』六四）。

つまり、バークは、「時効」の観念を用いて「自然」に裏打ちされたある種の卓越性を導き出そうとしているのだといえよう。時の効力によって獲得される自然的秩序とは、彼によれば、調和的な配合という点にある。「人間の精神や事象のなかに見出されるさまざまな異常性や相互に矛盾する諸原理などを調和した全体へと結合させること」を可能にするのが「時」の働きである。幾世代にもわたる長期の検証と熟成によって生まれる時の効力こそが「配合（composition）における卓越性」を生み出す。フランス革命が依拠した推論に基づく抽象的諸原理が生み出すところの「単純さにおける卓越性」ではなく、時の効力によって生成される「配合における卓越性」こそが、国家の「政治的装置（political arrangement）」には必要なのである、と（WS, VIII, 217=『省察』二一三〜四）[9]。

バークにおいては、すべての考慮は「コモンウェルスの善」という目的に従属すべきだと考えられているが、時効とは、共通善に照らして「妥当性のある便宜の原理（principles of cogent expediency）」（WS, VIII, 213=『省察』二〇九）による政治的・道徳的判断の積み重ねであり、「古き原理の現在の状況への」適用において求められる能力が「熟慮の精神（a deliberative spirit）」（WS, IX, 598=『論集』七四四）、すなわち賢慮（prudence）にほかならない。「原理」それ自体は「安定的かつ永続的」であるが、「事物の個別具体的な秩序」は、「時によって」、また「状況によって」変化していく（WS, IX, 161=『論集』八二二）。こうして「時ヲ経テ一般的（adulta et praevalida）」（WS, IX, 605=『論集』七五二）となった事実状態における調和的配合こそが、時効による確証を意味している。

このようにバークの「古来の国制」論の核は、自然の観念と結びついた時効論にある。「わが国の国制は、時効の国制（prescriptive constitution）である。……その唯一の権威は、それが超記憶的（time out of mind）に存続してきたという点に尽きる」（WS, IV, 219=『論集』四四六）。それは「民衆の個別具体的な状況、機縁、気質、性向、そして道徳的、政治的、社会的な習性が、長期にわたる時のなかで徐々に形を取って現れた産物である」（WS, IV, 219=『論集』四四七）。こうした国制は「いかなる立法者の作品（work）でもなければ、いかなる既成の理論に基づく産物でもない」（WS, IV, 220=『論集』四四八）。つまり、古来の国制とは、時効によって生成した〈時の作品〉であり、歴史的通用性に根ざした「適合性（fidelity）」に立脚しているといえよう[10]。

以上のようなバークの時の観念は、宇宙の存在論的な秩序観とも関連づけられている。彼によれば、「自然の世界」においても「政治の世界」においても、「矛盾し合う諸力」相互間の「作用と反作用」を通して「宇宙的調和（the harmony of universe）」が導き出される（WS, VIII, 86=『省察』四六）。バークの多様性のなかの調和的秩序という観念は、前述の「相続／世襲」という古来の原理に基づいて生成した政治的空間の秩序として考えられているだけでなく、「宇宙的調和」というある種の形而上学的な存在の秩序を念頭に置いている。バークのなかで世俗国家の秩序は「先在的な規範」と結びつくことで成立しており（Frohnen［1993］10）、究極的には「神の摂理」と関係づけられていた。

ただしここで留意すべきは、神の摂理としての宇宙的調和が政治社会に現出するのは、時の効力を通じてだと考えられていた点である。バークのキリスト教的な形而上学的宇宙観とは、時の検証を受けるなかで初めて具体的な形式を獲得することができる。その意味でバークのいう自然の摂理の「神秘的叡智（mysterious wisdom）」（WS, VIII, 132=『省察』一〇三）とは、時の叡智と置き換え可能である。バークの国家論において、統治の具体的な形式とそれが究極的に拠って立つ権威とはパラレルな関係にはあっても、直線的な関係にはない。そもそも「あらゆる状況や環境に適合的な一つの形式」が存在するわけではなく、「多種多様な形式が同じ目的のために資する」ことが可能である（Conniff［1994］86）。したがって、彼の政治言説における宗教的・形而上学的要素は、自然法も含めて、時効に媒介された個別的妥当性を必要としている点が重要である。

このことは、冒頭で言及した「原理」と「状況」の関係をめぐるバークの理解とも一致する。原理を個々の状況のなかで具現化する際の形式は一義的に決まるものではない。それは、彼が「時効」を補完するものとして「推定（presumption）」という概念を重視する理由でもある。「時効には人間精神の構造に根ざす推定というもう一つの権威的根拠が随伴する」。すなわち、「ある国民が既定の統治機構の下で長期にわたって存続し、繁栄してきたという事実こそは、いまだ時の検証を受けていない計画を排して既存の体制を是認する推定」である（WS, IV, 219=『論集』四四七）。つまり、現在の状況に古来の原理を適用する際に求められるのが「賢慮」だとすれば、古来の原理に基づく現在の形式の妥当性を歴史的通用性の観点から把捉する際には「推定」になるといえよう。

他方で、時効を通じて自然的秩序の現出を考えるバークの思考は、歴史的通用性に統治の妥当性を求めるがゆえに、国家の「起源」に関する問題に直面せざるをえない。起源の問題は、周知のように統治の基礎に「人民の同意」を置くための作業仮説であるが、ロック以降、この問題は「原始契約（original contract）」の術語で語られてきた。ヒュームの説明にしたがえば、「最初に人びとを結合し、何らかの権威に服従させることができたのは、彼ら自身の同意にほかならない。……人民が一切の権力と支配権の源泉であり、平和と秩序のために、その生まれながらの自由を自発的に放棄し、彼らの対等な仲間から法を受け取った」（Hume［1987］468=［二〇一二］三七六）とする社会契約の論理である。ヒュームの場合と同様、バークもまたこうした型の契約の論理に対しては否定的である。(11)

バークは、社会契約論のある部分を無効化するために、原始契約の観念を二つの観点で読み替えていると思われる。一つは、古来性（時効ないし歴史的通用性）という観点であり、もう一つは形而上学的な存在の秩序という視点である。第一の点でいえば、「ブリテン国家の原始契約（the *original contract*）によってつくられた古来の国制」

（WS, IV, 411＝『論集』六二三）という表現で彼が理解している意味内容を同定する必要があるだろう。彼によれば、「市民社会はある場合には確かに最初は随意な行為の産物かもしれない」。しかし「その継続性は、社会とともに続く恒久的で確固たる契約（covenant）の下にある。市民社会は、そのすべての成員に対して彼自身のいかなる形式的行為とも無関係にあてがわれている。このことは人類の一般的通念に発する一般的慣行によって保証されている」（WS, IV, 442＝『論集』六五四～五）。ここでは、国家の継続性の問題は、設立時の諸個人の随意性とは切り離されて、古来の一般的慣習に委ねられている。と同時に、バークは国家の継続性を「恒久的で確固たる契約」という、当初の契約とは別次元の契約概念によって説明している。

国家の起源ではなくその継続性に重点を置くバークは、統治の合法性（legality）についても古来の歴史的通用性のなかで理解している。「時効こそは、始まりにおいては暴力的だった政府を、長期にわたる慣行を通して合法的なものへと熟成する」。さらにいえば、統治の具体的な形式とその合法性は、仮に起源において人民の同意があったとしても、「時効が成立する時（time of prescription）」を必要とするのである（WS, VIII, 213＝『省察』二〇八～九）。同じ論理は、国民のプロパティにも適用される。「多くの動産は、元をたどれば……暴力によって獲得されたものだということはありえる話である。始まりにおいては不正であった古き暴力が時によって聖別され、合法的なものとなる」（*Corr.* VI, 95）。このように統治とプロパティの合法性あるいは権原はともに時の聖別という歴史的通用性によって説明されている。[12]

第二の点でいえば、「原始契約によってつくられた古来の国制」は、バークによれば、「永遠の社会」という高次の普遍的秩序を前提にしている。「個別的国家それぞれの個別的契約」は、「永遠の社会における大原初契約（the great primitive contract）」の一条項にすぎない。ここでいう「大原初契約」とは、「すべての物質的自然と道徳的自然をそれぞれ定められた位置に保つ不可侵の誓言によって裁可された確定済みの契約（compact）にしたがって、低次の自然と高次の自然とをつなぎ、可視の世界と不可視の世界を結びつける」ものである（WS, VIII, 147=『省察』一二三）。自然とは、単なる物質的な可視の自然のみならず、存在の不可視の道徳的な自然、すなわち神の摂理としての自然でもあった。前述の「恒久的で確固たる契約」とは、この大原初契約に相当するものと考えられる。

このように、永遠の社会の「大原初契約」に基づいてブリテンの個別的国家を生み出したのが、古来の歴史的通用性のなかに解消された意味での「原始契約」である。バークの国家論は、契約の論理を通時的な古来性と存在論的な自然のなかに解消することによって、諸個人の共時的な理性や意思を超えた次元で倫理的公共空間としての国家を捉えようとするものであったといえよう。そして第一の論点と第二の論点との関係性でいえば、永遠の社会の大原初契約の具現化は、あくまでも古来の歴史的通用性という時効の働きによって可能となる。

原始契約の意味内容を以上のように捉え直すバークの契約論は、原始契約が照準を当てていた「人民の同意」についても、彼独特の解釈を提示している。彼によれば、家族の「血縁関係」の場合と同様、「国家（commonwealth）」においても、「予定された事物の秩序」のなかにあって、人間は、神から賦与された「自然の神秘的過程を生み出す本能」によって、誕生の当初からその位置に応じることの「同意」が「推定」され、最初からその同意を包含している（WS, IV, 443=『論集』六五六）。このように自然の本能と家族の血縁関係から社会編成の「同意」を推定することにより、諸個人の意思あるいは選択に基づく同意を国家の起源として権原化する論理を、バークは否定しようとしたのである。

## 第5節　存在の秩序とイギリス国制の統治形態

バークは、以上のように、「大原初契約」に基づく「自然の社会」（＝高次の自然）と、古来の「原始契約」に由来するブリテンの「個別的国家」（＝低次の自然）とを想定し、両者を媒介する位置に古来の時効という概念を用いている。したがって、世俗国家の秩序は「存在の秩序」を前提としている。

彼によれば、各人は存在の秩序のなかで自己の本性にしたがって帰すべき位置と役割が定められている。「われわれの存在の畏れ多い創造主は、存在の秩序におけるわれわれの場所の創造主である。すなわち、創造主は、神聖な計画によって、われわれの意思ではなく彼の意思にしたがって、われわれを配置し配列し給うたがゆえに、創造主はわれわれに対し、この配置のなかで、また配列によって現実にわれわれにあてがわれた場所に帰属する役割を果たすよう定め給うたわけである」（WS. IV. 442＝『論集』六五五）。このように、人びとは神の摂理のなかにあって、それぞれの帰属すべき位置に相応した役割と義務を果たすことによって、全体として一個の有機的な秩序を構成する。したがって、各人がなすべきことのすべては「森羅万象の指向すべき引証点」に関連づけられねばならない（WS. VIII. 148＝『省察』一二四）。バークにおける「国家」の秩序観は、こうした「存在の秩序」における有機的な連関とパラレルな関係にある。

世俗秩序としての古来の国制もまた、その「本性（nature）」においてまったく異なる、それゆえ異なる「原理」によって擁護されるべき三つの要素によって調和的に構成されている。「イギリス国制（British constitution）」は、「三つの構成要素から、つまりまったく異なる三つの本性から」成り立っている。そして各構成要素は、国制のなかで本来占めるべき場所において本来あるべき権力均衡の状態で維持されなければならない。これら三つの部門には「それぞれに帰属する特有の諸原理」があり、「君主政を支える原理に基づいて民主的部門を擁護することも、逆に民主政の原理に基づいて君主政を支持することもできない。また貴族政を君主政の原理あるいは民主政の原理に基づいて、またそれら両方の原理に基づいて維持することもできない」。それぞれの部門はまったく異なる原理に基づいているが、「一つの調和的全体（one harmonious body）」を構成している。イギリス国制とは、相互に異なる本性を持ち、互いに矛盾し合う諸原理に依拠した三つの構成要素がいずれも「イギリス憲法の偉大な構成要素」となり、一個の調和的な「混合政体（mixed constitution）」をつくり上げている体制であった（WS, IV, 391=『論集』六〇三）。

この種の「複雑かつ精妙な」混合政体は、数学的・幾何学的思考で形成できるものではなく、時効の働きを通して調和的な均衡が得られるところに成立し、その調和的均衡においてこそ「自由な国制の機構」が可能となる（WS, IV, 395=『論集』六〇七）。バークの古来の国制論は「自由」に照準点が置かれており、前述した時の聖別に基づく「プロパティ」がその基盤として考えられている。したがって、プロパティの転覆は政治権力の「専制化」をもたらす（*Corr*, VI, 94-6）[13]。この視点は、彼の革命批判のライトモチーフの一つである。

以上、見てきたように、バークのイギリス国制を擁護する際の思考は、一方における究極的には神の摂理に基づく「自然的（natural）」な調和的全体性の観念と、他方における時効に基づく「人為的（artificial）」な調和的全体性の観念とのアナロジーに立っている。バークは『新ウィッグから旧ウィッグへの上訴』のなかで、単なる「群衆（multitudes）」が「国民（People）」となるのは、「自然の規律（discipline of Nature）」の下に行動する時であって、さらに「慣習の至高権威（sovereignty of convention）」の下で「慣習的な社会規律のある状態（state of habitual social dicipline）」にある時だと説明している。ここでは、自然の規律と慣習の規律がパラレルに用いられている。そして、「真理と自然だけでなく、慣習と偏見からもなるこの美しき秩序」、すなわち「ナショナルなハーモニー（national harmony）」のなかにこそ「文明社会（civil society）」は存在する、と述べる（WS, IV, 448-9=『論集』六六二～三）。このように、バークの哲学においては、古来の慣習に根ざした伝統的知としての「偏見」による社会的規律と、理性的被造物としての人間の「自然」に適った規律とが同じ目的のために協働しており、そこにこそ「国民（nation/people）」が成立する。

## 第6節　社会編成の原理としてのネーション

以上のような古来の国制論に基づく国家／国民は、近代の社会契約論とは異なる社会編成の原理を必要とする。この点においてバークは、「組合／協働（partnership）」という概念を提示する。この概念は、国家の「社会的紐帯（the social ties）」や「社会的・市民的な関係（a social, civil relation）」（WS, IV, 443=『論集』六五六）に関するバークの考え方を示している。彼は、「たしかに社会とはある種の契約」であると述べたうえで、こう説明する。しかし「単なるその時々の利益を目的とした二義的契約」とは異なり、「国家はもっと別の尊厳」を持つ。彼によれば、国家には世代を超えた「社会の根源的な構造の全体」が存在している。それは、「国家（commonwealth）における全体の連鎖と連続性」によって生まれる（WS, VIII, 145=『省察』一二一）。それゆえ、「国家（state）とは、一時の、朽ちるべき性質を持った低次元の動物的生存に役立つだけの物質についての協働」ではない。それは、「すべての学問についての協働、すべての技芸についての協働」であり、「すべての徳とすべての完全さについての協働」である。そうした協働の目的は、多くの世代を重ねてもなお達成不可能な以上、「国家は現に生存している者の間の協働」たるに止まらず、「現存する者、既に逝った者、はたまた将来に生を享くる者の間の協働」となる（WS, VIII, 147=『省察』一二三）。

partnershipとは、私法上、共通の目的の下に複数の成員から構成された組合、あるいは双務契約的な合同行為を意味する。また、合資の場合には、その比率に応じて各人は利益配分の権利を持つ。自然および政治の世界におけるバークの秩序観に親和性のある術語として、彼はしばしば、国家（state）、社会（society）、国民（nation）を、partnership（あるいはcorporation）に譬えている。(14) 彼は、これらの術語を、共時的には「すべての徳とすべての完全さ」という道徳的次元において、通時的には過去、現在、未来にわたる世代を超えた歴史的次元において拡張することで、近代の社会契約の論理を代替する新たな社会的・市民的関係性の概念を提示しようとしたといえよう。古来の国制論との関係においてバークが社会契約論のなかに否定することのできないモーメントを見ていたとすれば、それは人民の「共通同意（common agreement）」（WS, IV, 445=『論集』六五八）という点においてであろう。反対に彼が最も忌避したのが自然権であった。道徳的次元で文明化を考えるバークが最も重視したのは、それを担保する国家の歴史的連続性であり、それゆえ統治の解体＝アナーキー状態の回避であった。彼にとっては、統治を作為・解体する権利の享有主体が people なのではない。統治の解体は、people から multitude への転落を意味する。彼の描く文明社会が古来の習俗と意見に根ざした歴史的連続性によって実現されるものだとすれば、統治の解体とそれによる国民の群衆化は、文明から野蛮への逆行にほかならない。ましてや、その群衆が people と称されて国家設立の主体となることは、結果的に新たな専制主義を招来する。彼がフランス革命のなかに見た脅威とは、自由を抑圧する「群衆による専制」であった。したがって、人民の同意というモーメントは、自然権を国家の唯一正当な権原として捉える社会契約の言語慣習を、古来の国制論に適合的な契約の意味内容へと転換するなかで理解し直される必要があった。「理性」対「偏見」のように、通常、対置の手法で啓蒙批判を展開していたバークが、社会契約については意味内容の読み替えで応答したのは、こうした理由からではないかと考えられる。

このことは『省察』の次の説明にも表れている。「もしも市民社会（civil society）が、約束（convention）の所産だとすれば、その約束が法とならねばならない。その約束はその下で形成された国制の諸規定すべてを限界づけ、修正せねばならない。あらゆる類の立法・司法・行政権力はその被造物である。これらの権力はそれ以外のいかなる状態においても存在不可能である」。だとすれば、「市民社会の約束の下にあって、市民社会の存在すら前提にしないような諸権利、すなわち市民社会と絶対的に両立不可能な諸権利」を要求することはできない。社会に何らかの契約が想定されるとしても、さらには「契約状態にない人間」であれば、「第一の基本的権利」としての「自らの統治者たる権利」があるとしても、すでに市民社会状態にあるpeopleにとって統治の問題を解決する手段としてそれを行使することは論理的に不可能なのだと、バークは説明する（WS, VIII, 110=『省察』七六）。彼は『上訴』のなかで、この点をより明確に言明している。「人間の権利と称されるものが……peopleの権利だということはありえない。Peopleであることとこの種の権利を持つこととは両立不可能だからである。一方は市民社会（civil society）の状態の存在を、他方はその欠如を前提とする」（WS, IV, 457=『論集』六七三）。また上記の約束＝法も、「通常は憲法（constitution）と呼ばれている社会の約束と契約（engagement and pact）」との表現があるように、社会契約を古来の時効の国制と同一視し、古来の国制論の枠内に収めている（WS, VIII, 71=『省察』二八）。したがって、時効に基づく原始契約を破壊することは、人びとを「団体（corporation）」たらしめてきた「古来の社会の解体」を意味するがゆえに、もはや「国民（people）」なるものは存在しえない（WS, IV, 445=『論集』六五八）。

　バークは、このような論理展開を通して社会契約の意味内容を転換することで、国制の連続性を断絶してしまう革命を正当化する自然権を、政治的・道徳的問題に関する限り、原理的に無効化しようとしたのだといえよう。彼によれば、「統治とは自然権の力によってつくられるものではない」。たしかに自然権は「抽象的完全さ」においては存在しえるが、しかしそれは「統治とはまったく独立して」存在するものである。実践の領域で抽象的完全さは欠陥となる。統治とは「人間の必要に応ずる」ことを目的とした人間の「叡智」による「創意工夫（contrivance）」にほかならない（WS, VIII, 110=『省察』七七）[15]。すなわち、「叡智は素材（materials）を作り出すことはできない。素材は自然または偶然の賜物」だからである。叡智の役割は現にある素材を「使いこなす（in the use）」創意工夫にこそあると（WS, VIII, 207=『省察』一九八）。

したがって、現に存在する市民社会／文明社会としての国家にあって、人びとが群衆ではなく、政治的・道徳的に国民たりえる条件は、古来の国制の継承とその延長線上にあると考えられた。われわれの祖国は「われわれが生れ落ちた古来の秩序」にある（WS. IV, 443=『論集』六五六）とバークがいう時、それは国民にとっての社会的秩序の通時的所与性を意味している。群衆が国民たりえるのも、こうした社会的秩序を通してである。「国家／国民（nation）」とは、単なる「領域的範囲」や「個人の一時的な集合」、「人数」や「空間的広がり」だけで成立するものではなく、「時間的にも広がる連続性」の観念なのである（WS. IV, 219=『論集』四四七）。このような過去からの継承と未来への伝達という、歴史的連続性に立った協働こそが国家の「第一原理であり、最重要の指導原理」だとされていたのである（WS. VIII, 145=『省察』一二一）。

## 第7節　協働性の政治学として

以上のように、バークにとって国家とは、人類の文明化のプロセスで登場した政治的空間であり、彼はその未完のモダニティを、一方では過去へのリファー、あるいは過去と未来との間の連続性を重視する伝統主義的な思考様式で語り、他方では自然や神の摂理という存在論的なレトリックで説明した。彼は、社会秩序の形成を、異なる原理を持つ多様な諸部分が有機的に協働し、それらが時間軸のなかで世代を超えても協働するという時間的・空間的な縦横の二重の協働性のなかで考えていた。こうした時間的かつ道徳的な協働の場としての partnership あるいは corporation が、バークにとっての「国家（state）」あるいは「国民（nation）」であり、それこそが「文明社会」にほかならなかった。バークの原始契約の趣旨も、家族という共同社会とのアナロジーに見られるように、市民社会の「約束」（諸個人の選択ではない）が成立する場所へのそれぞれの位置に応じた「義務」の履行とそれを可能にする共同体への「公的愛情」を説くことにあった。「われわれの国土への義務を決定する場所は社会的・市民的な関係（a social, civil relation）」であり、「あらゆる人間同士のあらゆる慈愛」を包含した「われらの祖国という名の関係性に拘束される」と（WS, IV, 443=『論集』六五六）。

しかしバークのネーションの観念は、決して閉じた体系にあるわけではない。本稿で確認した秩序観を彼が展開したのは、社会の形成は人びとの「公的愛情（public affection）」にかかっているからであった。彼は、それを「他者と共有している尊厳（dignity）」のなかに見る。「社会のなかで自分が属している一画に愛着を持つこと、その小さな一団を愛することは、公的愛情の第一の動機（言うなれば萌芽）である。それこそ、われわれを導いて、祖国愛からひいては人類愛へと進めませる長い連鎖の最初の輪なのである」（WS, VIII, 97-8=『省察』六〇）。このように祖国愛は、家族やローカルなコミュニティに始まり、人類への公的愛情へといたる存在の連鎖を構成する重要な輪の一つとして考えられていたのである。

注

（1）バーク哲学の根源をアングリカンの教説に見るものとして Canavan［1987］。他にも宗教性を重視するものとして Harris［2012］、自然法の系譜で理解するものとして Strauss［1950］; Stanlis［1958］; Pappin［1993］。自然法の影響を否定する研究として Conniff［1994］。

（2）たとえば、Kirk［1953b］; Pocock［1960］; Lucas［1968］; 土井［二〇一〇a］［二〇一〇b］。

（3）オゴーマンは、バークの思考のなかに体系的哲学、さらには基本的概念や鍵概念を探し求めることすら無益であると指摘する。O'Gorman［1973］13-4.

（4）本稿では文脈に応じて、constitution は国制もしくは憲法、civil society は文明社会もしくは市民社会、people は人民もしくは国民、nation は国民もしくは国家と訳し分けている。また、バークが国家を語る際、state、（civil） society、commonwealth は、ニュアンスの違いはあるものの、実体としてはとくに区別なく用いられているといえる。

（5）バークは、ヨーロッパを「宗教、法律、習俗の類似性」に基づく「一大国家（one great state）」のようなコモンウェルスとして説明している（*WS*, IX, 248=『論集』九一四）。

（6）彼は大学卒業後、法曹学院でコモン・ローの研究に従事しており、その時期の研究ノートが以下に残されている。Fitzwilliam Burke Papers, Northamptonshire Record Office.

（7）フランス革命のイギリスへの影響については、Hampsher-Monk（ed.）[2005a].

（8）宮廷の恣意的権力による専制化を批判して、古来の憲法秩序における自由を擁護した『現代の不満の原因を論ず』（*WS*, II, 310-1=『論集』七一～三）と、フランス革命の人民の専制化を批判して古来の国制を擁護した『省察』との関係もこの構図に相当するといえよう。

（9）長期にわたる時の検証をバークが重視するのは、政治事象における原因と結果の複雑な関係性を想定しているからである（*WS*, VIII, 111-2=『省察』七八）。

（10）バークはコモン・ローの伝統に従って、基本法の合法性（legality）を適合性（fidelity）に即して理解していると思われる。なお、法の支配を legality と fidelity の観点から考察する点については、同志社大学で開催されたセミナー（2016. 3. 19）でのポステマ（Gerald J. Postema）の報告 'Law's Sovereignty: How Can Law Rule?' から示唆を得た。

（11）バークと社会契約の問題に関する従来の研究については、本書の第九章を参照されたい。また、近年の興味深い研究として、Conniff [1994]、高橋［二〇一二］。

（12）バークは国家を「聖別」された存在と見ているが（*WS*, VIII, 145=『省察』一二一）。彼はそれを時効だけでなく、「国教制度」にも求めている。ただし、国教制度を「偏見」の一つと捉えていたように（*WS*, VIII, 142-3=『省察』一一七～八）、啓示宗教としての教会は「時による聖別」を前提にしている点が重要である。

（13）プロパティを古来の法に基づいて擁護する姿勢は、法曹学院での法学研究以前にも見られる。トリニティ・カレッジ時代の文芸サークルでこう述べている。「確立された法を廃止しようとする時、軽々にそれを行ってはならない。なぜならわれわれの祖先はこの法の叡智を知っていたからである」。「人間のプロパティは人間の生命である」がゆえに、それに関わる法の廃棄は「国制における最も基本的な諸法」の転覆になりかねない、と（*LC*, 289）。

（14）たとえば、「社会」という「組合（partnership）のなかでは…」（*WS*, VIII, 110=『省察』七六）。「国民（nations）自体そ

うした団体（corporation）である」（WS, VIII, 189=『省察』一七六）。「国民（people）なる観念は団体（corporation）の観念である。それは全面的に人為的（artificial）なものである」（WS, IV, 445=『論集』六五八）。

（15）『現代の不満の原因を論ず』（一七七〇）では、恣意的権力に対して国民（people）という団体が介入する可能性を示唆しているが、しかしその発動は「法で認められる方策ならば」という条件つきであり、その目的も「憲法をその真の原理につなぎとめる」ことに置かれており（WS, II, 311=『論集』七三）、バークが統治の解体を想定していたとは考えられない。名誉革命における国王への抵抗とウィリアム王の受容も、人民の「選択」ではなく「必要」に基づく行為として、古来の国制の「連続性についての臨機の解決」と理解されており（WS, VIII, 68=『省察』二五）、統治の解体を正当化する抵抗権の発動とは理解されていない。

第11章

# 戦争・帝国・国際関係

角田俊男

## 第1節　バーク国際政治・帝国思想の研究

バークの国際関係論の解釈は、反革命戦争とブリテン帝国を弁明する保守主義者とする批判的研究とブリテン帝国の批判者として評価する研究に大きく二分される。国際関係理論の類型論からの研究（Welsh［1995］）の限界を指摘した坂本（［二〇〇四］一七四～八六、一九八～九）は、大国の勢力均衡が拡大する「無益な戦争」の犠牲となる民衆や小国の苦しみなど権力政治の悲惨な現実についてのバークの冷徹な認識と対比して、彼の「ヨーロッパ体制共同体」を反革命の戦略的な理念と規定し、バークがブリテン国制を普遍化したヨーロッパとブリテン帝国の体制について正統性を確信していたと論証した。坂本が指摘した権力政治へのバークの批判的認識という論点を発展させたのが、インドとアイルランドの帝国支配批判者としてバークを再評価する近年の研究（Mehta［1999］; Gibbons［2003］; Pitts［2005］）の傾向と言えよう。それに対するリヴィジョニズムとして、オニール（O'Neill［2016］）はバーク帝国論全体の文献の実証研究に基づき、貴族と宗教が主導する文明化の歴史による「保守主義の論理」からの帝国擁護論と解釈し、坂本の主要な論点を再説した。バークの国際関係論を保守主義思想の適用として説明することは、階層的な伝統社会像に基づいた帝国支配の構造への基本的理解をもたらし、アメリカ先住民やアフリカ人奴隷に対する帝国支配など、啓蒙思想の文明化論の問題性を再確認する必要を迫る。

本章はバークの国際関係論すべてを、革命批判から帝国論へという論理で保守主義から説明するのではなく、バークの反革命戦争の言説が一七世紀末からの世界君主政（universal monarchy）と対抗する戦争と平和を巡るヨーロッパ国際政治の歴史叙述に論及していることから、彼のヨーロッパ国際政治論と帝国論の共通の起源をそこに探求する。世界君主政、主権国家の勢力均衡、ヨーロッパ文明（洗練された感情と習俗・作法の共有）の国際秩序を主題とするこの言説のバークによる受容を明らかにしよう。反革命戦争は帝国と関連しており、バークの帝国保持論が世界帝国の軍事専制の歴史から反省・自戒の色濃い傾向を持つ抑制的な保持論であることが示されるだろう。バークは万民法が正当化した国家利益を追求する戦争と戦争を遂行する軍事財政帝国の現実を是認してはいたけれども、啓蒙の文明を具現化する近代的体制としてのブリテン国制・帝国の正統性の確信よりも、その帝国が、広域支配の周辺から暴政と腐敗にさらされ、あるいは他国から革命や戦争によって挑戦を受け、露呈する脆弱性と衰亡への不安にバークの国際関係思想の基点として着目する。バークが同時代の国際関係思想から受容した文明史は、革命から伝統的階層社会を擁護する意図だけではなく、万民法とともに主権国家間の戦争状態を緩和する意味があり、〈主権国家の国家理性の戦争〉と〈法と文明の国際秩序〉が絡み合い、世界君主政・帝国への強大化という脅威を牽制するという構図が考えられるだろう(1)。

続けて、主権国家体制を脅かす世界君主政・帝国の問題を巡るヨーロッパ国際政治史の言説がバークのインド論に受け継がれていることを、東インド会社の暴政と腐敗の弾劾から確認しよう。坂本の立論では〈ヨーロッパ文明の理念〉と〈権力政治の現実認識〉が対立軸をなし、前者と民衆の苦しみについてのバークの「感性と思想」は対立させられている。しかし異邦人の苦しみに共感する人道主義の政治には文明の洗練された感情の思想・レトリックが関係してくるのではないだろうか。インドの苦しみへのバークの共感については、そのコスモポリタニズムを評価する研究に対して、オニールはヨーロッパ文明社会を投影したインドの伝統的な階層社会の貴族や宗教への共感の偏りを指摘する。この対立した解釈の問題点を指摘し、本章はインドとの遠隔の距離[2]、習俗の差異、非対称な関係に注目し、広大な帝国統治の国際関係をめぐるバークの問題意識を追究する。

## 第2節　世界君主政とヨーロッパ共和国の歴史叙述

バークのヨーロッパとブリテン帝国の国際関係論のコンテキストとなる一八世紀の先行する言説に論及することから始めよう。名誉革命体制と連合王国創設の国際環境であった一七世紀末から一八世紀始めのヨーロッパの外交史を受けたウィッグ主義の外交戦略の伝統がバークの時代までに確立されていた。それはフランスのルイ一四世の世界君主政への野心に対抗し、オランダやオーストリアと同盟しヨーロッパの主権国家の自由、勢力均衡の保持を求め大陸に軍事介入する政策で、名誉革命体制の保障、海洋商業帝国の追求をはかるものであった。フランスが強敵とし再浮上した一七四〇年代にはニューキャッスル（Newcastle）の「古きシステム」として外交の伝統となり、一七八〇年代まで影響力を持ち続けた。ウィリアム三世とモールバラの率いた九年戦争（大同盟戦争）とスペイン継承戦争が史実を超え神話化されたのは、名誉革命体制の防衛という国家建設の基点として解釈され、また同盟軍を確保し大陸への介入を限定することで海洋商業帝国の追求に財政を振り向けることを可能にしたという意義も付与されたためである（Scott［1989］56-83）。このウィッグ主義の伝統はヨーロッパ国際政治とブリテン帝国を結びつけた戦略であり、バークの国際関係論もその二つを関連させて論究すべきことを示唆する。

しかしフランスの世界君主政の脅威は、トーリー政権がスペイン継承戦争を終結させ結んだユトレヒト和平条約のヨーロッパ国際秩序によって乗り越えられたと、啓蒙の世界観では想定された。バークが受容する国際思想には、ウィッグ主義に加え、ユトレヒト啓蒙の協調的な国際関係がある。ヴァッテルはヨーロッパの「政治システム」について、「あらゆる出来事への主権者の継続的な注意、大使の不断の駐在、絶え間ない交渉から、近代ヨーロッパはある種の共和国となり、その構成国は、それぞれが独立し、しかし共通の利益の絆によってすべてがつながり、秩序と自由の保持のために結合している」と述べ、「勢力均衡（the equilibrium of power）」を「どの一つの強国も他国に絶対的に優越したり、法を命じたりできないような配置」と評価している（Vattel［2008］496）。ヴァッテルの万民法で、この国際秩序は強大化する隣国の侵略の脅威に対する戦争以外の対策として構想されている。ポーコックの概括では、「独立した主権国家の連合（confederation）」を束ねるのは、万民法、条約、通商、習俗の文明で、戦争は国家理性、万民法、習俗の文明によって一定程度緩和される（Pocock［2000a］109-10）。

この主権国家体制で各国は国益を他国と交渉し追求するとともに、文明社会に参画するので、主権国家の活動を叙述する新古典主義的な政治・軍事史に、商業・習俗・学芸の進歩を叙述する文明史が融合して、ユトレヒト啓蒙の歴史叙述を構成する（Pocock［2000a］111）。啓蒙の歴史叙述はこの体制が揺らぐ一八世紀後半に完成されるが、それがバークによって受容され、ブリテン帝国の統治論や反革命戦争論に適用されることになる。啓蒙思想は世界君主政を古代やアジアの専制帝国に追いやり、「文明化された君主政」からなる近代ヨーロッパ共和国を支持した。ヒュームは多数の独立国が政策・商業・学芸の交流で結合した古代ギリシアと近代ヨーロッパが学芸の生成に最適であるのに対して、世界君主政の広大な権威は自由と学芸の発展を阻害することを指摘し（Hume［1987］119-23＝［二〇一一］一〇四〜六）、ギボンも宗教・言語・習俗の類似性で結ばれた独立国からなるヨーロッパに暴君でも他国からの模範、非難、忠告、懸念から「穏やかな抑制」を受ける利点を見出し、ローマ帝国についての亡命を不可能にする無限に広がる「一大牢獄」で政治的自由を根絶する専制と批判している（Gibbon［2005］106-7＝［一九八五］九四〜五）。

しかしながら世界君主政の問題がヨーロッパで理論的・実践的な意味を失ったわけではなかった。ウィッグ主義外交の伝統においては、フランスの世界君主政とブリテンの海洋商業帝国は区別されていたことに注目すべきである。前者がヨーロッパの自由を侵略すると反対したのに対して、後者は領土の拡張を志向しない限り自由と両立すると想定されていた（Armitage［2000］144＝［二〇〇五］一九九）。このウィッグ主義の偏狭さをヒュームは批判し、ブリテン帝国が世界帝国になる脅威に警鐘を鳴らした。彼は七年戦争後フランスには世界君主政になる熱望はないと認識する一方で、ウィッグの説くフランス脅威論はより深刻なブリテン商業帝国の脅威を覆い隠すものであり、ブリテンは通商を独占し、さらに領土征服の帝国に変質すると警告した（Robertson［1993］354-5, 368, 371）。フランスの世界君主政とウィッグ主義の対抗を乗り越える、ユトレヒト啓蒙の協調的な世界秩序が提唱され広く受容されたが、現実の国際政治は通商競争から世界帝国の覇権をめぐる戦争状態が実態であった。

## 第3節　ヨーロッパ反革命戦争とブリテン帝国――主権国家と文明の感情

世界君主政とヨーロッパ共和国の歴史叙述の受容という観点から、それがバークの反革命にどのように適用されたかを論証しよう。覇権を争う権力政治の観点から図式化すれば、ルイ一四世の世界君主政はユトレヒト啓蒙のヨーロッパ共和国の理念で乗り越えられたかに見えたが、他方で自由な主権国家体制には絶え間なく戦争が拡大する不安定な現実があった。その競争の過程からヨーロッパの自由は強大化するブリテンの世界帝国の脅威にさらされ、それに対する抵抗としてアメリカ革命戦争、フランス革命戦争を理解することもできよう。革命戦争期にフランス側からブリテン帝国の強大な権勢がいかに警戒されていたか、一八〇〇年にゲンツの論敵であったフランスの官僚によって書かれた政論『第八年の終わりにおけるフランス共和国の状態』が示している。ヨーロッパの国際状況を「阻止する大胆で強力な努力がなされぬ限り、一つの海洋大国の支配と他のすべての国の依存や服従にすぐに至るだろう」「弱い国は強国のなすがままとなり、強国は巧妙な国の操り人形である。……単一の政府が通商で全般的な産業活動の生産物を独占し……」と概観し、イングランドの「海洋通商の世界帝国(the universal empire of maritime commerce)」を非難している(Hauterive [1801] 16, 32, 130)。

ブリテン自体の世界帝国の野心を覆い隠す口実とヒュームから批判されたウィッグの外交戦略と比べると、バークの反革命はあくまで革命に対する撃滅を目的とするもので、勢力均衡の国際関係の主体としての主権国家フランスの存続は必要であることを識別している。坂本が的確に指摘するように(［二〇〇四］一七四〜五)、フランス国家からその「植民地、通商、海軍」と東部北部の国境地帯を奪うブリテンの政策は、フランスの反発と他国の介入からヨーロッパ全体を戦争に巻き込み、ブリテンの安全保障に逆効果であるという透徹した理解がみられる。バークが表明するブリテン自身の「力と野心」への憂慮は、その力の乱用や他国からのねたみの反発によってブリテンが破滅に追い込まれる危険を予見する慎慮から発するものである(WS. VIII, 488-91)。世界帝国を予防する勢力均衡による主権国家の自由な共存を志向する点で、ユトレヒト体制とバークは一致する。

このようにブリテン帝国の脅威を認識していたバークにとって、ブリテン世界帝国への猜疑に抗して反革命同盟戦争を推進するには、ルイ一四世から連続した世界帝国の野心を革命フランスに転嫁し、ブリテン帝国をルイ一四世に対する同盟やヨーロッパ共和国に位置づけることが必要だった。この反革命戦術に前節で述べた歴史叙述の言説がどのように適用されたか、三つに分けて考察する。

(1)　ウィッグ主義外交戦略の伝統からウィリアム三世の神話、大同盟戦争の歴史叙述を援用して、バークはルイ一四世に対抗するウィリアム三世の同盟と戦争を「自然な盟主のもとに統合した諸国民の政治的自由、秩序、独立」の追求と叙述することで（WS, IX, 233=『論集』八九八～九）、主権国家の戦争を必要性で正当化する現実的な国際政治に依拠し、国民的気概の記憶を喚起し反革命戦争と和平反対を説いた。ウィリアム三世は政治的な徳性、「剛毅（fortitude）」「恒心（constancy）」「広い叡智」「公共精神」（WS, IX, 234=『論集』九〇〇）を具現する英雄に理想化されている。[3] ルイ一四世の世界君主政の脅威にさらされる名誉革命体制は「ヨーロッパの自由」と結びつき、これらの理念を大陸戦争の根拠としつつ、海洋帝国も追求した。しかしバークにおいて、大陸への介入に消極的な通商・植民地重視の海洋政策は、「海軍力の人形芝居」（WS, IX, 196=『論集』八六〇）「計算ずくの戦争」「欲得ずくの戦争」（WS, IX, 238=『論集』九〇四）と否定される。領土・通商・植民地をめぐる国益の戦争と峻別するのは、ブリテン世界帝国への猜疑心を打ち消し反革命戦争に同盟国を結集させる必要からであった。大陸に関与する点ではウィッグ主義外交の伝統の基調と変わらないとも言えるが、掠奪の「低次元の情念」（WS, IX, 238=『論集』九〇四）と対比した体制と文明の防衛は、国家理性による限定的な戦争とは異質な反革命戦争の聖戦的性格を示唆する。勢力均衡に対する安全保障上の軍事的脅威から主権国家の自由独立を目的としたウィッグ主義とヴァッテルの戦争の権利論に、国内体制の変更を目指すバークの介入論は収まりきらないのである。[4]

(2) バークはヴァッテルのヨーロッパ共和国論の一節を「ヨーロッパのシステム」として抜粋した付録を付けた『同盟国の政策についての所見』で、「連合社会（the federative Society）すなわちヨーロッパの外交共和国（the diplomatick Republick of Europe）」（WS, VIII, 474）と論及しており、この構想を受容していたことがわかる。バークにとって、フランス革命はヨーロッパ外交で共有され国際社会を形成していた「文明の作法」から離脱したのであった（木村［二〇一〇］一五九～六三）。バークが革命前に示した、勢力均衡によっては戦争と大国の破壊的専横を封じ込められないとする国際政治観と比べて、フランス革命に対抗するイデオロギーとして提唱した、勢力均衡を平和の原理と美化する「ヨーロッパ体制共同体」の調和的秩序は確かに異質であるが（坂本［二〇〇四］一八一〜五）、ユトレヒト啓蒙のヨーロッパ共和国は、主権国家間の戦争を排除しないが、一定の抑制効果を勢力均衡と文明に期待した点で、両方につながる両義性があったと言え、バークの現実認識と理念はそれを分極化したものであるだろう。バークは革命前に指摘していた外交関係の危険な不安定性の現実を部分的に反映させるように、「人々は書類と印で相互に結び付けられるのではない」（WS, IX, 247=『論集』九一三）として、ヨーロッパ共和国の統合原理であった国家利益や条約の効果を再検討し、代わって国内の法制度、君主政と身分制社会、キリスト教、慣習・習俗・教育の一致（WS, IX, 247-9=『論集』九一三〜四）、つまりヨーロッパの歴史遺産に基礎を置く共通の文明社会に、主権国家を溶解させるかのように、力点を移したのは、内政と外交を隔てる国家主権を侵犯する介入を正当化するためであったと言えよう。[5]

(3)　文明社会に敵対する国家理性の歴史叙述がフランス革命の外交軍事への効果に着目したバークの解釈に見出せる。それは国家の「外的強大化（exterior aggrandizement）」を目的とし、マキアヴェッリの『リヴィウス論』とモンテスキューの『ローマ人盛衰原因論』から古代ローマ共和国の征服統治論を参照したフランス国家改造計画と見るものである。君主政／共和政の体制を単なる手段として変更する国家理性の優越を認識するバークには、旧体制と革命のイデオロギー対立の背後に連続した国家権力の運動を洞察する国際政治のリアリズムがある。ルイ一五世の治世からの「外交政治家」による「偉大な軍事的、野心的共和国」への改造の策謀の歴史叙述において、ブルボン王朝の「根元的な弱さ」による挫折から、君主個人の気まぐれに左右される君主政の不安定性を排除する共和政の組織的方法による効果的な「世界帝国」追求が革命の目的であった（WS, IX, 278-86）。このフランス同時代史の叙述はルイ一四世の世界君主政に対抗した大同盟戦争と同列に反革命戦争を置き、その正当化をはかっている。

さらに近代ヨーロッパの商業社会と野蛮な古代共和国を対比させた啓蒙の文明史が反革命に転用されているのをみよう。外交軍事の観点からはルイ一四世の世界君主政と革命フランスの拡大共和国はヨーロッパの自由への脅威として同列に置かれたが、他方で、バークはブリテンの自由の国制と大陸の君主国を政体に関係なく反革命に結集させるために、絶対君主政を文明に寄与する法の支配として描く啓蒙の歴史叙述（ヴォルテール『ルイ一四世の世紀』とヒューム「文明化された君主政」）に依拠し、「古代共和国」よりも多くの「個人的自由（personal liberty）」を内包する「近代国家」として「絶対君主政」を評価する（WS, IX, 287）。そこで文明社会に従属する国家理性は相対化される。それに対して、革命フランス共和国は一切の経済活動と「個人」を犠牲にし、軍事力の増強に集中し「支配と征服（dominion and conquest）」を唯一の目的とする国家と表現される（WS, IX, 288）。ヨーロッパ共和国では主権国家は文明社会と結びつき抑制され共存していたが、バークは革命フランス国家を啓蒙の歴史叙述における文明社会の進歩を破壊し他国を征服する世界帝国と特徴づけ、この文明社会＝主権国家体制と両立しない共和国を打倒する反革命を正当化するのである。[(7)]

(1)から(3)を通して体制変更のための介入を正当化するバークの「ヨーロッパ共同体」は国際関係というよりも一つの同質の平和な文明社会の理念の拡張で、国内体制で国際関係を置き換えた特殊な国際社会像であるので、これを国際関係の全般的原理とすべきではない。主権国家体制にそれを超える介入を許す国際秩序を加えた背景には、バークが東インド会社の暴政とフランスの反乱について、それぞれ上と下からの文明の伝統的基礎に対する破壊と同一視していることから（O'Neill［2016］121-3）、帝国での介入の必要を痛感させた植民地からの衝撃があったのではないかと思われる。[(8)] しかしバークにおいて、文明社会が主権国家体制に取って代わったと想定するのではなく、主権国家と文明の関係を「ヨーロッパ共同体」論以外のバークの言説から取り出そう。国内制度や価値観の共有に頼るということは、逆に言えば、外交関係では諸国の平和的な展望が得られないということで、

「ヨーロッパ共同体」の理念とは裏腹に、他国に世界帝国の脅威を与えているブリテン帝国、「世界革命」による「世界帝国」を目指す革命フランス、そして対仏大同盟諸国を動かしているのは「強大化の精神（the spirit of aggrandizement）」と「相互の嫉妬の精神（the spirit of mutual jealousy）」というのが（*WS*, IX, 269, 340）、バークの国際関係の現実理解だった。特にブリテンの世界帝国の問題は、体制の正統性をめぐる闘争とは別に、バークも意識していたことに注目すべきである。ブリテンの西インド植民地を保持する権力政治を前提としながら、世界帝国への集中ではなく勢力均衡による複数の主権国家の多元的な自由が、彼の求めた実現可能な国際関係であろう。

ユトレヒト啓蒙の主権国家体制を否定する「ヨーロッパ共同体」とは別に、ユトレヒト啓蒙から受け継いだ、文明化された主権国家体制の言説をバークに見出すことはできる。勢力均衡の戦争にせよ帝国の侵略にせよ、主権国家の過酷な権力政治の国際関係を批判的に把握し、緩和を求めるバークの感性は啓蒙の文明の習俗と感情に由来した。一七八一年交戦中のオランダのカリブ海植民地、セント・ユースタティウス（St. Eustatius）島をブリテン海軍が侵略し島民の私財を掠奪したことを告発する演説で、[9] バークは征服戦争を必要性の原理で容認しつつ、その現実の過酷さ、「非人道的な強奪と不正な抑圧の体系」を緩和する文明化された万民法を論拠としている。それは「万民法と、文明国が近年に同意と慣行により導入することを適切とした戦争のシステム」であり、「文明国により認められ、そして啓蒙されたヨーロッパで実践された、制限・限定された戦争の権利」であった。グロティウスの万民法は「粗野で獰猛な社会状態にある諸国民の慣行」「野蛮な慣行」を反映していたが、[10]「兵士と貿易商人」の戦禍の経験から「人道的な規則」「啓蒙された寛大な法学の規則」がもたらされ、ヴァッテルの万民法に至ったと近代自然法の進歩を説明している（*WS*, IV, 68, 78-9, 92-3）。そこでは、主権国家の暴力的な自由を抑制する方向で、人間性の洗練をもたらす文明の進展が想定されている。

ヨーロッパ共和国は、対抗する主権国家を通商、外交、習俗・感情の洗練が示す文明の社交性によって連合し、その近代文明の秩序は国家間に協調と穏健をもたらすとされた。しかしバークの「ヨーロッパ共同体」が革命フランスを排除したように、ヨーロッパ文明はその文明の外側に位置付けられた地域に対しては、帝国支配の現状を批判・規制しながら、帝国支配を正当化する原理となったことは否定できない。戦争や征服の犠牲者の苦しみへの感受性も、ヨーロッパ文明の洗練の結果である限りにおいて、文明の限界と偏りから自由ではなかった。ユトレヒト条約はブリテン商業帝国がスペイン領アメリカにアフリカから奴隷を供給するアシエントの取り決めを含んでいたのである。バークの帝国論でも、対等な主権国家体制の文明世界の外側の「未開、野蛮」な諸国に対しては、独立は認めず文明化するための保護という非対称な国際関係を前提としていた。フランス革命時のフランス西インド植民地での奴隷反乱と奴隷解放を警戒したバークにとって（O'Neill［2016］88-90）、文明の階層的社会秩序の破壊が奴隷制よりも大きな人的苦しみと判断されたのであり、彼の人道主義の帝国は「新大陸」先住民と奴隷を文明化する階層秩序を原理として、それを脅かす革命と敵対したのである。奴隷貿易と奴隷制に対する人道主義の批判において、一七八〇年に「宗教、秩序、道徳、徳が基本原理で、学芸の知識と手仕事はそうした文明化と改善の主な手段」と勧めるバークは、即時の解放よりも「彼らを文明化すること」を優先していた（WS, III, 565）。他方、一七八九年には奴隷貿易はあまりに非人道的で必要によって正当化されず、奴隷にされた国民は野蛮にとどまり文明化が不可能になるとその根絶を強く訴えており（WS, IV, 273, 278）、奴隷制と奴隷貿易を廃止する判断の試金石は文明化であり、それが最重要の目的であった。

## 第4節　インドの帝国の広がり――主権・共感・習俗

ヨーロッパ国際政治の歴史叙述や近代自然法学から受容した言説をバークはブリテン帝国の国際関係論にも適用した。主権国家の自由、法と文明の国際秩序の言説に拠って、ブリテン帝国の問題にバークがどのように対応したかを彼のインド論に探求する。主権国家の戦争の権利を帝国でも容認していたことは、バークが東インド会社によるインドの征服および会社に対する藩王国の反乱を正当化したことが示している。バークは「戦争の権利」によるブリテンのインドに対する征服と帝国主権を決して否定せず、本国に対し利益を、インドに対し正義と文明の統治を、確保する限りで認めたのである（Bourke［2015］337, 365-6, 537-8, 642, 660）。他方で、ヘイスティングスから保護を受ける協約を結んだベナレス（Benares）藩王の抵抗を弁明するバークは、「理性の法、自然法」である「万民法はヨーロッパとともにインドの法である」として、明言的にヴァッテルを引用し、保護の協約が守られなかった場合に被保護者が支払いを拒否し異議申し立てをするのは正しく、彼は独立を回復することを論証している（WS, VII, 291）。この議論は帝国統治下でも必要時には対等な主権国家間の国際関係がインドとの間に想定されていたことを示唆する。バークが東インド会社の圧政に対するベナレスとアワド（Awadh）の蜂起（一七八一年）を是認するのも（WS, VII, 321, 416-7）、主権国家の武力抵抗の必要性を示す例であろう。ヨーロッパの国際社会でも勢力均衡、万民法・条約、文明の交流により相互規制されていた主権は絶対的な独立を享受していなかったが、帝国の国際関係でもブリテンの帝国主権とインド諸国の主権は複雑に重なり合い、部分的に移譲された形で併存していたのだろう。

法の支配は世界帝国の恣意的支配からブリテン帝国を区別するために必要であった。バークが列挙するヘイスティングスが従うべきであった法は、外国との関係では自然法と万民法、本国との関係では議会制定法、インド人との関係ではインドの諸法と慣習、そして東インド会社理事会の命令であった。さらに「慎慮（discretion）」も「政治道徳、人間性、衡平の堅固な確立された規則」に従うものと、法と相補的に規定されている（WS, VII, 256-7）。

しかしバークが強調する法の支配の範囲を超えてしまうのが、世界君主政・帝国の支配領域の広がりの問題であった。この問題はブリテン商業帝国が東インド会社によるベンガル領土支配で変貌して以後関連性が強まっていた。バークのヘイスティングス弾劾の一つの典拠は世界君主政の腐敗と暴政を批判する啓蒙の歴史叙述に求められる。ギボンが叙述するように、辺境で傭兵軍団が次の皇帝を選び、その見返りに支払う賞与金のために過酷な税の収奪が行われたローマの軍事専制帝国の歴史は（Gibbon［2005］212, 291＝［一九八五］二一三、三一〇）、世界君主政の属州統治の問題をブリテン帝国のインド統治に見出す視角を用意した。会社が軍隊を地方支配者へ提供し、その多大な費用が負債、収奪、地域経済の荒廃を招いた会社の暴政と腐敗の計略をバークは指弾したが、それは常備軍を批判する古典的共和主義の定型的な主題であった（Hampsher-Monk［1987］24-5）。バークが議員にも馴染み深いローマ帝国属州統治の正義の事例と不正からの衰亡の教訓に言及したのは、聞きなれないインド問題を理解可能にする意図からで（Marshall［1991］28-30）、「下位の権威の濫用に陥りやすい大帝国」において「遠隔の属州」（WS, VI, 93, 105）の統治の濫用とそこからの腐敗の蔓延を防ごうとしたキケロのウェッレース（Verres）弾劾を模範にして下院の賛同を求めたのである。

啓蒙思想が示した文明の感情は帝国の広大な領域について行けただろうか。帝国批判思想の研究でバークの共感は評価されているが（Mehta［1999］22, 135-7; Gibbons［2003］11, 62, 105-7; Pitts［2005］71-4）、本章はバークにおける共感の限界の認識と共感が選択的に操作される実践に目を向ける。ヘイスティングス弾劾は雄弁の実践と帝国思想の二局面に分けて考えられる。弾劾は訴追側と原告側の間で公衆の共感を争奪するパフォーマンスでもあった。それはインドの帝国統治を争点化し、インドの人々の苦しみに市民権を認めさせ、その声を聴く公衆を創出することが必要だったからである。

インドへの共感を困難にする事情として、バークの言葉では、第一にインドがその統治改革を支持する関心をブリテンから集めるにはあまりに両者は疎遠であった。バークの言葉では、「祖国に由来する権力乱用が普通には私たちにはまったく見知らぬ他人と考えられる人々を圧迫する罪の告発は、難儀な事業である」（*WS*, V, 403=『論集』四八二）、「私たちは概してインドの細かな状況についてはほとんど無知であるため、民衆を苦しめている圧政の手口の理解は困難であり、苦しんでいる人々の名前さえ私たちの耳に極めてなじみの薄い奇矯なもののゆえに、私たちがこれらの対象に共感を抱くことは至難の業である」（*WS*, V, 403-4=『論集』四八三）。

第二に腐敗の解明・改革に反対する経済的な利害関係が浸透していた。東インド会社が収奪した富からブリテン社会の腐敗が進行し、利害・パトロネージの広がりが弾劾を妨害するとバークには思われた。バークは偏狭な経済的利益が共感を阻害する例として、「イングランドの公衆（The Public）は会社の権威の下で行使された権力の濫用に帰せられるすべての場合に、東方の属州の苦しみに適切な共感（a proper Sympathy）を覚えた」一方で、生糸輸入のためにベンガルの競争する織物産業を破壊した問題を認識しなかったと指摘した（*WS*, V, 252）。一七八四年インド法案の上院否決、選挙でのウィッグ党の大敗は、バークの目には「ローマ共和国の最悪の時代にもなかった兆候で、「東洋で会社とその社員により行われたあらゆる暴政、強奪、人間の破壊がこの国では人気があり喜ばせている」と思われた（*Corr.*, V, 155）。共感の不全から帰結するのは民生を考慮せず短期的に収奪する会社の暴政で、幾世代にわたる無数の溜池の灌漑施設を整備したブリテン支配以前の統治（*WS*, V, 522）と対比される。

隠蔽された犯罪を暴く弾劾はタキトゥスの国家理性の歴史叙述と重なるけれども、弾劾が共感を喚起するには、そうした歴史叙述とは別の文体が必要であった。バークにとって、ブリテン帝国の公共善は、東インド会社の現地社員の暴政にさらされた人々の苦しみの救済を含むものでなければならなかった。そのための改革をブリテンの議会と公衆に説得するとき、彼はタキトゥスやマキアヴェッリに代表される国家理性の歴史叙述の「冷徹な文体」を「民衆に与えられるべき正義と彼らについてのあらゆる真の人間的感情に等しく逆行する」と批判し（WS, V, 403=『論集』四八三）、それに代わって、社会の習俗・感情を対象とする啓蒙の歴史叙述に呼応し、インドの人々の苦しみとそれへの共感を表現する「人間的感情」の叙述を創出し公衆に訴える。秘密の政略から公論の政治への転換をここに読むことができる。

時空を超えて、共感で全人類を結びつけ「仁愛の領域と帝国（the sphere and empire of benevolence）」を広げるとバークが主張する「雄弁の魔術（magic of eloquence）」（WS, VII, 91）の特質を探るためには、その叙述の具体例をみなければならない。南インドで東インド会社との紛争から生じたマイソール（Mysole）のスルタン、ハイダル・アリ（Haidar Ali）の侵略によるカルナティック（Carnatic）の戦乱、収奪、荒廃、飢餓の「悲嘆の光景」の叙述は、階層社会の文明化論がバークの共感を貴族に偏らせるという指摘の反証となる。人々は老若男女、身分職能の区別なく、火災で追われ、殺害され、家族ばらばらに連れ去られた。さらに飢餓が襲い、豊作時の贅沢でさえもブリテンの断食の食事に及ばなかった農民は耐え忍び「一日に百人となくマドラスの路傍で息絶えた」。「私たちのうちで最も傲慢な者でもありのままのただの自分を感じる」飢餓の情況を描き、バークは「同胞市民の不幸な人々」への正義を喚起したのである（WS, V, 519-20）。ここでバークは戦死者や餓死者の鮮明な描写をするのではなく、出来事の一般的な記述により精神的な情感を表現する。その力は徳、道徳的関係の示唆、家族の情愛やつつましげな農民の姿勢への共感を呼ぶことにある。インドを犠牲にしたブリテンの富の不公正を示唆し、社会的な不平等を剥奪し根源的な人間の共通性を痛感させる飢えの苦しみに訴えることで、「同胞市民」としての共感と連帯を喚起する。

次に、拷問の意図的に扇情的な叙述であっても、残酷な身体的苦痛の生々しい描写に道徳的な批判が込められている。隠した食糧を取り立てるために、農民の手をひもで縛り癒着させてから木と鉄のくさびを打ち込んで潰す拷問の叙述は、その手を焦点として道徳的な思想を伝える。「彼ら自身の労働による生産物の乏しい供給しか自らの口に決して運ぶことのなかった貧しい、正直な、勤勉な手」と、その手がこれまで栽培してきたアヘンと交換で中国から輸入した紅茶、「私たちが皆一日を始める贅沢な食物」を対比させ、潰された手はインドの廉潔さを犠牲にするブリテンの偽善的な不正義を象徴する。さらにその手は抵抗の象徴でもあり、「抑圧の張本人に抗して天に突き上げられるとき、手は抗しがたい力をもって働くだろう」（*WS*, VI, 419）。さらにバークが着目するのは共感による精神的な苦しみを悪用した拷問である。それは家族が拷問から受ける苦しみを見せつけることで「自然の感受性と共感（the sensibilities and sympathies of nature）を傷つける」（*WS*, VI, 420）。

ここでバークによる苦しみの区別が注目される。身体の苦痛と家族の情愛からの精神の苦痛、さらに、深窓から「公開の法廷」に拉致され暴行を受けた女性の虐待を「習俗（manners）」の蹂躙に対する苦痛としている（*WS*, VI, 421）。身分や性差によるバークの共感の偏向が問題になるが、バークは上院の貴族に二種類の共感を説いている。すなわち「あなた方が貴族にその身分ゆえに共感するように、私たち皆に属している共通の人間性の条件に基づいてすべての人類に共感するように希望する」。「飢餓、落魄、抑圧」は「共通の人間性の条件」に関わり、普遍的な共感を呼ぶとされている（*WS*, VII, 529）。バークのまとめでは、苦しみは身体的苦しみ（「飢餓、困窮、暴力、虐待」）とより痛切な精神的苦しみ（「不名誉、恥辱、習俗の蹂躙、意見の蹂躙、人々の生れついた感情への侵害」）に二分される（*WS*, VII, 540）。

身体の苦しみは普遍的に共感されうるのに対して、精神の苦しみは、それよりも強いが、習俗、法、慣習の差異が異文化間の共感を阻むだろう。

大いなる淵があなた方と彼らの間に設けられていると真に言えるとしたら、それは習俗、意見と法によって創造された淵で、住民（the people）の本性にまで根付き、彼らから消し去ることはできないものである。これこそがあの国と我が国の間のあらゆる直接的コミュニケーションを永遠に許さないのだ。（*WS*. VI. 302「大いなる淵……」はルカ16: 26）

苦しみの分類は共感の到達可能性で区別されていて、「雄弁の魔術」のレトリックとは別に、共感の限界こそがバークの真率な思想と理解すべきだろう。彼は「私たちの本性で止むを得ないことであるが、慣習（custom）によって私たちの本性に植え付けられていない状況を描写しているとき、適切な共感の度合いに到達することは世界で最も困難なことである」（*WS*. VI. 478）と述べている。インドからの聴衆の疎遠さに対応した度合いへ描写を抑えることが、バークのレトリックにおける適宜性であった（Bullard［2011］134-5）。バークは確かにインドの諸法をヨーロッパに先行する古来の文明として評価し「アジア的専制政治」論を反駁したが（*WS*. V. 171, VI. 346-7, 352-66, VII. 265-80）、遠いインドの理解を促すための類比のレトリックにもかかわらず、ヨーロッパとインド社会を同質と考えたわけではなかった。[11]「アジア的専制政治」を批判するのは、法の存在の否定がインドの人々を尊厳ある権利主体として共感に値すると考えなくするからであり、古来のアジアの法制史に論及する意図は「私はその人々を彼らの権利と特権に戻したい。私はあなたがたの共感に彼らを復権させたい」（*WS*. VII. 279）ということにあった。

しかし共感の限界からは、共感による実質的代表としてのブリテン帝国の多元的統治には、無理があるだろう。確かにバークは、弾劾での厳格な証拠規則の緩和の要求の関連で、衡平法や商法によって通商と帝国の拡大に適応したイングランド法改革の歴史から（WS, VII, 163-4, 166-9）、「私たちが獲得した帝国の必要に応じて正義の範囲を拡大する」ことを主張したが、弾劾による「帝国の正義（the Imperial justice）」が失敗すれば「イングランド法は富者と権力者のためのもので、貧者、惨めな者、見捨てられた者への救済を一切与えない」悪評が確立すると懸念した（WS, VI, 277-9）。東インド会社の暴政やアイルランドのプロテスタント寡頭支配のような、帝国の専横な下位権力に対して公平な正義を確立する、被支配民への人道主義が信託としての帝国の統合を正当化する。[12]しかし実際に弾劾裁判はイングランド法の偏狭な特殊性によって広大な帝国統治の問題をさらけ出した。その法の規則は距離以上に習俗・宗教・習慣によって隔てられたインドの人々には適用できず、「抑圧・強奪・賄賂・腐敗」を幇助し、人々を破壊する（WS, VII, 153）。

したがって遠隔な帝国統治にバークが積極的な確信を持っていたとは言えない。ブリテン上院がインドに救済をもたらす法廷となるにはあまりの距離に隔てられていた。アワド太守（Wazir）の祖母と母の所領を没収した犯罪の裁判について、九千マイルと一四年という時空を隔てて、彼女らの代理人もいない下院の資格を批判するバークは、インドの藩王国からの派遣者によるブリテン貴族の所領と妻の寡婦給与の没収を正当化するために、インドの法廷がブリテン貴族の権利を判定するという逆転した状況を想像することで（WS, VII, 457-8）、帝国支配の傲慢さを反省する。したがって、バークの帝国論の論理においては、共感に基づき文化的差異を承認しつつ法の支配という文明化をはかる統治には限界があり、インドが抵抗する権利を正当化する主権国家の万民法がそれを補うという関係があるだろう。バークは法と権利の主体としてインドの人々を評価する。苦しみへの共感は、強大な支配者と犠牲となる被支配者の権力関係を固定化するのではなく、「名誉と卓越性」（WS, VII, 264）が引き出すとされた共感は対等な関係を前提とする。ここで共感に値するとの評価は、対等な主権をインド諸国に認めることと重なる。しかしインドの人々への共感の限界は彼らに権利を認める困難を示唆し、主権の抵抗の恒常化が帝国の信託に取って代わることになり、帝国統治に悲観的な見通しを与えたであろう。

## 第5節　共感のレトリック

バークは共感が普遍的仁愛と異なり選択的であることを意識している。フォックス派のフランス革命との連帯を批判する文脈で、「人々は他者の苦しみに何らかの共感を持たないということはめったにないが、人間の悲惨の膨大で多様な集まりのなか、それらは憐れんでもよいが、全体を救済することはできないので、精神は選択をしなければならない」（WS, IX, 307）と認めている。これは共感を遠近による救済の実効性から判断し、偽善的感傷と区別するような実践性の観点を示唆する。[13] バークは弾劾のパフォーマンスとその報道で、公衆を引き付けるレトリックとしての共感の操作性を自覚していただろう。ヘイスティングス被告の弱さへの同情を「強奪と抑圧の洗練と礼節（urbanity and politeness）」「賄賂と腐敗の感傷的な繊細さ（sentimental delicacies）」と啓蒙の感情の言説を風刺的に用いて（WS, VII, 240）、救済が必要なインドの苦しみに無関心な偽善性を指摘することで、自己の追及を正当化した。ブリテンが関与しているインドの苦しみの救済への支持を集めるために、インドへの共感は、距離にも関わらず、政治的に必要で有意味なのであり、他方で、共感を阻む異邦の習俗の特殊性の認識はバークの祖国愛と公共心の「地方性（locality）」（WS, VIII, 342, 344=『論集』六九七、六九九）の思想と結びつき、帝国統治の遠い国際関係を抑制されたものにするはずである。

啓蒙の文明史から世界市民的な感情がバークによって総督の暴政に苦しむインドに、そして反革命の「ヨーロッパ共同体」に適用された。政治家バークは弾劾と反革命に支持を集めるために、インドがブリテンとともに法の支配の伝統のある文明社会であることを、そして旧体制のヨーロッパ諸国が同質であることを強調するレトリックで共感を調達しようとしたのである。しかし国際問題への対応としてヨーロッパ論とインド論には整合しないところがある。インドも法の支配を共有すると説きながらヨーロッパとインドの習俗の差異を認めたのと対照的に、ヨーロッパでは地域内の差異を捨象し伝統的な制度と習俗が一致する全体像を構成した。共通のヨーロッパ文明の強調はバークが説いたインドへの共感と普遍的な万民法に逆行するヨーロッパ中心主義を結果的には助長しうるものだった[14]。

注

（1）「世界君主政」と「世界帝国」の用語の整理のために、両者の語義の重なる連続性と重点の移動を識別しておく。カルル五世、フェリペ二世やルイ一四世が代表する、ヨーロッパ初期近代の、複数の領域を征服し統一的に支配する広大な「複合君主政（composite monarchy）」を指示対象として、「世界君主政」が古代ローマ帝国の普遍世界の理念に近づく「帝国」の同義語として認められていた。むしろ「帝国」には「世界君主政」に対抗する個別王国の国家主権という意味もあった。王政復古期のアングリカン王党派がオランダの海洋支配を「世界君主政」への道と批判したように、「世界君主政」の用語法は一八世紀半ばまで継続するが、他方で、多様な非ヨーロッパ世界に広がる海洋商業帝国の隆盛と、そのオランダやブリテンが「共和国」制度により帝国に拡大した状況、そして、何よりもバークにおいて、対外膨張する革命フランスの共和国が論敵であったことから、一七九〇年代の国際情勢に「世界君主政」は適用しがたくなっていたのではないだろうか。こうした新しい状況から、「世界君主政」と互換性のある類義語であるが、共和国からの拡大の含意に重点を移した「世界帝国」の方がより用いられるようになったと考えられる。「帝国」「世界君主政」について、Robertson［1995］6-13; Pincus［1995］40-1; Armitage［2000］22-3＝［二〇〇五］二四〜六。

（2）距離と感情をめぐる「帝国の認識論」については、Armitage［2000］180-1＝［二〇〇五］二五四〜五。

（3）ウィリアム三世の同盟戦争に対するヒュームの風刺と評価は、Hume［1983］VI, 498, 504。

（4）ヴァッテルは、オランダによるイングランド介入のように他国の内乱への介入を容認しながら、外国が主権国家の統治に介入する権利を一貫して明確に否定するが（Vattel［2008］280-92, 364-5）、この強調点はバークでは落とされている。またバークはヴァッテルからの抜粋では原文通りに「正義を有するように見える側を支援する」と引用しながら、著作本文では「好むどちらの側にも自由につける」「隣国は自身の選択に応じてどちらの側でも支援する大幅な自由」と書き換えられている（Vattel［2008］291; Burke, *Works*［London: John C. Nimmo, 1887］IV, 473; *WS*, VIII, 340, 474）。バークのヴァッテル参照は選択的に慎重に操作されている。バークのヴァッテル受容については、Armitage［2013］とHampsher-Monk［2005b］の二つの異なる解釈を参照。介入論についてはさらに、Simms［2013］89-110およびWelsh［2013］219-36。またウェルシュによるバークの国際関係思想の論文の邦訳はウェルシュ［二〇〇三］二一九〜四三。

（5）これらの共通性による国際交流で商業が言及されていないことは、戦争の起因となる経済競争の現実認識から「穏和な商業」の否定を示唆するかもしれない。この長期の文明史を背景にしたヨーロッパ像は、『フランス革命の省察』における商業よりも貴族と宗教の精神に由来する文明の古来の習俗の言説と一致する（*WS*, VIII, 130＝『省察』一〇〇〜一）。キリスト教の精神を強調するバークは、「現世の栄誉」が自由と帝国を追求する共和国の野心と気概を育んだマキアヴェッリの古代異教に対し（［一九七九］三六二）、相互抑制する協調的な国際関係にはキリスト教の服従と謙遜の方が適合的と評価したとも推測できる。

（6）文明社会を君主政と結びつける啓蒙の歴史叙述については、犬塚［二〇一四］三四〜八。

（7）バークが対比して描く革命フランスと旧体制君主国の間で、ヨーロッパ共和国の主権国家連合において総合されていた国家理性と文明は対立している。啓蒙の歴史叙述の二つの主題、国家の権力政治と、商業と習俗の文明の出現（Pocock［2000b］20-1）は、バークの反革命の歴史叙述では、文明社会を破壊する国家改造の策謀の歴史と、文明社会に従って発展してきた伝統的国家の歴史に分極化されている。海洋商業帝国が両立させるとした自由と帝国という目的のうち、国内の私的自由と文明社会への志向性を強調することで、ブリテン世界帝国への猜疑心を中和し、世界帝国への拡大に専心する野蛮な軍事共和国と表象したフランスの脅威を煽る反革命の意図は明らかであろう。

（8）主権国家からなる寛容の世界秩序と植民地主義による文明の世界秩序の並列については、Keene［2002］98。

（9）ブリテンの国際海洋法の実行の関連で、この事件の説明は、グールド［二〇一六］一二八、一三〇。

（10）自由主義の近代自然法学が、人文主義の戦争論に拠り、国家理性を追求する好戦的な主権国家とその植民地征服に帰結したことを論じたタックは、グロティウスのオランダ通商植民地政策を弁明する自然法論をこの主権国家論に含める（Tuck

［2001］78-108＝［二〇一五］一四一～八七）。Hont［2005］15＝［二〇〇九］一〇もグロティウスの国家理性と必要の政治を指摘する。

（11）ヘイスティングスの「恣意的、専制的（despotic）で、彼が考えるには東洋的な（Oriental）、原理」（*WS*, VI, 347）を批判する一方で、インドにブリテンの自由の国制を強制することはできないと差異を認めるバークにとって、インドは「緩和されていない専制政治ではなかったが、完全に文明化された君主政でもなかった」（Bourke［2015］544, 548-9, 662）。これは司法的正義の実現で法の支配の改善を目指すブリテン帝国による文明化を許すインド理解である。

（12）バークの信託論を含め近現代国際政治における人道主義については、五十嵐［二〇一六］。

（13）バークの政治学とレトリックについては、Hampsher-Monk［1988］。さらに、アダム・スミス（Smith［1984］140＝［二〇一四］三一八）の「陰鬱な哲学者」批判を参照。スミスが指摘する共感の限界からの帝国の問題については、Rothschild［2012］196-7.

（14）バークと同様にキリスト教、封建制、騎士道の影響に着目した歴史認識に拠り、ヨーロッパの万民法をキリスト教文明のヨーロッパに限定する万民法研究がウォードにより一七九五年に公刊された。バークが自然法に由来する万民法をインドにも適応し、普遍的な法の支配によって「地理的道徳（Geographical morality）」（*WS*, VI, 346）を否定したのとは反対に（しかし異なる習俗の隔たりの認識は受け継いで）、ウォードは複数の異なる万民法をそれぞれ特有の「習慣、宗教、道徳、生活の偏見と習俗」を持つ文明圏に想定し、「万民法は世界の法と考えるべきではない。それは類似した宗教・道徳体系によって結合し特定の地方的制度の影響を受けた特定の諸国民のみの法である」（Ward［1795］I, xi, 79-84）と主張している。

# 編者あとがき

本書がこのようなかたちで実を結んだその胚胎の時期は、明らかな日付で記すことができる。西暦二〇〇〇年三月二六日。この日、関西学院大学上ヶ原キャンパスを会場として、日本イギリス哲学会第二四回研究大会が開催され、そこで「エドマンド・バーク」をテーマにしたシンポジウムがおこなわれた。そのシンポジストとして、われわれ中澤と桑島、そして執筆者のひとり真嶋氏が登壇した。聴衆の中のコメンテイターとして、やはり執筆者のひとり犬塚氏もいた。

このシンポジウムの司会は、中野好之、岸本広司の両先生であった。二〇世紀後半の日本のバーク研究を牽引してきた二人といってもよかろう。中野先生は、一九七〇年代より日本の学界にバークの翻訳（『バーク著作集Ⅰ・Ⅱ』みすず書房、一九七三年）と評伝（『評伝バーク―アメリカ独立革命の時代』みすず書房、一九七七年）を届けてきた。そして、この二〇〇〇年の六月には、新たに圧巻の編訳書『バーク政治経済論集――保守主義の精神』（法政大学出版局、二〇〇〇年）を世に問うことになる。また、中野先生の次の世代として、バーク思想の総体的かつアカデミックな紹介者を務めてきたのが、ほかならぬ岸本先生だった。岸本先生の最初のバーク研究『バーク政治思想の形成』（御茶の水書房、一九八九年）につづく続編のバーク研究書が公刊されたのも、同じくこの年の三月のことである。大著『バーク政治思想の展開』（御茶の水書房、二〇〇〇年）だ。いまにして思えば、新たなミレニアムの始まりの年は、本邦におけるバーク研究の新たな風が吹いた年だった（なお、書籍を通じてではあるが、政治学・国際政治学分野における戦後のバーク研究では、坂本義和先生や半澤孝麿先生の数々の著作・翻訳に負うところが少なくないことも忘れてはなるまい）。

西暦二〇〇〇年に、これほどバークの研究の機運が高まったのはなぜか。おそらくそれは、一九九七年すなわちバーク没後二〇〇周年を記念する年に世界的にリヴァイバルの動きがあって、その余波がやや遅れてこの極東の島国にも到達したということであろう。むろん九・一一同時多発テロ（翌二〇〇一年秋）も、リーマン・ショック（二〇〇八年秋）もいまだ知らない「好景気」に沸くアメリカにおいて、ネオコンと新自由主義が台頭していたことへの反省として、「コンサーヴァティズム（保守主義）」の検討が学問的課題として浮上した結果かもしれない。

いずれにせよ、二〇世紀最後の春、日本イギリス哲学会に集った数名のバーク研究者を核として、この本は最初の生命を宿したといってよい。

＊　＊　＊

その後、二〇一四年三月の東洋大学（白山キャンパス）での同学会の研究大会に合わせ、中澤の発議により、本書の出版計画を念頭においた「バーク研究会」の発足と第一回会合がもたれた。こんかいの執筆者のほぼ全員が顔を合わせるはじめての場となった。これは、いいかえれば、アカデミックにバークを研究する政治・経済・歴史・美学など人文社会系諸分野に属する中堅から若手研究者が一堂に会する機会でもあった。研究会の円滑な運営と密な情報交換を期して、科学研究費助成金への申請書作成も話し合われた。

それからちょうど一年後、第二回の研究会会合（佐藤氏と中澤が報告、二〇一五年三月、於甲南大学、やはり日本イギリス哲学会研究大会の開催前夜）直後の二〇一五年四月より、中澤を研究代表者とする科学研究費（基盤研究Ｂ「社会科学者としてのE・バーク：経済思想と歴史叙述の分析を基軸とした総合的研究」、二〇一八年三月までの三カ年間予定。科研費JP 15H03332）が首尾よく獲得された。出版計画の実現にむけ、研究会は勢いづく。本書はまさに、この共同研究を糧にして実ったおおきな果実のひとつと見なすことができよう。

その後、本書刊行まで、われわれの「バーク研究会」は第六回まで研究会合をもった。簡単にその足跡を辿れば、第三回（高橋氏と中澤が報告、二〇一六年一月、於成城大学）、第四回（土井氏と真嶋氏が報告、二〇一六年四月、於キャンパスプラザ京都）、第五回（立川氏・高橋氏・桑島が報告、二〇一六年九月、於広島大学東千田キャンパス）、第六回（佐藤氏が報告、二〇一七年六月、於東洋大学白山キャンパス）である。第三回と第四回のあいだには、日本イギリス哲学会第四〇回研究大会があり、そこでは、角田氏と苅谷氏が個人研究報告をおこない、それぞれ犬塚氏と桑島が司会を務めた。その他、執筆メンバーたちは個別に、国内外の関連学会において、本書へ結実する研究報告をおこなっている。

＊　＊　＊

本書執筆メンバーの特徴は、さまざまな分野に属するバーク研究者であることにくわえ、「中堅」「若手」の研究者が主体となっていることだろう。副題にも明示されるように、本書のもくろみは〈保守主義の父〉バーク像の「再考」、否、「解体」である。このもくろみを成功に導くため、本書はまず同時代のブリテン諸島をめぐる思想史再編の動向、たとえば、J・G・A・ポーコック、H・T・ディキンスン、D・アーミテージなどによる最新の研究をしっかりと見据えている。同時にまた、一八世紀のアイルランドといったバーク思想揺籃の風土と歴史の現場に沈潜することで、彼の人間的実存にも可能なかぎり迫ろうともしている。従来のバーク・イメージのスクラップ・アンド・ビルドのためにも、この種の専門的かつ最新の、さらにいえば、野心的なバーク入門書が今まさに求められている、と信じたい。

手前味噌ないい方になってしまうが、本書には執筆メンバーが研究会で放っていた熱気がかなりの程度そのまま詰め込まれている。知的バックグラウンドやアプローチを異にしながら、おのおの自立的に活躍する研究者が、お互いの人格と専門性に敬意を払いつつ、批判的な議論を納得いくまでおこなうという、真の意味での共同研究の成果が本書である。そして、執筆メンバーのうち数名の研究者は、研究会で得られた成果をいっそう発展させるべく、すでに現地の研究者に混じり、バーク研究の世界的第一線で果敢に研究報告や論文執筆をおこなっている。本書の出来ばえについては読者の判断に委ねるほかない。しかしながら、本書に詰め込まれた熱気が、さらに熱い風の渦を巻き、次世代の若きバーク研究者たちへと吹き込んでくれれば、われわれ編者としては、このうえない慶びである。なお、専門的人文書の出版事情きびしき折、寛大かつ融通無碍な編集作業を、ひじょうに忍耐強くおこなってくれた昭和堂・鈴木了市氏には、この場を借りて、あらためて深い感謝の念を示したいと思う。

二〇一七年六月　編者識

# 人名・書名索引

## ア行



## カ行



## サ行

## タ行



## ナ行



## ハ行

# 事項索引

サ行



タ行



ハ行

## マ行



## ヤ行



## ラ行

# 参考文献一覧

以下の一覧には、本書の各章の執筆者が本文および注で直接参照した文献に加えて、バーク研究における基本文献と判断したものを選択的に掲げている。刊行年が比較的古い一部の文献は、出版社（者）の代わりに出版地を記している場合がある。原著と訳者の版は必ずしも同一ではない。

【欧語文献】


Ammerman, David L.［1991］“The Tea Crisis and its Consequences, Through 1775”, *The Blackwell Encyclopedia of the American Revolution*, Jack P. Greene and J. R. Pole (eds.), Blackwell, pp. 198-210.

Anderson, Adam.［1764］*Historical and Chronological Deduction of the Origin of Commerce, from the Earliest Accounts to the Present Time*, 2 vols., A. Millar.

Armitage, David.［2000］*The Ideological Origins of the British Empire*, Cambridge University Press.（平田雅博・岩井淳・大西晴樹・井藤早織訳『帝国の誕生――ブリテン帝国のイデオロギー的起源』日本経済評論社、2005年）

Armitage, David.［2013］“Edmund Burke and the Reason of State”, *Foundations of Modern International Thought*, Cambridge University Press, pp. 154-71.（平田雅博・山田園子・細川道久・岡本慎平訳『思想のグローバル・ヒストリー――ホッブズから独立宣言まで』法政大学出版局、2015年）

Armstrong, Meg.［1996］“The Effects of Blackness: Gender, Race, and the Sublime in Aesthetic Theories of Burke and Kant”, *The Journal of Aesthetics and Art Criticism*, 54, pp. 213-36.

Arnold, Matthew (ed.)［1881］*Letters, Speeches and Tracts on Irish Affairs (by Edmund Burke)*, Macmillan.

Ayling, Stanley.［1988］*Edmund Burke: His Life and Opinions*, J. Murray.

Bacon, Nathaniel.［1739］*Historical and Political Discourse of the Laws and Government of England, from the First Times to the End of the Reign of Queen Elizabeth*, D. Browne and A. Millar.

Barrington, Donal.［1954］“Edmund Burke as an Economist”, *Economica*, 21, pp. 252-8.

Barry, Norman.［1997］“The Political Economy of Edmund Burke”, *Edmund Burke: His Life and Legacy*, I. Crowe (ed.), Four Courts Press, pp. 104-14.

Bartlett, Thomas.［2004］“Ireland, Empire, and Union 1690-1801”, *Ireland and the British Empire*, K. Kenny (ed.), Oxford University Press.

Baumann, A. A.［1929］*Burke, the Founder of Conservatism: A Study*, Eyre and Spottiswoode.

Bayly, C. A.［1988］*Indian Society and the Making of the British Empire*, Cambridge University Press.

Bisset, Robert.［1800］*The Life of Edmund Burke*, 2nd ed. 2 vols., George Cawthorn.

Bluntschli, J.［1868］*Allgemeines Statsrecht*, Literalisch-Artistische Anstalt.

Bolingbroke［1972］*Historical Writings*, I. Kramnick (ed.), The University of Chicago Press.

Bolingbroke.［1997］*Political Writings*, D. Armitage (ed.), Cambridge University Press.

Bond, Donald F. (ed.)［1987］*The Spectator*, 3 vols., Clarendon Press, vol. 3, pp. 527-82.

Boswell, James.［1924］*Letters of James Boswell*, Chauncey Brewster Tinker (ed.), 2 vols.,

Clarendon Press.
Bourke, Richard. [2012] "Party, Parliament, and Conquest in Newly Ascribed Burke Manuscripts", *The Historical Journal*, 55, pp. 619-52.
Bourke, Richard. [2015] *Empire and Revolution: The Political Life of Edmund Burke*, Princeton University Press.
Brewer, John. [1989] *The Sinews of Power: War, Money, and the English State, 1688-1783*, Unwin Hyman（大久保桂子訳『財政＝軍事国家の衝撃——戦争・カネ・イギリス国家 一六八八～一七八三』名古屋大学出版会、2003年）
Bromwich, David [2014] *The Intellectual Life of Edmund Burke: From the Sublime and Beautiful to American Independence*, The Belknap Press of Harvard University Press.
Buckle, H. T. [1857] *History of Civilization in England*, J. W. Parker, Son, and Bourn.
Bullard, Paddy [2011] *Edmund Burke and the Art of Rhetoric*, Cambridge University Press.
Bullard, Paddy. [2012] "Burke's Aesthetics Psychology", T*he Cambridge Companion to Edmund Burke*, D. Dwan and C. J. Insole (eds.), Cambridge University Press, pp. 53-66.
Burgess, Glenn. [1993] *The Politics of the Ancient Constitution: An Introduction to English Political Thought, 1603-1642*, Pennsylvania State University Press.
Butler, G. G., Sir. [1914] *The Tory Tradition: Bolingbroke, Burke, Disraeli, Salisbury*, J. Murray.
Canavan, Francis. [1987] *Edmund Burke: Prescription and Providence*, Academic Press.
Canavan, Francis. [1995] *The Political Economy of Edmund Burke: The Role of Property in His Thought*, Fordham University Press.
Catlin, G. E. G., Sir. [1939] *The Story of the Political Philosophers*, McGraw-Hill; Whittlesey House.
Chiron, Yves. [1997] "The Influence of Burke's Writings in Post-Revolutionary France", *Edmund Burke: His Life and Legacy*, I. Crowe (ed.), Four Courts Press, pp. 85-93.
Claeyes, Gregory. [2007] *The French Revolution Debate in Britain: The Origins of Modern Politics*, Palgrave Macmillan.
Clark, J. C. D. [2001] "Introduction", *Reflection on the Revolution in France (by Edmund Burke)*, J. C. D. Clark (ed.), Stanford University Press.
Cobban, Alfred. [1960] *Edmund Burke and the Revolt against the Eighteenth Century: A Study of the Political and Social Thinking of Burke, Wordsworth, Coleridge and Southey*, Allen and Unwin.
Cobbett, William (ed.) [1966] *The Parliamentary History of England, from the Earliest Period to the Year 1803*, AMS Press, 36 vols (originally published in 1806-20).
Colley, Linda. [1992] *Britons: Forging the Nation 1707-1837*, Yale University Press.
Cone, Carl. B. [1952] *Torchbearer of Freedom: The Influence of Richard Price on Eighteenth Century Thought*, The University of Kentucky Press.
Cone, Carl B. [1957] *Burke and the Nature of Politics: The Age of the American Revolution*, The University of Kentucky Press.
Cone, Carl B. [1964] *Burke and the Nature of Politics: The Age of the French Revolution*, The University of Kentucky Press.
Conniff, James. [1987] "Burke on Political Economy: The Nature and Extent of State Authority", *The Review of Politics*, 49, pp. 490-514.
Conniff, James. [1994] *The Useful Cobbler: Edmund Burke and the Politics of Progress*, State University of New York Press.
Considine, John. [2002] "Budgetary Institutions and Fiscal Discipline: Edmund Burke's Insightful Contribution", *The European Journal of the History of Economic Thought*, 9, pp. 591-607.

Croly, G. [1840] *A Memoir of the Political Life of the Right Honourable Edmund Burke*, William Blackwood and Sons; Thomas Cadell.
Courtney, C. P. [1963] *Montesquieu and Burke*, Basil Blackwell.
Cullen, Louis. M. [1993] "The Blackwater Catholics and County Cork: Society and Politics in the Eighteenth Century", *Cork: History and Society*, Patrick O'Flanagan and G. Buttimer Cornelius (eds.), Geography Publications, pp. 535-84.
Cullen, Louis. M. [1997]"Burke's Irish View and Writings", *Edmund Burke: His Life and Legacy*, I. Crowe (ed.), Four Courts Press, pp, 62-75.
Deane, Seamus. [2005] *Foreign Affections: Essays on Edmund Burke*, Cork University Press.
Deane, Seamus. [2012] "Burke in the United States", *The Cambridge Companion to Edmund Burke,* D. Dwan and C. J. Insole (eds.), Cambridge University Press, pp. 221-33.
Dickinson, H. T. [2012] "Burke and the American Crisis", *The Cambridge Companion to Edmund Burke*, D. Dwan and C. J. Insole (eds.), Cambridge University Press, pp. 156-67.
Dickson, P. G. M. [1967] *The Financial Revolution in England: A Study in the Development of Public Credit*, 1688-1756, Macmillan.
Donlan, Seán Patrick. (ed.) [2006] *Edmund Burke's Irish Identities,* Irish Academic Press.
Doyle, P. [1933] *A History of Political Thought*, Jonathan Cape.
Dunne, Tom. (ed.) [2005] *James Barry (1741-1806): 'The Great Historical Painter'*, Crawford Art Gallery and Gandon Editions.
Dunnes, W. L. [1941] "Adam Smith and Burke: Complementary Contemporaries", *Southern Economic Journal*, 7, pp. 330-46.
Dunning, W. A. [1920] *A History of Political Theories: From Rousseau to Spencer,* Macmillan.
Dwan, David and Insole, Christopher J. (eds.) [2012] *The Cambridge Companion to Edmund Burke,* Cambridge University Press.
Eagleton, Terry. [1992] "Aesthetics and Politics in Edmund Burke", *Irish Literature and Culture,* M. Kenneally (ed.), Colin Smythe, pp. 25-34.
Edgeworth, F. Y. [1894-99] "Burke", *Dictionary of Political Economy,* R. H. Inglis Palgrave (ed.), 3 vols., Macmillan, vol.1, pp. 194-5.
Fair, J. D., and Hutcheson, J. A. [1987] "British Conservatism in the Twentieth Century: An Emerging Ideological Tradition", *Albion*, 19 (4), pp. 549-78.
Fasel, George. W. [1983] *Edmund Burke,* Twayne Publishers.
Fennessy, R. R. [1963] *Burke, Paine and the Rights of Man*, Martinus Nijhoff.
Fitzpatrick, Martin and Jones, Peter (eds.) [2017] *The Reception of Edmund Burke in Europe,* Bloomsbury Academic.
Forbes, Duncan. [1975] *Hume's Philosophical Politics,* Cambridge University Press. (田中秀夫監訳『ヒュームの哲学的政治学』昭和堂、2011 年)
Freeman, Barbara. Claire [1998] "Sublime: Feminine Sublime", *Encyclopedia of Aesthetics,* 4 vols., Oxford University Press, vol. 4, pp. 331-4.
Freeman, Michael. [1980] *Edmund Burke and the Critique of Political Radicalism*, University of Chicago Press.
Fryer, Edward. (ed.) [1809] *The Works of James Barry, Esq.: Historical Painter*, 2 vols., T. Cadell and W. Davies, vol. 1.
Frohnen, Bruce. [1993] *Virtue and the Promise of Conservatism: The Legacy of Burke and Tocqueville,* University Press of Kansas.
Furniss, Tom. [1993] *Edmund Burke's Aesthetic Ideology: Language, Gender, and. Political Economy in Revolution*, Cambridge University Press.
Gandy, Clara I. and Stanlis, P. J. [1983] *Edmund Burke: A Bibliography of Secondary Studies to*

*1982*, Garland.

Gibbon, Edward. [2005] *The Decline and Fall of the Roman Empire*, David Womersley (ed.), 3 vols., Penguin Books, vol.1.（中野好夫訳『ローマ帝国衰亡史』、第 1 巻、筑摩書房、1985 年）

Gibbons, Luke. [2003] *Edmund Burke and Ireland: Aesthetics, Politics, and the Colonial Sublime*, Cambridge University Press.

Gilmour, I. H. J. L. [1978] *Inside Right: A Study of Conservatism*, Quartet Books.

Goldman, Lawrence. [2011] "Conservative Political Thought from the Revolutions of 1848 until the *fin de siècle*", *The Cambridge History of Nineteenth-Century Political Thought*, G. Stedman Jones and G. Claeys (eds.), Cambridge University Press, pp. 691-719.

Gove, Michael. [1997] "Edmund Burke and the Politicians", *Edmund Burke: His Life and Legacy*, I. Crowe (ed.), Four Courts Press, pp. 152-8.

Green, Jonathan Allen. [2014] , "Friedrich Gentz's Translation of Burke's *Reflections*", *The Historical Journal*, 57 (3), pp. 639-59.

Hampsher-Monk, Iain. [1987] *The Political Philosophy of Edmund Burke*, Longman.

Hampsher-Monk, Iain [1988] "Rhetoric and Opinion in the Politics of Edmund Burke", *History of Political Thought*, 9, pp. 455-84.

Hampsher-Monk, Iain. [1992] *A History of Modern Political Thought: Major Political Thinkers from Hobbes to Marx*, Blackwell.

Hampsher-Monk, Iain. (ed.) [2005a] *The Impact of the French Revolution: Texts from Britain in the 1790s*, Cambridge University Press.

Hampsher-Monk, Iain. [2005b] "Edmund Burke's Changing Justification for Intervention", *The Historical Journal*, 48 (1), pp. 65-100.

Hampsher-Monk, Iain. [2014] "Editor's Introduction", *Edmund Burke, Revolutionary Writings*, I. Hampsher-Monk (ed.), Cambridge University Press.

Hampsher-Monk, Iain. [2015] "Edmund Burke in the Tory World", *The Tory World: Deep History and the Tory Theme in British Foreign Policy, 1679-2014*, J. Black (ed.), Routledge, pp. 83-101.

Harris, Ian [1993] "Introduction", *Pre-Revolutionary Writings* (*by Edmund Burke*), I. Harris (ed.), Cambridge University Press.

Harris, Ian. [2012] "Burke and Religion", *The Cambridge Companion to Edmund Burke*, D. Dwan and C. J. Insole (eds.), Cambridge University Press, pp. 92-103.

Hauterive, Comte d' [1801] *State of the French Republic at the End of the Year VIII*, translated by Lewis Goldsmith, London.

Hearnshaw, F. J. C. [1933] *Conservatism in England: An Analytical, Historical, and Political Survey*, Macmillan.

Henrie, M. C. [1997] "Burke and Contemporary American Conservatism", *Edmund Burke: His Life and Legacy*, I. Crowe (ed.), Four Courts Press, pp. 198-212.

Himmelfarb, Gertrude. [1983] *The Idea of Poverty: England in the Early Industrial Age*, Alfred A. Knopf.

Hoffman, R. J. S. [1949] "Introduction: Burke's Philosophy of Politics", *Burke's Politics: Selected Writings and Speeches of Edmund Burke on Reform, Revolution and War*, R. J. S. Hoffman and P. Levack (eds.), Alfred A. Knopf.

Hogan, W. and Ō Buachalla, Seán. [1963] "James Cotter's Papers", *Cork Historical and Archaeological Society Journal*, 68, pp. 71-95.

Hont, Istvan. [2005] *Jealousy of Trade: International Competition and the Nation-State in Historical Perspective*, The Belknap Press of Harvard University Press.（田中秀夫監訳『貿易の嫉妬——国際競争と国民国家の歴史的展望』昭和堂、2009 年）

Hume, David. [1987] *Essays Moral, Political, and Literary*, Eugene. F. Miller (ed.), Liberty Fund.（田中敏弘訳『道徳・政治・文学論集』名古屋大学出版会、2011 年）
Hume, David. [1983] *The History of England*, Liberty Fund.
Hutcheson, Francis. [1971] "An Inquiry into the Original of our Ideas of Beauty and Virtue", *Collected Works of Francis Hutcheson*, 7 vols., Georg Olms Verlagsbuchhandlung, vol. 1.（山田英彦訳『美と徳の観念の起原』玉川大学出版部、1983 年）
Janes, Regina. [1986] "Edmund Burke's Flying Leap from India to France", *History of European Ideas,* 7 (5), pp. 509-27.
Jones, Emily. [2015] "Conservatism, Edmund Burke, and the Invention of a Political Tradition, c. 1885–1914", *The Historical Journal*, 58 (4), pp. 1115-39.
Jones, Emily. [2017] *Edmund Burke and the Invention of Modern Conservatism, 1830-1914: An Intellectual History*, Oxford University Press.
Kebbel, T. E. [1886] *A History of Toryism: From the Accession of Mr. Pitt to Power in 1783 to the Death of Lord Beaconsfield in 1881*, W. H. Allen.
Keene, Edward. [2002] *Beyond the Anarchical Society: Grotius, Colonialism and Order in World Politics*, Cambridge University Press.
Kelly, Patrick. [1988] "William Molyneux and the Spirit of Liberty in Eighteenth-Century Ireland", *Eighteenth-Century Ireland*, 3, pp. 133-48.
Keynes, John Maynard. [1904] "The Political Doctrines of Edmund Burke", *Keynes Papers,* Modern Archive Centre, King's College, Cambridge, UA/20/3.
Kirk, Russell. [1951] "Burke and Natural Rights", *The Review of Politics*, 13 (4), pp. 441-56.
Kirk, Russell. [1953a] *The Conservative Mind, from Burke to Santayana*, H. Regnery.
Kirk, Russell. [1953b] "Burke and the Philosophy of Prescription", *Journal of the History of Ideas,* 14 (3), pp. 365-80.
Kirk, Russell. [2009] *Edmund Burke: A Genius Reconsidered*, Intercollegiate Studies Institute.
Knox, William. [1768] *The Present State of the Nation, particularly with respect to Its Trade, Finances, &c. &c. Addressed to the King and both Houses of Parliament,* London.
Kramnick, Isaac. [1977] *The Rage of Edmund Burke: Portrait of An Ambivalent Conservative,* Basic Books.
Kuwajima, Hideki. [2004] "Double Bias in Adopting Burke's Aesthetics: The Meiji Constitution and Its Influence", *Aesthetics: Looking at Japanese Culture,* 11 (Special Issue), pp. 89-96.
Lammey, David. [1989] "The Free Trade Crisis: A Reappraisal", *Parliament, Politics and People: Essay in Eighteenth-Century Irish History*, G. O'Brien (ed.), Irish Academic Press, pp. 69-92.
Lecky, W. E. H. [1878-90] *A History of England in the Eighteenth Century*, Longmans.
Lenman, Bruce P. [1998] "Colonial Wars and Imperial Instability, 1688-1793", *The Oxford History of the British Empire: Volume II: The Eighteenth Century*, P. J. Marshall (ed.), Oxford University Press, pp. 151-68.
Lenzner, S. [1991] "Strauss's Three Burkes: The Problem of Edmund Burke in *Natural Right and History*", *Political Theory*, 19, pp. 364-90.
Lester, E. [2014] "British Conservatism and American Liberalism in Mid-Twentieth Century: Burkean Themes in Niebuhr and Schlesinger", *Polity*, 46 (2), pp. 182-210.
Lock, F. P. [1985] *Burke's Reflections on the Revolution in France*, Allen and Unwin.
Lock, F. P. [1998] *Edmund Burke, Volume 1: 1730-1784*, Oxford University Press.
Lock, F.P. [1999] "Unpublished Burke Letters (II), 1765-97", *English Historical Review*, 114, pp. 636-57.
Lock, F. P. [2006] *Edmund Burke, Volume 2: 1785-1797*, Oxford University Press.

Love, Walter D. [1962] "Edmund Burke and an Irish Historiographical controversy", *History and Theory,* 2 (2), pp. 180-98.
Lucas, Paul. [1968] "On Edmund Burke's Doctrine of Prescription", *Historical Journal,* 11, pp. 35-63.
MacCunn, John. [1913] *The Political Philosophy of Burke,* E. Arnold.
Maciag, Drew. [2013] *Edmund Burke in America: The Contested Career of the Father of Modern Conservatism,* Cornell University Press.
Macknight, Thomas. [1858-60] *History of the Life and Times of Edmund Burke,* 3 vols., Chapman and Hall.
Macpherson, C. B. [1980] *Burke,* Oxford University Press.（谷川昌幸訳『バーク――資本主義と保守主義』御茶の水書房、1988 年）
Magnus, Philip. [1939] "Burke's Interest in Clogher", *Edmund Burke: A Life,* J. Murray.
Mahoney, Thomas H. D. [1960] *Edmund Burke and Ireland,* Harvard University Press.
Maitland, F. W. [1908] *The Constitutional History of England: A Course of Lectures Delivered,* Cambridge University Press.（小山貞夫訳『イングランド憲法史』創文社、1981 年）
Marshall, P. J. [1991] "Introduction", *WS,* vol. 6, pp. 1-36.
Marshall, P. J. [1998] "Introduction", *The Oxford History of the British Empire: Volume II: The Eighteenth Century,* P. J. Marshall (ed.), Oxford University Press, pp. 1-27.
Marshall, P. J. [2005a] *The Making and Unmaking of Empire: Britain, India, and America c. 1750-1783,* Oxford University Press.
Marshall, P. J. [2005b] *The Eighteenth Century in Indian History: Evolution or Revolution?,* Oxford University Press.
Marshall, P. J. [2007] "Empire and British Identity: The Maritime Dimension", *Empire, the Sea and Global History: Britain's Maritime World, c.1760-c.1840,* D. Cannadine (ed.), Palgrave Macmillan, pp. 41-59.
Maume, P. [2010] "Burke in Belfast: Thomas MacKnight, Gladstone and Liberal Unionism", *Gladstone and Ireland: Politics, Religion, and Nationality in the Victorian Age,* D. G. Boyce and A. O'Day (eds.), Palgrave Macmillan, pp. 162-85.
McDowell, R. B. [1979] *Ireland in the Age of Imperialism and Revolution, 1760-1801,* Clarendon Press.
McDowell, R. B. [1991] "Introduction to Part I", *WS,* vol. 9, pp. 1-27.
M'Cormick, C. [1797] *Memoirs of the Right Honourable Edmund Burke, or, an Impartial Review of His Private Life, His Public Conduct, His Speeches in Parliament, and the Different Productions of His Pen, whether Political or Literary,* Printed for the author, and sold by him.
Mehta, Uday Singh. [1999] *Liberalism and Empire: A Study in Nineteenth-Century British Liberal Thought,* The University of Chicago Press.
Molyneux, William. [1773] *The Case of Ireland being by Acts of Parliament in England...,* Dublin.
Morley, J. [1867] *Edmund Burke: A Historical Study,* Macmillan.
Morley, J. [1879] *Burke,* Macmillan.
Morley, Vincent. [2002] *Irish Opinion and the American Revolution, 1760-1783,* Cambridge University Press.
Mosher, M. [1991] "The Skeptic's Burke: Reflections on the Revolution in France, 1790-1990", *Political Theory,* 19, pp. 391-418.
Murray, Julie. [2007] "Company Rules: Burke, Hastings, and the Specter of the Modern Liberal State", *Eighteenth-Century Studies,* 41 (1), pp. 55-69.
Murray, R. H. [1926] *The History of Political Science: From Plato to the Present,* W. Heffer.

Nakazawa, Nobuhiko. [2010] "The Political Economy of Edmund Burke: A New Perspective", *Modern Age,* 52, pp. 285-92.

Nash, G. H. [1976] *The Conservative Intellectual Movement in America, since 1945,* Basic Books.

Norman, Jesse. [2013] *Edmund Burke: The First Conservative,* Basic Books.

O'Brien, Conor Cruise. [1992] *The Great Melody: A Thematic Biography of Edmund Burke,* The University of Chicago Press.

O'Brien, Conor Cruise [1997] "'Setting People on Thinking': Burke's Legacy in the Debate on Irish Affairs", *Edmund Burke: His Life and Legacy,* I. Crowe (ed.), Four Courts Press, pp. 94-103.

O'Brien, William. [1924] *Edmund Burke as an Irishman,* M. H. Gill and Son.

O' Connell, Basil. [1955] "The Rt. Hon. Edmund Burke (1729-97): A Basis for a Pedigree", *Journal of the Cork Historical and Archaeological Society,* 60, pp. 69-74.

O' Connell, Basil. [1956] "The Rt. Hon. Edmund Burke (1729-97): A Basis for a Pedigree (Part II)", *Journal of the Cork Historical and Archaeological Society,* 61, pp. 115-22.

O' Connell, Basil. [1968] "Edmund Burke: Gaps in the Family Record", *Studies in Burke and His Time,* 9 (3), pp. 946-9.

O'Donnell, Katherine [2006] "To Love the Little Platoon: Edmund Burke's Jacobite Heritage", *Edmund Burke's Irish Identities,* S. P. Donlan (ed.), Irish Academic Press, pp. 16-27.

O'Flaherty, Eamon. [2007] "Burke and the Irish Constitution', *Edmund Burke's Irish Identities,* S. P. Donlan (ed.), Irish Academic Press, pp. 102-16.

O'Gorman, Frank. [1973] *Edmund Burke: His Political Philosophy,* Indiana University Press; Allen and Unwin.

O'Neill, Daniel I. [2016] *Edmund Burke and the Conservative Logic of Empire,* University of California Press.

Paine, Thomas. [1894] "Rights of Man", *The Writings of Thomas Paine,* M. D. Conway (ed.), 4 vols., G. P. Putnam's Sons, vol. 2.（西川正身訳『人間の権利』岩波書店、1971 年）

Pandey, B. N. [1967] *The Introduction of English Law into India: The Career of Elijah Impey in Bengal,* 1774-1783, Asia Publishing House.

Pappin III, Joseph L. [1993] *The Metaphysics of Edmund Burke,* Fordham University Press.

Pease, A. E., Sir. [1886] *A Few Extracts from the Works and Speeches of Edmund Burke, in Support of the Present Policy of the Liberal Party towards Ireland,* The National Liberal Printing and Publishing Association.

Perry, Keith. [1990] *British Politics and the American Revolution,* Macmillan.

Peters, Marie. [1980] *Pitt and Popularity: The Patriot Minister and London Opinion during the Seven Years' War,* Clarendon Press.

Petrella, Frank. [1963-4] "Edmund Burke: A Liberal Practitioner of Political Economy", *Modern Age,* 8 (1), pp. 52-60.

Petrella, Frank. [1965] "The Empirical Basis of Edmund Burke's Classical Economic Liberalism", *Duquesne Review,* 10, pp. 53-61.

Pincus, Steven [1995] "The English Debate over the Universal Monarchy," *A Union for Empire: Political Thought and the British Union of 1707,* John Robertson (ed.), Cambridge University Press, pp. 37-62.

Pitts, Jennifer. [2005] *A Turn to Empire: The Rise of Imperial Liberalism in Britain and France,* Princeton University Press.



Pocock, J. G. A. [1960] "Burke and the Ancient Constitution: A Problem in the History of Ideas", *The Historical Journal,* 3, pp. 125-43.

Pocock, J. G. A. [1985] "The Political Economy of Burke's Analysis of the French Revolution",

*Virtue, Commerce and History: Essays on Political Thought and History Chiefly in the Eighteenth Century*, Cambridge University Press, pp. 193-212.（田中秀夫訳『徳・商業・歴史』みすず書房、1993 年）

Pocock, J. G. A. [1987] "introduction", *Reflections on the Revolution in France* (*by Edmund Burke*), J. G. A. Pocock (ed.), Hackett.

Pocock, J. G. A. [2000a] *The Enlightenments of Edward Gibbon, 1737-1764, Barbarism and Religion*, vol. 1, Cambridge University Press.

Pocock, J. G. A. [2000b] *Narratives of Civil Government, Barbarism and Religion*, vol. 2, Cambridge University Press.

Powell, Martyn J. [2003] *Britain and Ireland in the Eighteenth-Century Crisis of Empire*, Palgrave.

Preece, Rod. [1980a] "The Political Economy of Edmund Burke", *Modern Age*, 26, pp. 266-73.

Preece, Rod. [1980b] "Edmund Burke and His European Reception", *The Eighteenth Century*, 21 (3), pp. 255-73.

Price, Richard. [1992] *A Discourse on the Love of Our Country, introduced by Jonathan Wordsworth*, Woodstock Book, 1789.（永井義雄訳『祖国愛について』（社会科学ゼミナール三四）未来社、1979 年）

Price, Richard. [1994] *The Correspondence of Richard Price*, vol.3, W. B. Peach (ed.), Duke University Press; The University of Wales Press.

Prior, James. [1968] *Memoir of the Life and Character of the Right Honourable Edmund Burke*, 2 vols., Burt Franklin (also published in 1824: London, and in 1826: London).

Reich, Jerome R. [1998] *British Friends of the American Revolution*, M. E. Sharpe.

Reitan, E. A. [1966a] "Edmund Burke and the Civil List, 1769-1782", *The Burke Newsletter*, 8, pp. 604-18.

Reitan, E. A. [1966b] "The Civil List in Eighteenth-Century British Politics: Parliamentary Supremacy versus the Independence of the Crown", *The Historical Journal*, 9 (3), pp. 318-37.

Reitan, E. A. [1985] "Edmund Burke and Economical Reform, 1779-83", *Studies in Eighteenth-Century Culture*, 14, pp. 129-58.

Robertson, John. [2004] "Hume, David", *Oxford Dictionary of National Biography*.

Robertson, John. [1993] "Universal Monarchy and the Liberties of Europe: David Hume's Critique of an English Whig Doctrine", *Political Discourse in Early Modern Britain*, N. Phillipson and Q. Skinner (eds.), Cambridge University Press, pp. 349-73.

Robertson, John [1995] "Empire and Union: Two Concepts of the Early Modern European Political Order," *A Union for Empire: Political Thought and the British Union of 1707*, John Robertson (ed.), Cambridge University Press, pp. 3-36.

Robinson, N. K. [1996] *Edmund Burke: A Life in Caricature*, Yale University Press.

Rodger, N. A. M. [1998] "Sea-Power and Empire, 1688-1793", *The Oxford History of the British Empire: Volume II: The Eighteenth Century*, P. J. Marshall (ed.), Oxford University Press, pp. 169-83.

Rothschild, Emma. [2012] "Adam Smith in the British Empire," *Empire and Modern Political Thought*, Sankar Muthu (ed.), Cambridge University Press, pp. 184-98.

Ryan, Dermot. [2010] "'A New Description of Empire': Edmund Burke and the Regicide Republic of Letters", *Eighteenth-Century Studies*, 44 (1), pp. 1-19.

Sabine, George H. [1937] *A History of Political Theory*, H. Holt; G. G. Harrap.

Sack, J. [1987] "The Memory of Burke and the Memory of Pitt: English Conservatism Confronts Its Past, 1806-1829", *The Historical Journal*, 30 (3), pp. 623-40.

Sack, J. [1997] "Edmund Burke and the Conservative Party in the Nineteenth Century", *Edmund Burke: His Life and Legacy,* I. Crowe (ed.), Four Courts Press, pp. 76-84.

Sato, Sora. [2015] "Edmund Burke's Views of Irish History", *History of European Ideas*, 41, pp. 387-403.

Samuels, Arthur P. I. [1923] *The Early Life, Correspondence and Writings of the Rt. Hon. Edmund Burke*, Cambridge University Press.

Scott, H. M. [1989] "'The True Principles of the Revolution': The Duke of Newcastle and the Idea of the Old System", *Knights Errant and True Englishmen: British Foreign Policy, 1660-1800*, J. Black (ed.), John Donald Publishers, pp. 55-91.

Simms, Brendan. [2013] "'A False Principle in the Law of Nations': Burke, State Sovereignty, [German] Liberty, and Intervention in the Age of Westphalia", *Humanitarian Intervention: A History*, Brendan Simms and D. J. B. Trim (eds.), Cambridge University Press, pp. 89-110.

Small, Stephen. [2002] *Political Thought in Ireland 1776-1798: Republicanism, Patriotism, and Radicalism,* Oxford University Press.

Smith, Adam. [1976] *An Inquiry into the Nature and Causes of the Wealth of Nations. The Glasgow Edition of the Works and Correspondence of Adam Smith*, 2 vols., Oxford University Press (originally published in 1776).（水田洋監訳・杉山忠平訳『国富論』岩波文庫、全四冊、2000 ～ 2001 年）

Smith, Adam. [1984] *The Theory of Moral Sentiments,* Liberty Fund (orginally published in 1759).（村井章子、北川知子訳『道徳感情論』日経ＢＰ社、2014 年）

Smith, Frederick Edwin. [1903] *Toryism: Illustrated by Extracts from Representative Speeches and Writings,* Harper and Brothers.

Smitten, Jeffrey. [1985] "Impartiality in Robertson's History of America", *Eighteenth-Century Studies,* 19, pp. 56-77.

Smyth, J. [2012] "Lewis Namier, Herbert Butterfield and Edmund Burke", *Journal for Eighteenth-Century Studies*, 35 (3), pp. 381-9.

Stanlis, Peter. J. [1961] "The Basis of Burke's Political Conservatism", *Modern Age,* 5, pp. 263-74.

Stanlis, Peter. J. [1991] *Edmund Burke: The Enlightenment and Revolution*, Transaction Publishers.

Stanlis, Peter. J. [2003] *Edmund Burke and the Natural Law*, with A New Introduction by V. Bradley Lewis, Transaction Publishers (originally published in 1958).

Stephen, Leslie, Sir. [1876] *History of English Thought in the Eighteenth Century,* Smith, Elder.

Strauss, Leo. [1965] *Natural Right and History*, $7^{th}$ ed., The University of Chicago Press, (originally published in 1950).（塚崎智・石崎嘉彦訳『自然権と歴史』昭和堂、1988 年）

Thomas, D. O. [1977] *The Honest Mind: The Thought and Work of Richard Price*, Clarendon Press.

Thomas, Peter D. G. [1992] *Revolution in America: Britain and the Colonies, 1763-1776,* Cardiff University Wales of Press.

Travers, Robert. [2015] "A British Empire by Treaty in Eighteenth Century India", E*mpire by Treaty: Negotiating European Expansion, 1600-1900*, S. Belmessous (ed.), Oxford University Press, pp. 132-60.

Tuck, Richard. [2001] *The Rights of War and Peace: Political Thought and the International Order from Grotius to Kant*, Oxford University Press.（萩原能久監訳『戦争と平和の権利――政治思想と国際秩序：グロティウスからカントまで』風行社、2015 年）

Tucker, Robert W. and Hendrickson, David C. [1982] *The Fall of the First British Empire: Origins of the War of American Independence*, Johns Hopkins University Press.

Vattel, Emer de. [2008] *The Law of Nations,* Liberty Fund.

Walsh, T. J. [1980] *Nano Nagle and the Presentation Sisters*, Presentation Generalate (originally published in 1959).
Ward, Robert. [1795] *An Enquiry into the Foundation and History of the Law of Nations in Europe*, 2 vols., Dublin.
Wecter, Dixon. [1938] "Adam Smith and Burke", *Notes and Queries*, 174, pp. 310-1.
Welsh, Jennifer M. [1995] *Edmund Burke and International Relations: The Commonwealth of Europe and the Crusade against the French Revolution*, St. Martin's Press.
Welsh, Jennifer M. [2013] "Edmund Burke and Intervention: Empire and Neighborhood", *Just and Unjust Military Intervention: European Thinkers from Vitoria to Mill, S.* Recchia and Jennifer M. Welsh (eds.), Cambridge University Press, pp. 219-36.
Weston, Jr., J. C. [1962] "Edmund Burke's Irish History: A Hypothesis", *Publications of the Modern Language Association of America*, 77, pp. 397-403.
Whatmore, Richard. [2012] "Burke on Political Economy", *The Cambridge Companion to Edmund Burke*, D. Dwan and C. J. Insole (eds.), Cambridge University Press, pp. 80-91.
Whelan, Frederick G. [1996] *Edmund Burke and India: Political Morality and Empire*, The University of Pittsburgh Press.
Whelan, Frederick G. [2001] "Uncommon Law (Review: *The Writings and Speeches of Edmund Burke, Volume 7: India. The Hastings Trial 1789-1794*)", The University Bookman, 2 (3-4). http://www.kirkcenter.org/index.php/burke/article/uncommon-law/
Whelan, Frederick. G. [2012] "Burke on India", *The Cambridge Companion to Edmund Burke*, D. Dwan and C. J. Insole (eds.), Cambridge University Press, pp. 168-80.
White, Stephen K. [1994] *Burke: Modernity, Politics, and Aesthetics* (Modernity and Political Thought, Vol. 1), SAGE publications.
Willetts, D. [1992] *Modern Conservatism*, Penguin.
Wilson, F. G. [1951] *The Case for Conservatism: Three Lectures Delivered at the University of Washington*, The University of Washington Press.
Winch, Donald. [1985] "The Burke-Smith Problem and Late Eighteenth-Century Political and Economic Thought", *The Historical Journal*, 28, pp. 231-47.
Winch, Donald. [1996] *Riches and Poverty: An Intellectual History of Political Economy in Britain, 1750-1834*, Cambridge University Press.
Winch, Donald. [2004] "Smith, Adam", *Oxford Dictionary of National Biography*.
Woolsey, T. D. [1878] *Political Science, or, the State Theoretically and Practically Considered*, Scribner, Armstrong.

【日本語文献】

会田弘継［二〇一六］『追跡・アメリカの思想家たち』中央公論新社（文庫）
五十嵐元道［二〇一六］『支配する人道主義——植民地統治から平和構築まで』岩波書店
井狩彌介［二〇一一］「ダルマの伝統とイギリス植民地統治の「法」の出会い」龍谷大学現代インド研究センター『RINDAS 伝統思想シリーズ』三号
犬塚元［一九九七］「エドマンド・バーク、習俗（マナーズ）と政治権力——名声・社会的関係・洗練の政治学」『國家學會雑誌』一一〇巻七・八号
犬塚元［二〇〇八］「拡散と融解のなかの『家族的類似性』——ポーコック以後の共和主義思想史研究　一九七五～二〇〇七」『社会思想史研究』三二号
犬塚元［二〇一四］「歴史叙述の政治思想——啓蒙の文明化のナラティヴ」犬塚元編『岩波講座政治哲学二　啓蒙・改革・革命』岩波書店
犬塚元［二〇一七］「政治思想史の通史叙述の形成期におけるバーク解釈の変転」『法学志林』

一一四巻四号
ヴィンセント、アンドルー［一九九八］重森臣広訳『現代の政治イデオロギー』昭和堂
ウェルシュ、ジェニファー［二〇〇三］高橋和則訳「エドマンド・バークとヨーロッパというコモンウェルス――国際秩序の文化的基盤」イアン・クラーク、アイヴァー・B・ノイマン編、押村高・飯島昇藏代表訳『国際関係思想史――論争の座標軸』新評論
宇野重規［二〇一六］『保守主義とは何か――反フランス革命から現代日本まで』中央公論新社（中公新書）
大河内昌［二〇一六］「エドマンド・バークの『フランス革命の省察』における美学とリベラリズム」『東北大学文学研究科研究年報』六五巻
大野光子［一九九八］『女性たちのアイルランド――カトリックの〈母〉からケルトの〈娘〉へ』平凡社（選書）
押村高［一九九六］『モンテスキューの政治理論――自由の歴史的位相』早稲田大学出版部
小田川大典［二〇〇六 a］「バーク『崇高と美』再読――〈言語の政治学〉のために」『イギリス理想主義研究年報』第四号
小田川大典［二〇〇六 b］「崇高と政治理論――バーク、リオタール、あるいはホワイト」『年報政治学』五七巻二号
小田部胤久［一九九五］「〈芸術家―芸術作品―享受者〉という関係の成立へ向けて」『美学』一八〇号
オドネル、キャサリン［二〇一二］高桑晴子訳「エドマンド・バークとアイルランドの『長い 17 世紀』」『思想』一〇六三号、岩波書店
勝田俊輔［二〇〇九］『真夜中の立法者キャプテン・ロック――19 世紀アイルランド農村の反乱と支配』山川出版社
ガネル、J. G.［二〇〇一］中谷義和訳『アメリカ政治理論の系譜』ミネルヴァ書房
苅谷千尋［二〇〇八］「バークとブリテン領インドの司法行政――法の運用と権力のありかたをめぐって」『政策科学』十六巻一号
苅谷千尋［二〇一六］「エドマンド・バークと帝国の言語 ――『第九報告書』（一七八三年）をめぐって」『思想』一一一〇号、岩波書店
川出良枝［一九九六］『貴族の徳、商業の精神――モンテスキューと専制批判の系譜』東京大学出版会
神田さやこ［二〇一七］『塩とインド――市場・商人・イギリス東インド会社』名古屋大学出版会
カント、I.［一九九九］牧野英二訳『カント全集第八巻　判断力批判』岩波書店
岸本広司［一九八九］『バーク政治思想の形成』御茶の水書房
岸本広司［二〇〇〇］『バーク政治思想の展開』御茶の水書房
岸本広司・松園伸［一九九九］「政党」佐藤正志・添谷育志編『政治概念のコンテクスト』早稲田大学出版部
木村俊道［二〇一〇］『文明の作法――初期近代イングランドにおける政治と外交』ミネルヴァ書房
清滝仁志［二〇〇四］『近代化と国民統合――イギリス政治の伝統と改革』木鐸社
クイントン、アンソニー［二〇〇三］岩重政敏訳『不完全性の政治学――イギリス保守主義思想の二つの伝統』東信堂
グールド、イリジャ・H.［二〇一六］森丈夫監訳『アメリカ帝国の胎動――ヨーロッパ国際秩序とアメリカ独立』彩流社
クロスマン、R. H. S.［一九五五］小松春雄訳『政府と人民』岩波書店
桑島秀樹［一九九八 a］「E・バーク美学成立における〈触覚〉の位置――崇高と優美」『美学』一九二号
桑島秀樹［一九九八 b］「E・バークにおける詩画比較論とその美学的基礎――『崇高と美』の分析より」『イギリス哲学研究』二一号

桑島秀樹［二〇〇二］「日本におけるE・バーク受容にみるバイアス――近代思想史形成のポリティクス」大阪大学美学研究会編『美と芸術のシュンポシオン――神林恒道教授退官記念論集』勁草書房
桑島秀樹［二〇〇四］「初期バークにおける美学思想の全貌――一八世紀ロンドンに渡ったアイリッシュの詩魂」（平成一五年度博士学位論文、大阪大学大学院文学研究科）
桑島秀樹［二〇〇八］『崇高の美学』講談社（選書メチエ）
桑島秀樹［二〇一二］「パトロン政治家バークを描くジェイムズ・バリー――忘れられた十八世紀アイルランド人画家の葛藤」『広島大学大学院総合科学研究科紀要Ⅰ　人間科学研究』七巻
桑島秀樹［二〇一四］「E・バークのカレッジ在学期における〈ダブリンの憂欝〉あるいは〈バリトア幻想〉と文芸趣味の実践的醸成――キルデアの親友クエーカーR・シャクルトン宛書簡から」『アイルランド研究　エール』三三号
桑島秀樹［二〇一六］『生と死のケルト美学――アイルランド映画に読むヨーロッパ文化の古層』法政大学出版局
桑島秀樹［二〇一七］「E・バークと一七七〇年代の英国ブリストル陶磁器――クエーカー商人R・チャンピオンとの蜜月関係」大阪大学大学院美学研究室編『a + a 美学研究』一〇号
小島秀信［二〇一六］『伝統主義と文明社会――エドマンド・バークの政治経済哲学』京都大学学術出版会
小西嘉幸［一九九二］『テキストと表象』水声社
小松春雄［一九六一］『イギリス保守主義史研究――エドマンド・バークの思想と行動』御茶の水書房
後藤浩子［二〇一四］「ペイン的ラディカリズム対バーク、マルサス」田中秀夫編『野蛮と啓蒙――経済思想史からの接近』京都大学学術出版会
坂本達哉［一九九五］『ヒュームの文明社会――勤労・知識・自由』創文社
坂本義和［二〇〇四］『坂本義和集一　国際政治と保守思想』岩波書店
佐々木健一［一九八七］「絵画の時代としての十八世紀」『思想』七五六号、岩波書店
佐藤一進［二〇一四］『保守のアポリアを超えて――共和主義の精神とその変奏』NTT 出版
佐藤空［二〇一六 a］「征服と交流の文明社会史――初期バークと近世ブリテンにおける歴史叙述の系譜」『経済学史研究』五八巻一号
佐藤空［二〇一六 b］「バークにおける戦争と文明――野蛮・重商主義帝国・商業社会の危機」『経済論叢』（京都大学）一九〇巻二号
佐藤正哲・中里成章・水島司［二〇〇九］『世界の歴史一四　ムガル帝国から英領インドへ』中央公論新社
鹿野美枝［二〇一二］「ダンダスのインド法案と 1784 年体制」東北学院大学オープン・リサーチ・センター『ヨーロピアン・グローバリゼーションと諸文化圏の変容研究プロジェクト報告書』五号
下川潔［二〇一三］「信託」古賀敬太編著『政治概念の歴史的展開　六巻』晃洋書房
末冨浩［二〇一四］『エドマンド・バーク――政治における原理とは何か』昭和堂
スレーリ、サーラ［二〇〇〇］川端康雄・吉村玲子訳『修辞の政治学――植民地インドの表象をめぐって』平凡社
セシル、H. R. H.［一九七九］栄田卓弘訳『保守主義とは何か』早稲田大学出版部
高橋和則［二〇〇七］［二〇〇八］「コモン・ロー史と国制（上・下）」『法学新報』一一四巻三・四号、五・六号
高橋和則［二〇一二］「エドマンド・バークの『社会契約』論」『イギリス哲学研究』三五号
竹澤祐丈［二〇一一］「近世英国共和主義思想における社会と国家――平和と穏やかさという福祉の実現をめぐって」『政治思想研究』一一号
立川潔［二〇一四］「エドマンド・バークにおける市場と統治――自然権思想批判としての『穀物不足に関する思索と詳論』」『成蹊大学経済研究所研究報告』六七号

田中秀夫［二〇一四］「序説　野蛮と啓蒙――思想史から学ぶもの」田中秀夫編『野蛮と啓蒙――経済思想史からの接近』京都大学学術出版会
角田俊男［二〇一三］「越えがたい懸隔と永久の分離――バークと東インド会社の帝国統治一七七八〜九五年」『成城大学経済研究所研究報告』六二号
鶴田正治［一九七七］『イギリス政党成立史研究』亜紀書房
富山太佳夫［二〇〇八］「帝国と文学（バークと大英帝国　黒いイギリス　ほか）」『英文学への挑戦』岩波書店
土井美徳［二〇一〇 a］「バークの政治的保守主義――神の摂理としての自然と『古来の国制』」『創価法学』四〇巻一号
土井美徳［二〇一〇 b］「時効の政治学としての「古来の国制」論――バークの保守主義とイギリス立憲主義」『創価法学』四〇巻二号
土井美徳［二〇一三］［二〇一四 a］「初期バークにおける政治的保守主義の形成――自然的感情、古来の慣習、神の摂理（上・下）」『創価法学』四三巻二号、三号
土井美徳［二〇一四 b］「バーク――モダニティとしての古来の国制」犬塚元編『岩波講座政治哲学2　啓蒙・改革・革命』岩波書店
中北浩爾［二〇一四］『自民党政治の変容』NHK 出版
中澤信彦［二〇〇九］『イギリス保守主義の政治経済学――バークとマルサス』ミネルヴァ書房
中澤信彦［二〇一〇］「『保守』主義者としてのマルサス」『マルサス学会年報』一九号
中澤信彦［二〇一五］「ハイエクはバークをどのように読んだのか？――ハイエクの保守主義観の特質と意義」『関西大学経済論集』六四巻三号
中澤信彦［二〇一六］「「バークとマルサス」はどのように論じられてきたのか？――研究史から見えてくるもの」『関西大学経済論集』六五巻四号
中島岳志［二〇一三］『「リベラル保守」宣言』新潮社
中野好之［一九七三］「エドマンド・バークとフランス革命――バークの「一貫性」をめぐって」中村雄一郎編『思想史の方法と課題』東京大学出版会
中野好之［一九七七］『評伝バーク――アメリカ独立戦争の時代』みすず書房
長野順子［一九九九］「E．バークにおける《宇宙》のレトリック――破壊する〈崇高〉とジェンダー・メタファー」『神戸大学文学部紀要』二六号
長野泰彦・井狩彌介編著［一九九三］『インド＝複合文化の構造』法蔵館
仲正昌樹［二〇一四］『精神論ぬきの保守主義』新潮社
ニスベット、R. A.［一九八六］安江孝司訳『共同体の探求――自由と秩序の行方』梓出版社
ニスベット、R. A.［一九九〇］富沢克・谷川昌幸訳『保守主義――夢と現実』昭和堂
ハイエク、F. A.［二〇〇七］気賀健三・古賀勝次郎訳『ハイエク全集第一期七巻　自由の条件 III　福祉国家における自由』春秋社
バイザー、F. C.［二〇一〇］杉田孝夫訳『啓蒙・革命・ロマン主義――近代ドイツ政治思想の起源　一七九〇〜一八〇〇年』法政大学出版局
パスカル、ロイ［一九七六］水田洋訳「財産と社会――十八世紀スコットランドの歴史学派」水田洋『近代思想の展開』新評論
波多野裕造［一九九四］『物語 アイルランドの歴史』中央公論新社（新書）
濱下昌宏［一九九三］『18 世紀イギリス美学史研究』多賀出版
半澤孝麿［一九六五］「思想家としてのエドマンド・バーク――一七八〇年まで」『年報政治学』
半澤孝麿［二〇〇三］「ヨーロッパ保守主義政治思想の三類型」『ヨーロッパ思想史における〈政治〉の位相』岩波書店
ヴィーレック、P. R. E.［一九五七］戸井田耕訳『保守主義――フランス革命からチャーチルまで』日本外政学会
ポーコック、J. G. A.［一九八九］福田有広訳「『保守的啓蒙』の視点――英国の啓蒙と米・仏の革命」『思想』七八二号、岩波書店

マキアヴェリ［一九七九］永井三明訳「政略論」『世界の名著　マキアヴェリ』中央公論社（中公バックス）
松園伸［一九九九］『産業社会の発展と議会政治――18世紀イギリス史』早稲田大学出版部
マルクス、K.［一九七二］岡崎次郎訳『資本論　第三巻』大月書店
マンハイム、K.［一九九七］森博訳『保守主義的思考』筑摩書房（学芸文庫）
水田洋［一九八〇］「バークの生涯と思想」『世界の名著　バーク・マルサス』中央公論新社（中公バックス）
水田珠枝［一九九四］「バークにおける崇高と美」『女性解放思想史』筑摩書店（学芸文庫）
山本正［二〇〇二］『「王国」と「植民」――近世イギリス帝国のなかのアイルランド』思文閣
ラスキ、H. J.［一九五八］堀豊彦・飯坂良明訳『イギリス政治思想Ⅱ　ロックからベンサムまで』岩波書店（現代叢書）

化と文明　イギリスのインド統治とエドマンド・バークの批判」中野勝郎編著『境界線の法と政治』法政大学出版局、2016年など。

**土井 美徳**（どい よしのり）

1964年生まれ。創価大学法学部卒業。早稲田大学大学院政治学研究科博士課程満期退学。政治学博士。西洋政治史・政治思想史専攻。現在、創価大学法学部教授。

主な業績：『イギリス立憲政治の源流――前期ステュアート朝時代の統治と「古来の国制」論』木鐸社、2006年。「バーク――モダニティとしての古来の国制」犬塚元編『岩波講座政治哲学2　啓蒙・改革・革命』岩波書店、2014年など。

**角田 俊男**（つのだ としお）

1961年生まれ。東京大学教養学部卒業。東京大学大学院総合文化研究科博士課程単位取得退学。博士（学術）。思想史・文化史専攻。現在、武蔵大学人文学部教授。

主な業績：「港町の観光と海事遺産――グリニッジ・リヴァプール・ベルファスト――」『人文学会雑誌』48巻1号、2016年。「ヒュームの帝国批判における人間性、正義と戦争」『人文学会雑誌』48巻3・4号、2017年など。

■執筆者紹介（執筆順）

**犬塚 元**（いぬづか はじめ）

1971年生まれ。東京大学法学部卒業。東京大学大学院法学政治学研究科単位取得。博士（法学）。政治学史・政治思想史専攻。現在、法政大学法学部教授。

主な業績：『デイヴィッド・ヒュームの政治学』東京大学出版会、2004年。『岩波講座政治哲学2　啓蒙・改革・革命』（編著）岩波書店、2014年など。

**真嶋 正己**（まじま まさみ）

1958年生まれ。大阪大学法学部卒業。広島大学大学院社会科学研究科博士課程後期単位取得退学。法学修士。政治学・政治思想史専攻。現在、広島文化学園大学社会情報学部教授。

主な業績：「バークの『ラングリッシュ卿への書簡』」『社会情報学研究』Vol.16. 2010年。「バークのプロテスタント・アセンダンシー批判」『社会情報学研究』Vol.17. 2011年。「バーク：第一回大陸会議と『アメリカとの和解に関する演説』」『社会情報学研究』Vol.20. 2015年など。

**苅谷 千尋**（かりや ちひろ）

1976年生まれ。立命館大学政策科学部卒業。立命館大学大学院政策科学研究科博士課程後期課程終了。博士（政策科学）。政治思想史専攻。現在、立命館大学大学院公務研究科助教。

主な業績：「名誉の殿堂――後期バークにおける美徳と名誉の観念」『政策科学』（立命館大学政策科学会）、19巻4号、2009年。「エドマンド・バークの帝国論――自由と帝国のジレンマ」『イギリス哲学研究』日本イギリス哲学会、36号、2013年。「エドマンド・バークと帝国の言語――『第九報告書』（1783年）をめぐって」『思想』岩波書店、1110号、2016年など。

**佐藤 空**（さとう そら）

1984年生まれ。一橋大学経済学部卒業。PhD in History, at the University of Edinburgh。社会思想史・経済思想史専攻。現在、東洋大学経済学部講師。

主な業績：“Edmund Burke's Ideas on Historical Change”, *History of European Ideas*, 40, 2014. “Vigour, Enthusiasm and Principles: Edmund Burke's Views of European History”, *Modern Intellectual History*, 13, 2016など。

**立川 潔**（たちかわ きよし）

1957年生まれ。慶應義塾大学経済学部卒業。中央大学大学院経済学科博士課程後期課程中退。経済学修士。経済学史専攻。現在、成城大学経済学部教授。

主な業績：「エドマンド・バークにおける市場と統治――自然権思想批判としての『穀物不足に関する思索と詳論』――」『成城大学経済研究所　研究報告』No.67、2014年。「モラリストとしてのミル父子――余暇と知徳の陶冶」『成城大学 経済研究』195号、2012年。「守望者としてのS.T.コウルリッジ――感覚主義批判と万人の平等――（下）」『成城大学 経済研究』194号、2011年。「守望者としてのS.T.コウルリッジ――感覚主義批判と万人の平等――（上）」『成城大学 経済研究』193号、2011年など。

**高橋 和則**（たかはし かずのり）

1970年生まれ。中央大学法学部卒業。中央大学大学院法学研究科博士課程後期課程単位取得退学。博士（政治学）。西洋政治思想史、政治理論専攻。現在、中央大学など非常勤講師。

主な業績：「ヒュームの国際秩序思想」『政治思想研究』4号、2004年。「憲法制定権力と主権　ネグリ、シュミット、アレント」中野勝郎編著『市民社会と立憲主義』法政大学出版局、2012年。「帝国

■編者紹介

**中澤 信彦**（なかざわ のぶひこ）

1968年生まれ。京都大学経済学部卒業。大阪市立大学大学院経済学研究科後期博士課程単位取得退学。博士（経済学）。経済思想史・経済学方法論史専攻。現在、関西大学経済学部教授。

主な業績：『イギリス保守主義の政治経済学――バークとマルサス』ミネルヴァ書房、2009年。『マルサス理論の歴史的形成』（共編著）昭和堂、2003年。『保守的自由主義の可能性――知性史からのアプローチ』（共編著）ナカニシヤ出版、2015年など。

**桑島 秀樹**（くわじま ひでき）

1970年生まれ。大阪大学文学部卒業。大阪大学大学院文学研究科博士課程後期単位取得退学。博士（文学）。美学・感性哲学専攻。現在、広島大学大学院総合科学研究科（2020年4月より改組で大学院人間社会科学研究科）教授。

主な業績：『崇高の美学』講談社選書メチエ、2008年。『生と死のケルト美学――アイルランド映画に読むヨーロッパ文化の古層』法政大学出版局、2016年（第14回木村重信民族藝術学会賞）など。

バーク読本――〈保守主義の父〉再考のために――

2017年8月10日　初版第1刷発行
2020年3月10日　初版第2刷発行

編　者　中 澤 信 彦
　　　　桑 島 秀 樹

発行者　杉 田 啓 三

〒607-8494　京都市山科区日ノ岡堤谷町3-1

発行所　株式会社　昭和堂

振替口座　01060-5-9347

TEL（075）502-7500 / FAX（075）502-7501



印刷　亜細亜印刷

ISBN978-4-8122-1626-2

＊落丁本・乱丁本はお取り替えいたします

Printed in Japan